山本克彦 編著

災害ボランティア入門

実践から学ぶ
災害ソーシャルワーク

ミネルヴァ書房

は じ め に
これから起きる災害で，現場の力となってくださる皆さんへ

　2011年 3 月11日，東日本大震災。あの時の被災地のようすを，新聞やTVの
ニュースで，またネット上の動画サイトなどで一度はご覧になったことがあるで
しょう。災害のようすを知った時，あなたは何を思いましたか，どんなことを考
えましたか。大学の教員であり，学生とともにボランティア活動に関わっている
私のところには，災害が起こるたびに学生が相談に来てくれました。そこでまず
学生が口にする言葉は，不思議と決まっています。「先生，私にも何かできない
でしょうか」。そこには，災害という非常事態を知り，被災地で起こっているさ
まざまな問題に直面し，つらい思いをされている人びとに対して，自分も役に立
ちたいというとても大切な思いがあります。一方で，いったい何をどうすればい
いのか，準備や現地への移動手段や，現地で起こっていることの詳細を知る方法
や，とにかくわからないことがたくさんあります。強い思いはあっても，具体的
な行動に移せないもどかしさ，その状況を乗り越えるための相談先が見えないこ
とも多いのが現状です。

　でもそれは逆に言えば，明確な動機があるわけですから，具体的に何をすれば
よいのかさえわかれば，一気に動き出せるということでもあります。しかも，災
害時には，そうした思いを持った学生たちが多く存在します。災害時，学生の力
は間違いなく，被災地を支援する大きな力となりうるのです。

　東日本大震災の話に戻しましょう。当時，岩手県立大学で教員をしていた私は
学生たちとともに，被災地へ向かいました。いくつもの地域が，町ごと消えた
……そんな風景の中へ。

　ただ闇雲に現地を目指したのではありません。大きな災害が起きたら，地域が
どのような状況になり，どんな時期に学生たちの力が活きるのかを，私と当時の
学生たちは描いていました。過去に国内で起きた大規模自然災害に対し，学生ボ
ランティアとして支援をした経験の蓄積がありました。その中で「災害ボラン
ティア」に参画した先輩たちの現場の姿を何度も学ぶ機会があり，頭のなか，心

のなかにそれらが焼きついていたからです。

　それでも沿岸の風景はあまりにも衝撃的でした。絶望のなかにある多くの人びとの姿に触れることになりました。知っていることと，実際に被災地で体験することには大きな違いがありました。あれだけ大きな災害に対し，活動を始めることができたのは，引き継がれた実践知があったからです。つまり，「動く」ためには「知る」ことがとても重要だということを再確認しました。

　災害の発生から時間が経つにつれ，同じ学生ボランティアとして，被災地を支援したいという学生の声が全国から伝わってきました。被災地はどれだけ支援があっても，まだまだ足りない状況でした。約2か月という夏休みの間に，できるだけ多くの学生たちに岩手県に来て欲しいと強く思いました。

　岩手県立大学で私が出会った学生たちは，災害ボランティアとして，新潟県中越地震や新潟県中越沖地震での被災地支援，またその後も被災地の人びととつながりを持ちながら，応急仮設住宅からの引越し支援を継続して行っていました。その時に「ボランティアに駆けつける側」だった経験から，災害ボランティアへのオモイを持った学生たちがそれをカタチにするために必要なことを考えました。

　「知る」から「動く」へ，そして今度は「つなぐ」ことを考えたのです。そこで「いわて GINGA-NET プロジェクト」として，全国145の大学をつなぎ，2011年のひと夏だけで，1198人の学生ボランティアをつないだこの実践は，「大規模自然災害における学生ボランティアの組織化と拠点運営」のモデルとなり，それ以降の災害において，多く試みが生まれました。

　東日本大震災やその後の大規模自然災害でも，学生による災害ボランティアが被災地に存在することは，あたりまえになってきました。この本では，そうした学生の力を支えている方がたの協力もいただき，各地での災害ボランティア活動や災害に備えた防災・減災活動についても，豊富な実践事例を掲載することができました。それぞれに熱いメッセージがこめられています。

　地震や台風による豪雨水害など，毎年のように起こる災害。いつか起こるとされている巨大地震。「その時」に皆さんの背中をそっとひと押しする役割を，この本が担っていければと考えています。

　2017年12月

日本福祉大学　山 本 克 彦

災害ボランティア入門

――実践から学ぶ災害ソーシャルワーク――

目　次

はじめに　i

第1部　総論

知る

1. どの時期にも，学生ボランティアは被災地の力　Ⅰ……………………2
　　——災害現場のフェーズを知る
　1-1. 学生ボランティアの力——「オモイ」を「カタチ」に　3
　1-2. 学生ボランティアの役割　6

2. どの災害にも災害VC（学生ボランティア活動）は被災地の力…………13
　　——災害ボランティア活動推進となる社会のしくみを知る
　2-1. 特定非営利活動促進法（NPO法）の施行から変化したボランティア　14
　2-2. 協働により高まるニーズ対応力，ボランティア活動への期待　16
　2-3. 災害対策基本法の改正によるボランティア活動の推進　18

3. どの時期にも，学生ボランティアは被災地の力　Ⅱ…………………23
　　——災害ボランティアの役割・期待の変化を知る
　3-1. 災害ボランティアとは何か　24
　3-2. 「行為者」から「支援者」へ　26
　3-3. 災害ボランティアの役割・期待の変化——参加・参画・協働へ　28

動く

1. 災害ボランティアへの準備ポイント「情報収集」……………………36
　　——災害ボランティアの姿勢・マナー・ルールを確認する
　1-1. 災害によって地域はどう変わるのか　37
　1-2. 被災地に負担をかけない　38
　1-3. 状況を読み慎重に関わること　40
　1-4. 災害ボランティアまでの流れ——さまざまな時期と情報　42

2．災害現場活動必須ポイント「自己覚知」……………………………………48
　　　──自分を知り，活動を意味づける

2-1．自分を知るということ──ジョハリの窓　49

2-2．「よそ者」であることを知る　51

2-3．「わか者」であることを活かす　52

2-4．活動を意味づける　54

2-5．関わり方を読む　58

3．災害現場入り準備ポイント「資源活用」……………………………………60
　　　──学生ボランティア活動を支える社会のしくみにつながる

3-1．災害時における資金の種類　61

3-2．「支援金」としていち早く動き出した「ボラサポ」　62

3-3．ボラサポの特徴　62

3-4．ボラサポによる支援活動から見えた活動成果　64

3-5．活動事例から学ぶ　64

3-6．資源を活かすために求められる努力　66

つなぐ

1．「平常時」につながる災害現場活動…………………………………………69
　　　──被災者によりそい，被災地主体を尊重する

1-1．あらためて，災害ボランティアとは　70

1-2．「被災者側」から考える　72

1-3．被害における「関係」とは　73

1-4．被災地を外からの支援とつなぐ　74

1-5．平常時と災害時をつなぐ　78

2．「災害時」につながる平常時活動　Ⅰ………………………………………82
　　　──災害ボランティアにつなぐ，ふだんの取り組み

2-1．はじまりは学生のオモイ　83

2-2．災害支援の経験を平常時に　85

2-3．現場感覚を持ち続ける　87

2-4．災害ボランティアを平常時に組織化する　89

3．「災害時」につながる平常時活動　Ⅱ……………………………93
　　　　──災害ボランティアから，ふだんの防災・減災へ
3-1．備えることの意味　94
3-2．災害支援の経験を平常時に──2007年の取り組み　95
3-3．東日本大震災へのカウントダウン──2008年・2009年・2010年の取り組み　97
3-4．東日本大震災の発生──2011年の取り組み　102

第2部　提言

知る

1．熊本地震でのVC運営支援から実行委員会設立による活動…………108
　1-1．熊本地震における学生ボランティアの活動　109
　1-2．救急救命期──支援物資の仕分け作業　109
　1-3．緊急援助期──災害VC運営支援　110
　1-4．生活支援・住宅再建期──コミュニティ形成支援・子ども学習支援　113
　1-5．これからの活動に必要なもの　115

2．災害時におけるソーシャルワークと社会連携の意味………………117
　2-1．災害時に佛教大学ではどのような活動を行ってきたのか　118
　2-2．災害支援におけるソーシャルワークの視点　120
　2-3．日常と災害を連動させる──災害にも強い地域づくり　126

3．ひょうごボランタリープラザの災害ボランティア，学生ボランティア
　　活動の支援………………………………………………………129
　3-1．ボランタリープラザの災害ボランティア活動支援　130
　3-2．熊本地震災害でのボランタリープラザの支援活動　133
　3-3．災害ボランティア活動から復興のまちづくり・社会づくりへ　141

動く

1. 学生ボランティアを支える共働プラットホームと災害支援 …………145
1-1. 学生たちの共働　146
1-2. 三田支援ネットの立ち上げ　147
1-3. 学生主体による災害ボランティア活動　148
1-4. 大学ができる後方支援　150
1-5. 共働プラットフォームとは　151
1-6. 「里帰りボランティア」　153
1-7. 終わりがはじまりに　155

2. 災害と子どもの心のケア ……………………………………158
　　　　——病気のある子どもたちが教えてくれた大切なこと
2-1. 災害を受けた子どもたちの状況　159
2-2. 子どもたちの喪失　163
2-3. 支援者は子どもたちを「いかにして子どもに戻すか」　165
2-4. お願い「自分を大切に」　167

3. 学生自身でニーズを見極めた仮設住宅支援の活動 ………………170
　　　　——復興前期
3-1. 新潟県中越沖地震の概要　171
3-2. 先遣という役割　171
3-3. 具体的に「動き始める」には　172
3-4. PDCA サイクルと OODA ループの違い　173
3-5. 「動く」ことを描く　174
3-6. 参加するボランティアから，参画するボランティアへ　176
3-7. 学生ボランティアによるゆるやかなアウトリーチ　177

つなぐ

1. 神戸市長田区社会福祉協議会と教育機関の協働 ………………180
1-1. 震災後の教育環境と総合的な学習の時間　181

目　次　vii

1-2. キッズサポート事業の始まり　182

1-3. サンタクロースの贈り物　183

1-4. ボランティアバスへの挑戦と失敗　184

1-5. 大学にボランティアセンターを設置　186

1-6. 2010年の地元水害　188

1-7. 応援欲求　189

2. 東日本大震災における学生ボランティア活動の実践……………190
　　　　──いわて GINGA-NET プロジェクトを事例として

2-1. 災害時における学生ボランティア活動　191

2-2. いわて GINGA-NET プロジェクトの実践　191

2-3. 滞在拠点の整備・運営　195

2-4. 災害時における学生ボランティア活動のあり方　197

2-5. いわて GINGA-NET プロジェクトのいま　199

2-6. 学生ボランティア活動は平時からの取り組みが要　200

3. 全国展開する学生ボランティア団体，IVUSA による災害救援活動…202

3-1. 熊野市での台風災害の救援活動　203

3-2. 熊野市での現在の活動　206

3-3. 災害ボランティアの前に準備しておくこと　208

3-4. 一度は災害ボランティアに行ってみよう　211

4. 熊本地震，九州北部豪雨災害へとつなぐ学生ネットワーク…………216

4-1. うきはベース開設に至るまでの経緯　217

4-2. うきはベースについて　218

4-3. 活動のうつりかわり　220

4-4. 災害時における大学生のためのボランティア拠点の意義とは　222

5. 高知県立大学のイケあい地域災害学生ボランティアセンター………227

5-1. イケあい地域災害学生ボランティアセンターとは　228

5-2. 東日本から戻った学生たちの防災活動　229

5-3. 成功要因と今後の課題　234

5-4．学生が防災活動を行うにあたっての支援体制の重要性　236

6．広島土砂災害での学生による活動……………………………238
　　　　──学生ボランティア団体OPERATIONつながり
6-1．広島市大規模土砂災害の発生　239
6-2．ボランティア活動を始めるための準備　239
6-3．「学生の強み」を活かした活動　241
6-4．大学内に滞在し，組織運営を調整する「運営本部」　243
6-5．オモイをつなぐことのできる組織運営　245

おわりに　247
索引　251

第1部

総　論

知る. 1

どの時期にも，学生ボランティアは被災地の力　Ⅰ
―― 災害現場のフェーズを知る

　ここではまず，大規模自然災害が多発している近年の状況から，私たちがどのように災害と向き合わねばならないかを確認し，学生の皆さんが「災害ボランティア」に一歩を踏み出すことの意味を考えます。

　また，災害が発生してから被災地に起こること，すなわちそこから，ボランティアとして何ができるのかを，フェーズという時間の刻みのなかで解説します。その際に，東日本大震災での岩手県立大学の実践事例をあげています。

　災害はいつ，どこで，どのように起こるかで状況は異なります。この多様な状況に対し，勇気と自信を持って行動を起こせるよう，皆さんと学んでいきたいと思います。

（山本克彦）

1-1. 学生ボランティアの力——「オモイ」を「カタチ」に

（1）災害と私たちのくらし

　2011年3月11日，東北地方を中心に大きな被害をもたらした東日本大震災。その後も日本中で大きな地震が頻発しています。かつては少しの揺れでも「地震だ！」と声をあげていたのに，今では程度によっては，「今の揺れだと，（震度）3くらいかな」などと余裕を持って周囲と会話をするようになりました。それほど，あたりまえのように地震は起こっているのです。

　災害は地震だけではありません。地震による津波，台風がもたらす豪雨による河川の氾濫や土砂崩れ，こうした災害も含めれば，大規模自然災害が毎年のように起こっています。しかも「想定外」とか，「これまでに経験したことのない」などという言葉が用いられるように，予測困難な状況が起こるようになっています。大規模自然災害は，今や，いつどこで起こってもおかしくはないのです。

　私たちは「災害大国」で日常生活を送っています。歴史的に考えても，大きな災害が頻発する時間の流れのなかに生きています。だからこそ，何よりも大切な自分自身の命，大切な家族や友人の命を守ることを考えてみましょう。そして，命は守りきれても，直面せざるをえない，さまざまな困難，悲しみや苦しみについても，理解を深めていきましょう。災害は，私たちのくらしを一瞬にして変える力があります。その時の状況を想像し，支援することや，支援されることを描いておくことで対応力が高まります。私たちは，避けることのできない災害時に対し，少しでもダメージを軽減できるしくみや備えを創造しなければならないのです。

（2）過去の経験から学ぶ——東日本大震災という「危機」と「機会」

　ボランティア元年と呼ばれる1995年の阪神・淡路大震災[2]は都市型巨大災害と呼ばれ，それ以降，地震や大雨などによる被害が発生した後に，全国からボランティアが駆けつけ，被災地での支援活動を行うことがあたりまえのようになりました。また，2004年の新潟県中越地震[3]以降は，全国都道府県，市町村等に組織されている民間団体である社会福祉協議会が，「災害ボランティアセンター」（以

下，災害VC）を開設することが通常となり，さらに，災害時にはボランティアの力がとても重要なものであるという考え方が一般的になってきました。

しかし，東日本大震災の発生後は，あまりの被害の大きさから，現地でのボランティア受入体制が整いにくく，また，移動経路や移動手段獲得の困難が予測されたことから，一時的に「ボランティア自粛」のメッセージが全国に流れていました。

こうした状況のなか，学生ボランティアも行動を起こしにくい状況におかれていました。そこには，あまりにも大きな災害であったことによる現地の混乱がありました。たとえば被害状況の把握が遅れるなか行方不明者の捜索を優先する必要がありました。さらには救援物資を積み込み，各地を出発した支援車輌でさえ，高速道路の通行止めやガソリン不足により，現地へ駆けつけることが困難な状況だったことなどの理由があげられます。

災害発生当時はさまざまな事情のなかで，被災地に対し，外からの支援がなかなか得られない状態が続きました。過酷な状況が報道されればされるほど，「まだボランティアの出番ではない」という考えが広がっていたのかもしれません。あの時の状況では，被災地にたどりつくことも，どこで何をするのかということも想像しづらかったのだと思います。あの時，筆者は「被災地側」にいました。こんな時だからこそ，「被災した地域」の学生が，迅速に動きを起こすことが望ましいと考えました。日々通う大学のある地域で災害が発生した後，すぐに地元の学生ボランティアが現地に駆けつける姿は，混乱や絶望のなかにいる被災者の勇気や励みになる可能性が高いと考えたのです。

また幸いなことに，学内には平常時に地域の方がたと交流しながら，さまざまな規模のボランティアを体験しているチーム（学生ボランティアセンター，以下学生VC）が存在していました。ふだんから身近に困った人たちや地域課題があれば活動を企画・実施しているチームです。そのため，災害という「危機」は，学生ボランティアが持ちうる力を発揮する「機会」となりました。

（3）「知ること」がオモイをカタチに変える

大地震によって全壊，半壊した家屋，ひび割れた道路，避難所で生活する人びとの姿，こうしたようすをTVのニュースや新聞記事で知った時，あなたは何を

感じるでしょう。豪雨による土砂崩れや，氾濫した河川の流れが周辺の建物を破壊し，地域一帯が水に浸っているようすを見て，どんな気持ちになるでしょうか。自然の脅威を感じ，被災した地域の人びとの気持ちを考えるだろうと思います。人命救助にあたる自衛隊や警察，消防といったプロたちの公的な支援のようすに感動することもあるかもしれません。

　筆者は災害が起こるたび，身近な学生からこんな言葉を聞きます。「私にも，何かできないだろうか……」。そして，この言葉につながっているオモイをとても大切にしています。困っている人がいれば，その困りごとを解決するために，自分の持っている力を活かすことができます。悲しみがそこにあれば，少しでもそれが軽くなるようにと，声をかけることもできます。もちろん，実際に行動するかしないか，それによって問題が解決できるかできないかということは大切です。しかしそれ以前に，「私にも，何かできないだろうか」と，そんなオモイが湧き出てくることが，とても大切なのではないかと筆者は思います。目の前で起きている非常事態に対し，関心を持つこと，「無関心ではない」こと，つまりは災害時に，被災した地域と，そこに生きる人たちへのオモイを抱くことこそが，とても大切なことであり，それが本書のテーマ「災害ボランティア」への第一歩であると筆者は考えています。

　しかし，「私にも，何かできないだろうか」というオモイが，オモイで終わってしまうことがあります。それは，「具体的に何をどうすればよいかわからない」ということであり，オモイをカタチにするプロセスが描けないこととも言えます。たとえば，「私にも，何かできないだろうか」という言葉に続けて，「私は（具体的に），まず何をすればよいだろうか」と考えたとします。さて，その質問を誰に持っていけば解決するでしょうか。災害ボランティアとなると，なかなか状況が複雑で，詳しく指導や助言ができる人は少ないかもしれません。

　東日本大震災以降は，各大学にボランティアセンターが開設されるなどの動向があります。災害支援に取り組んできた大学やボランティアセンターどうしのネットワーク，情報共有も広がっています。まずは所属する大学に問い合わせましょう。また災害支援に関わっているNPO・NGOのホームページなどから情報を得ることも可能です。

　オモイをカタチに変えるには，まず災害ボランティアを取り巻くさまざまなこ

とを知ることが必要です。前述しましたが，被災地には，ボランティアと地域の
ニーズをつなぐ災害 VC というところがあります。そこで災害ボランティア活動
をどのように推進しているかを知り，学生ボランティアが災害時に担える役割や
期待を知ることも大切です。このように現地の仕組みを知ったうえで，情報収集
することは，単に状況を見守りながらニュースを観ていることとはまったく違う
アクションに結びつくはずです。

　動きを起こすには事前に災害ボランティアとしての姿勢・マナー・ルールを確
認する必要もあります。その前に，自分自身がボランティアを行おうとする動機
やポテンシャル（持っている力）を問い直すとよいでしょう。この力は決して，
特別なものや，専門性の高いものではなくてもかまいません。本書はあなたが
「オモイ」を「カタチ」にするための，さまざまな場面で手助けとなるはずです。

1-2．学生ボランティアの役割

（1）災害とフェーズ

　この章では「知ること」のひとつとして，災害の発生とその後に起こりうる状
況を，フェーズ（時期や段階を意味する）という言葉を用いて時系列で整理しま
す。ここは学生が大学などに関連する何らかのチーム・団体に所属して活動する
外部支援者である場合を想定しています。外部支援者は文字通り，被災した地域の
外から現地入りして支援にあたる者であるため，そもそもの地域性，その土地に関
する情報などを知らないことが多いといえます。さらに継続的な支援においては，
現地で協働するチーム・団体も含め情報共有や引継ぎが重要となってきます。

　また外部支援者に対し，もともと被災した地域内に存在する大学やチーム・団
体に属する学生についても「被災地側の学生ボランティア」として，その役割に
ついてふれておきたいと思います。「被災地側の学生ボランティア」はいうまで
もなく，被災者としての側面も持っています。まずは自らの命を守ること，そし
て友人知人，ご近所の安否確認などを担うことになるでしょう。過去の災害で
は，大学などの施設が一時的であれ，避難所になるケースがほとんどですから，
その運営支援にあたることも出てきます。災害の種類，起きた時期，時間帯など
によっても，こうした初動の活動はさまざまです。そこで，東日本大震災直後か

らの岩手県立大学の学生ボランティアの動きについて紹介します。岩手県立大学の学生たちは，震災直後から動き出し，発災後の時間の経緯に合わせ，フェーズごとのニーズに即した活動を行おうと積極的に取り組みながら，外部支援者の役割も担っています。ここでのフェーズとは，時間の位相を表す言葉であり，災害発生後の支援課題の変化に合わせて時期ごとに期間名称が示されています。この名称は災害支援に関わるさまざまな分野の機関ごとにも異なっています。

（2）フェーズごとの学生ボランティアの役割

　岩手県立大学が中心となって活動を始めた学生ボランティアは，岩手県内の沿岸被災地に対し，全国各地からかけつけた学生ボランティアの滞在拠点を運営し，災害 VC と連携する活動を行いました。なかには災害 VC の立ち上げ準備から関わった地域もあります。避難所の状況把握，全国からのボランティアによる炊き出しなどの調整，イベントの企画・運営，仮設住宅への引っ越し後のコミュニティ形成支援（あらたな地域の関係づくり）に取り組みました。このように学生ボランティアはどのような時期においても，被災地の大きな力となります。

① 救急救命期：災害発生から概ね 3 日間

　自衛隊や警察，消防など，公的機関による人命救助が最優先とされる時期です。被災した地域や被害状況を把握する時期でもあるため，外部支援者としての学生ボランティアが直接支援をする機会は，おそらくほとんどありません。さまざまな報道がなされるなかで，ていねいに情報収集し，想定される活動内容を描き，そのための準備を考えましょう。被災地の状況，ニーズを知ることはもちろんですが，災害ボランティアとして移動手段や滞在場所，滞在中の生活は自己完結で考えねばなりません。

　被災地側の学生ボランティアは，自分自身の安全確保，家族や知人の安否確認，その後に在学生や卒業生の安否確認，さらに近隣地域にも目を向けた情報収集の活動が可能です。岩手県立大学では通常の「学生ボランティアセンター」のメンバーが集まり，話し合いの後，3 月14日に「学生災害 VC」を立ち上げています。当時，地域のサロン活動や見守り活動を継続していたこともあり，地域住民の安否確認，一時的な避難所となった大学内での避難所運営支

援を実施しています。近年の災害では大学自体が避難所や災害 VC あるいは何らかの拠点（物資のストックヤードなど）になる事例が多くあります。熊本地震では大学の建物の一部が，近隣地域の軽症患者の受け入れや，福祉避難所としての機能を果たした事例もありました。

② 緊急援助期：災害発生から数日後，災害 VC や避難所整備運営等の時期

　自然災害の種類や被害状況により期間は変わるものの，災害 VC や避難所が設置，整備される時期です。そのため，外部支援者としての学生ボランティアは引き続き，現地の状況を見ながら，ニーズの把握と活動可能性を見極めて行動を起こす必要があります。後に，外部支援者として災害ボランティアに出向くならば，おそらくこの時点で，大学等所属組織との協議，活動資金，移動手段，滞在場所などの調整も行います。また，ケガや事故など，安全面を考えた組織の判断が，参加の可否を左右することもあり，調整を図ります。ボランティア活動は自己責任といえども，周囲との調整がくり返し求められるのです。

　直接被災地に行く他にも，災害ボランティアの方法はあります。街頭募金などの実施，避難所生活で必要とされるさまざまな生活物資を集めたり，送ったりすることも活動のひとつです。この時期に被災地での活動をするならば，避難所運営，炊き出しなど，生活そのものに関する活動，あるいは被害地域の片づけなどが多くみられますが，あくまでも「はじめにニーズありき」の原則を忘れてはなりません。

　被災地側の学生ボランティアは避難所の整備や運営支援，現地災害 VC の設置，運営支援への協力をすることの可能性が高く，災害 VC に限らず，現地支援の必要性を確定したうえでの対応が必要となります。岩手県立大学の学生災害 VC では，このフェーズにおいて発災10日後（3月21日）に陸前高田市災害VC，11日後（3月22日）に釜石市災害 VC の運営支援に参画しました。当時，この災害 VC 運営支援チームを「'11いわての風」とネーミングし，大学再開の4月18日前夜まで，のべ252名が活動をしました。

　具体的には災害 VC の環境整備，電話対応，避難所アセスメント，ボランティア希望（団体・個人とも）と実施場所のマッチングなど，日々柔軟に対応をしていました。ここで，緊急期災害ボランティア活動では学生の皆さんになじ

みのある PDCA サイクル，つまり Plan（計画）・Do（実行）・Check（点検・評価）・Act（改善・処置）というサイクルでは限界があることもあります。もちろん，その時々の活動を評価，改善するのですが，計画の前提となる「目の前の状況」が刻一刻と変化することの困難さがあります。そのことをふまえてさまざまな場面に柔軟に対応することが必要となるでしょう

③ 生活復旧期：避難所生活の長期化から仮設住宅等への移行期
　この時期になると被災した地域全体に共通した支援だけでなく，ボランティアニーズは個別化し，個人宅や集会所（談話室）などへの引っ越しや，そうした作業の間の子ども支援（託児活動，居場所づくり）のニーズが出てきます。東日本大震災においては被害の大きさから，避難所の閉所時期や応急仮設住宅の完成時期に幅があり，地域ごとにさまざまなボランティアニーズが長期間存在していました。
　また地域により，支援機関の関係性も異なるなか，行政・NPO などと協働型の災害 VC，外部支援者としての団体などさまざまな団体間の調整も必要となります。地域性や文化などに配慮することが望ましく，学生ボランティアを含む地元の支援団体が災害 VC と協力し調整の役割を担うことが必要となります。
　また「知ること」の大切さについて先述していますが，応急仮設住宅に関する知識を持つことが，より質の高い支援につながることもあります。たとえば，応急仮設住宅はそもそもの居住区域の住民がそのまま転居できる支援のしくみとなっていません。そのため，転居後に隣近所のおつきあいが一から始まる事態が生じます。被災したことによる不安やストレスに，さらに環境（人間関係）の変化が加わるのです。これらの状況により，災害ボランティアの役割として，あらたなご近所づきあいへのきっかけづくりというニーズが生まれます。避難所が閉鎖に向かい，次の生活環境へと変化する被災者の方の気持ちなどを想像すること，応急仮設住宅での生活を支援することを描くことにより，活動ニーズが見えてきます。
　岩手県立大学では，ちょうどこの時期がゴールデンウィークにあたったため，災害 VC 運営支援チーム「'11いわての風」を中心に，新たなしくみづく

りを検討しました。当時，全国からの災害ボランティアが減少し始める傾向に
あったこともあり，学生ボランティアによる長期的な活動を夏休み期間に計画
し始めたのです。このフェーズではすでに学生ボランティアがさまざまなルー
トで支援に入っていましたが，夏休みのまとまった時間を活用して災害ボラン
ティアに参加できる「しくみ」が必要でした。後述しますが，それが「いわて
GINGA-NET プロジェクト」です。

　全国からの学生の移動手段，滞在拠点，生活に必要な資源調達，そして何よ
りもニーズ把握と活動内容の明確化が急務となりました。ゴールデンウィーク
に一部地域で，応急仮設住宅への転居後の関係構築支援を試みました。お茶を
飲みながら，集会所でお話をする「お茶っこサロン」を基本とし，コミュニ
ティ形成支援と呼びました。この試みをもとに，夏休みに東日本大震災の被災
地，岩手県沿岸部で活動をするいわて GINGA-NET プロジェクトについての
説明会を全国 6 か所で開催して，支援活動を広くつなぐ機会を持ちました。

④　生活支援・住宅再建期：応急仮設住宅等，新たなコミュニティ形成の時期
　避難所から応急仮設住宅に移り，プライバシーが確保される反面，周辺地域
のつながりをつくることが求められる時期がこの時期です。前述したように，
これまでの災害の教訓から，応急仮設住宅のコミュニティはかつての居住区域
をそのまま移すのが望ましいとされますが，優先的な入居が必要な方の存在
や，抽選による方法から，実現ができていない現状が生じます。応急仮設住宅
のコミュニティ単位での居場所づくり，イベントなどによる地域の関係構築活
動が必要となるわけです。

　この時期も，多種多様な支援団体との調整の必要があり，とくに応急仮設住
宅に設置された集会所（談話室）⁽⁶⁾の管理など，細かな調整がなくてはなりませ
ん。

　他の支援団体と協働型で活動をアレンジする，あるいは地元住民との協働実
施など，臨機応変に柔軟な姿勢で臨むことが必要となります。また東日本大震
災のように大規模災害の場合や被災した地域の状況によっては，応急建設住宅
ではなく，応急借上げ住宅への転居ということもあります。その場合は転居先
や，転居後の生活状況を把握する難しさもあり，支援が行き届かないという課

題もあります。

　大規模自然災害における学生ボランティアの組織化と拠点運営，それによるコミュニティ形成支援の取り組みは，第2部「つなぐ．2」のいわて GINGA-NET プロジェクトの事例で述べられています。

⑤　復興期：地域全体が復興に向かう時期

　一般的に，ボランティア数（とくに外部支援者）が減少する時期となります。また「この災害のことを風化させたくはない」というような声をよく耳にする時期ともいえます。応急仮設住宅コミュニティを始め，地域の機能が回復し，さらに今後のまちづくりへとつながる時期であるため，学生ボランティアの関わり方も，完全自立の活動より，むしろ地元住民の強みに目を向け，協働型あるいは寄り添いのなかからニーズを見極め，地域や住民の自立を妨げない活動の仕方に配慮することが必要となります。

　いわて GINGA-NET プロジェクトにおいても，学生の長期休暇を終えた後の被災地支援を，地元大学として検討する時期でした。具体的には授業のない週末を活用し，応急仮設住宅の環境整備やイベント開催などを継続し，「通い続ける学生という存在」を被災地の皆さんに伝え続けました。これは冬休みや春休みなど，その後のいわて GINGA-NET プロジェクトを描いたものでした。

　災害 VC は，地域の状況に合わせて「生活支援センター」や「復興センター」のような名称と役割・機能を持ったものに変化します。災害ボランティアは，災害が起きてから避難所や応急仮設住宅へと，復旧のプロセスに対応するものだけではありません。被災した地域とそこに生きる人たちとともに，関係性を変化させつつも，活動を描いていくことが可能です。

　このように，災害発生から復旧，復興へと各フェーズに沿って，長期的に学生ボランティアの力が活かされることがわかります。学生ボランティアは個人やグループ，大学による企画，災害支援 NPO との協働など，多種多様な形態でその力を被災地につないでいます。それぞれのフェーズごとにどのような学生ボランティアの力が発揮されたのか，その経緯，学生ボランティアの活動を促進した要因やそのことの意義などについては，後述していきます。

●注

（1） 発生日時は2011年3月11日（金）14時46分，三陸沖を震源とした，マグニチュード（M）9.0，最大震度7の地震。被害状況は人的被害が，災害関連死を含む死者1万9533名，行方不明者2585名，負傷者6230名。建築物被害が，全壊12万1768戸，半壊28万160戸，一部破損74万4396戸（内閣府緊急災害対策本部（2017）『平成23年（2011年）東北地方太平洋沖地震（東日本大震災）について』，内閣府）。

（2） 発生日時は1995年1月17日（火）5時46分，淡路島北部を震源とした，マグニチュード（M）7.3，最大震度7の地震。被害状況は人的被害が，死者6434名，行方不明者3名，負傷者4万3792名。住家被害が，全壊10万4906棟，半壊14万4274棟，一部破壊39万506棟（消防庁（2006）『阪神・淡路大震災について（確定報）』，消防庁）。

（3） 発生日時は2004年10月23日（土）17時56分，新潟県中越地方を震源とした，マグニチュード（M）6.8，最大震度7の地震。被害状況は人的被害が，死者68名，行方不明者0名，負傷者4795名。住家被害が，全壊3175棟，半壊1万3810棟，一部破壊10万4619棟（新潟県（2009）『平成16年新潟県中越大震災による被害状況について（最終報）』，新潟県）。

（4） 大学ボランティアセンターは，大学の一部署としてのセンターや学生や教職員による自主的な組織，NPO法人など，さまざまな形態のボランティアセンターが含まれている。短期大学や専門学校のボランティアセンターも総称して，「大学ボランティアセンター」と呼んでいる（大学ボランティアセンター情報ウェブ「大学ボランティアセンターリンク」https://www.daigaku-vc.info/，2017.4.8）。

（5） '11いわての風は，過去の災害ボランティアに関わった学生ボランティア「'04いわての風」（新潟県中越地震），「'07いわての風」（新潟県中越沖地震）のチーム名を由来としている。詳細は後述の第2部「動く．3」参照。

（6） 内閣府「災害救助法による救助の程度，方法及び期間ならびに実費弁償の基準」では，次のような記載がある。「建設型仮設住宅を同一敷地内又は近接する地域内におおむね50戸以上設置した場合は，居住者の集会等に利用するための施設を設置できる」。

（7） 応急仮設住宅のひとつで，応急的に民間賃貸住宅等を借り上げて提供する住宅のこと。「借上型応急仮設住宅」「みなし応急仮設住宅」ともいう。

知る．2

どの災害にも災害VC（学生ボランティア活動）は被災地の力
—— 災害ボランティア活動推進となる社会のしくみを知る

出典：神戸新聞NEXT「データでみる阪神・淡路大震災　ボランティア　167万人が被災地へ」
(http://www.kobe-np.co.jp/rentoku/sinsai/graph/p6.shtml，2017.11.13)

　1995年1月17日に発生した阪神・淡路大震災の年は，後に「ボランティア元年」と呼ばれるようになり，「特定非営利活動促進法（NPO法）」施行の動きや学生ボランティア開設の動きを後押ししました。

　ここでは，災害ボランティア活動の成果により生み出された法制度や施策，そして，学生ボランティア活動を後押しする現在の大学の取り組みなどについて理解します。皆さんが，学生を応援する社会のしくみと出会い，活動を通じて思いをカタチにすることは，新たなしくみづくりにもつながっていくと考えています。

（石井布紀子）

2−1. 特定非営利活動促進法（NPO法）の施行から変化したボランティア

　皆さんは，「特定非営利活動促進法」（以下，NPO法）の第1条を読んだことがありますか？

　第1条は法制定の目的であり，「この法律は，特定非営利活動を行う団体に法人格を付与すること（並びに運営組織及び事業活動が適正であって公益の増進に資する特定非営利活動法人の認定に係る制度を設けること）等により，ボランティア活動をはじめとする市民が行う自由な社会貢献活動としての特定非営利活動の健全な発展を促進し，もって公益の増進に寄与することを目的とする」となっています（カッコ内は2012年4月改正の際に追加）。

　NPO法は1998年3月に成立し，12月に施行されました。従来の法律とは異なり，市民が越党派の議員と対話をしながら多くの案を出し合い作りあげました。その過程では，数多くの学習会などが全国で開催され，市民の自発的な活動の価値を損なうことなく，社会のしくみのなかに位置づけて後押しするための工夫と努力が積み重ねられ，党派を超えた議員立法として可決されました。

　思いのこもった第1条の目的のなかに，「市民が行う自由な社会貢献活動の健全な発展」が「公益の増進に寄与する」と書かれています。このことは，この法律が成立するまでは「公（おおやけ）」を担うのは行政であり，市民は「私」として営利活動を担うものという見解があったのですが，「市民による公益活動」を認めるよう転換を促しています。さまざまなくらしの課題を解決し，豊かで安心な社会を実現するためには，多様な考え方や活動を認める必要があり，ボランティア活動の基盤強化などについて法制度により後押しすることを明文化しているのです。そして，第2条以降について読み進めると，市民が多く参加するNPOは，それだけで公益性が高いという考え方が示されており，選挙を通して実現される公益とは異なる市民の意思表示として参加を促進する内容となっています。

　ここで，日本のボランティア活動の歴史を調べてみると，1960年代に福祉や環境，スポーツ，文化などの活動場面でくらしに密着したボランティア活動が広がっています。そして，1980年代には，NPO法による法人格取得などの支援の

必要性についての議論が始まっていますが，制定の気運が一気に高まったのは阪神・淡路大震災以降です。行政主導で進められていた災害対応の限界が見え，災害ボランティア活動や学生ボランティア活動の必要性，市民の自由な活動の重要性を強く社会に印象づけたことにより，法制度化の動きが加速したのです。これらの活動の継続と発展を促すために，法人格を有する団体として活躍しうる法制度を新設する動きとなり，行政や企業が社会貢献に関する考え方を変えていくきっかけとなりました。

　その後，NPO法は改正を重ね，現在はより多くの分野領域での活動ができるようになりました。災害，福祉，地域活性化，科学など，今では20分野にわたります。そして，行政や民間助成財団などがさまざまな助成制度や支援のしくみを設けることが当たり前になり，被災地のボランティア活動や平時の防災活動にとどまらないさまざまなボランティア活動を応援しています。情報公開を条件に税制優遇を受けて活動実施できる認定NPO法人認可の導入など，しくみの進化も見受けられます。さらに，東日本大震災を経て，被災者を直接支援する義援金だけでなく，支援するボランティアやNPO・NGOを支援する支援金への寄付を希望する個人や組織が急増し，後の公益法人制度改革を経て，学生によるボランティア活動団体や，それらを支援する機関・団体が増えていきました。

　皆さんが行う活動は，皆さん自身や被災された人びとにとって必要かつ欠かせない個々人の財産ともなりえますが，社会のしくみをよりよくするきっかけにもなり，社会の動きと密接につながっています。そのため，先輩たちが切り拓いてきたさまざまなしくみについて理解し，「社会をよくするバトン」と捉えて活動の際に積極的に活用してみるなかで，よりよいカタチへと変化し，後輩につなぐことが可能になります。

　本書では，後の章の事例で学生が運営するNPOや，学生ボランティア活動を支援するNPO，大学のボランティア支援などについて紹介しています。これらを参考としながら，インターネットなどの活用により，平時から活動している学生ボランティアセンターや，被災地で活動する学生を支援するプロジェクトや助成機関とつながることも可能です。後の章では，ボランティアバスや宿泊先，そして，活動時に必要な資機材などを提供するプロジェクトについても紹介されています。皆さんの小さなアクションこそがしくみを作り・活かしていること，皆

どの災害にも災害ＶＣ（学生ボランティア活動）は被災地の力　*15*

さんが社会をよくする主役であることなどについて，知識として知るとともに，少しずつリアルに感じ取っていきましょう。

2-2. 協働により高まるニーズ対応力，ボランティア活動への期待

特定非営利活動促進法の施行に前後して，横浜市では，1997年から「市民活動推進検討委員会」を市長の委嘱により設置しました。当時，横浜市は全国のなかでも市民による活動が活発に行われており，「（1）これからの社会における市民活動の役割，（2）これからの市民活動と行政の関係，（3）市民と行政との連携の在り方」をテーマとして議論や学習を重ねました。阪神・淡路大震災の際のボランティア活動に参加した学生を含めたさまざまな活動者の意見を参考として，市民と行政のパートナーシップや，市民活動と行政とが協働する際に生じる法的な課題について検討しました。

そして，1999年に「横浜市における市民活動との協働に関する基本指針（横浜コード）」を提案しました。そのなかでは，市民活動の特徴は以下となっており，これはボランティア活動実施にあたって大切にしたいポイントと一致しています。

①自発的・自立的に行われていること。
②迅速・柔軟な対応が可能であること。
③分野を超えた広範な活動もみられること。
④非営利性，テーマ性，独創性があること。

また，横浜コードでは，市民活動の社会のなかでの役割・期待について以下のように列挙しています。

①常に公平性，中立性を求められる行政や，利潤をあげることが求められる企業には，その性質上対応できない分野や市民活動が行ったほうがより成果が期待できる分野において，ニーズに応じた適切なサービスが提供できる。

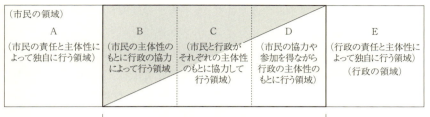

図1-2.1　市民活動推進における協働の領域
出典：横浜市市民局市民活動支援課，2010。

②行政や企業の活動原理では取り組みにくいことであっても，ニーズや必要性などが共感されれば，先駆的・冒険的な活動ができ，また行政に対する提案ができる。
③多数の団体が多様な価値観によって活動することで，個別のニーズにきめ細かく弾力的に応じることができる。
④学校，家庭，職場，職域などの日常生活にとどまらない，市民の自己実現の機会を提供できる。

　そして，協働の意義のなかで，市民と行政の関係に多様なレベルがあることを5つの領域に分けて示しています（横浜市市民局 2010）。
　高度経済成長期を過ぎ，少子高齢化を迎えた日本社会のなかで，社会ニーズが多様化・個別化・拡大化して，中立性・公平性を求められる行政の提供するサービスだけでは対応できなくなったため，市民による自発的な活動の重要性が明らかとなりました。そこで，協働の領域図を示し，個別のニーズへのきめ細かな対応や多様性に配慮したサービス提供が可能である市民の活動を行政と異なる独自の活動領域であると見えるようにしたのです。そして，この領域が量的にも質的にも拡大されることを期待する意味合いから，行政が責任をもって行うべき独自領域があることも位置づけています。たとえば，災害ボランティア活動の現場のなかの避難所での食事提供におきかえてこの領域について考えてみます。避難所開設および食事提供は行政責任で行われるしくみがあり，行政が避難所で配布する食事は図1-2.1のEに位置します。しかし，原則として現物を平等に給付

どの災害にも災害VC（学生ボランティア活動）は被災地の力　17

するルールがあり，胃腸不良の被災者やアレルギーの被災者が望むメニューを臨機応変に提供することはできません。これらの状況に対応するボランティアによる炊き出しが実施された場合，A〜Dに位置します。避難所近くで実施し，近隣住民でもボランティアでも食べることのできる炊き出しを市民が独自に実施する場合はAとなり，行政が費用などを負担してNPOに依頼して作ってもらう場合はDとなります。

　ボランティア活動を行う際，「誰のため，何のため」にその活動を行うのか，「誰が（誰とともに，誰と連携して）担うことが望ましいのか」ということを考えなければならない場面に出会うことがあります。横浜コードは，その際にさまざまな立場から共通理解を得られやすいよう考え方を整理するとともに，行政が責任を果たしながら，市民の活動を活かすよう促しており，全国各地における「自治体とNPOの協働指針」の制定を後押しすることとなりました。また，「自治体と企業のパートナーシップ」「企業とNPOのパートナーシップ」としての動きを後押しし，「より豊かでくらしやすい社会づくりのためには，自発的な市民の活動への参加，そして多機関協働が大切である」という考え方が広がりました。

　本書では，後の章で協働や共同について提案する事例が出てきます。また，福祉や医療の実践から生まれた具体的な活動ノウハウやケアの考え方を提案と出会うこともできる構成となっています。これらは，多様なニーズを解決するために，さまざまな機関・組織がつながりながら，それぞれの特性を活かした活動を行うことが求められていることを示しています。事例のなかから，学生の皆さんが何を大切にしてどう動いていくことができるかをイメージし，後押ししてくれる機関やしくみとつながっていく手がかりを得ていただけると思います。ニーズを見ながら動き，みなさんも，自分（たち）だからこそできること，必要とされていると感じること，やりがいを感じられることに一歩ふみだしていきましょう。

2-3．災害対策基本法の改正によるボランティア活動の推進

　「災害対策基本法」は，1959年に発生した伊勢湾台風を経て1961年に施行され

避難所などの収容施設や仮設住宅の供与	炊き出しなどによる給食	罹災者の救出
罹災住宅の応急修理	給水車などによる給水	医療及び助産 （救護班の出勤など）
罹災者の生業に必要な金品の給与・貸与	被服，寝具その他生活必需品の支給又は貸与	埋葬
災害によって住居又はその周囲に運ばれた土石，竹木等で，日常生活に著しい障害を及ぼしているもの（障害物，豪雪災害時の雪を含む）の除去	学用品の給与	死体の埋葬及び処理

表1-2.1　災害救助法　救助の種類（第23条　施行令第8条）
出典：災害救助法（第23条）をもとに筆者作成。

ました。日本の災害対策は，明治時代から「罹災救助基金法」により執り行われましたが，この法律には救助全般に関する規定が設けられていなかったために地域格差が生じていました。第二次世界大戦後，物価高騰によりこの基金運用だけでの災害対応が難しくなったことから，災害対策の総合性・計画性を確保すること，広域災害対応体制の整備を目的とし，「災害救助法」が制定されました。

　その後，両法律は何度か改正を繰り返し現在に至っています。現在，災害対策基本法は災害の予防，発災後の応急期の対応および災害からの復旧・復興の各ステージ（フェーズ）を網羅的にカバーしており，各ステージにおける災害類型に応じて各々の個別法によって対応するしくみとなっています。また，災害救助法は発災後の応急期（緊急期）における応急対策の主要な法律となって位置づけられています。

　以下に，災害救助法に規定されている救助の種類を挙げてみますが，現在，ごく一部の事項を除いて，これらの内容の大半の取り組みにおいてボランティア活動領域が生まれており，学生が参画する事例が見受けられます（表1-2.1）。

　ここで，行政による支援とボランティア活動の領域が重なっている現状については，災害救助法の基本原則が，行政支援の柔軟性確保や多様性への配慮が難しくしていると考えられます。そこで，災害救助法の基本原則についても知っておきましょう。

どの災害にも災害ＶＣ（学生ボランティア活動）は被災地の力　*19*

災害対策基本法（平成七年十二月改正）［抜粋］

（施策における防災上の配慮等）

第八条

2　国及び地方公共団体は，災害の発生を予防し，又は災害の拡大を防止するため，特に次に掲げる
　　事項の実施に努めなければならない。

（中略）

十三　自主防災組織の育成，ボランティアによる防災活動の環境の整備その他国民の自発的な防災活
　　　動の促進に関する事項

災害基本計画（平成七年七月全面修正）［抜粋］

第2編　震災対策編

第1章　災害予防

第3節　国民の防災活動の促進

（2）防災ボランティア活動の環境整備

○地方公共団体は，ボランティア団体と協力して，発災時の防災ボランティアとの連携について検討
　するものとする。

○国及び地方公共団体は，日本赤十字社，社会福祉協議会等やボランティア団体との連携を図り，災
　害時においてボランティア活動が円滑に行われるよう，その活動環境の整備を図るものとする。
　　その際，平常時の登録，研修制度，災害時におけるボランティア活動の調整を行う体制，ボラン
　ティア活動の拠点の確保等について検討するものとする。

第2章　災害応急対策

第12節　自発的支援の受入れ

1　ボランティアの受入れ

○国，地方公共団体及び関係団体は，相互に協力し，ボランティアに対する被災地のニーズの把握に
　努めるとともに，ボランティアの受付，調整等その受入れ体制を確保するよう努めるものとする。
　ボランティアの受入れに際して，老人介護や外国人との会話力等ボランティアの技能等が効果的に
　活かされるよう配慮するとともに，必要に応じてボランティアの活動拠点を提供する等，ボラン
　ティアの活動の円滑な実施が図られるよう支援に努めるものとする。

「防災とボランティアの日」および「防災とボランティア週間」について（平成7年12月15日　閣議了解）

1．政府，地方公共団体等防災関係諸機関を始め，広く国民が，災害時におけるボランティア活動及
　び自主的な防災活動についての認識を深めるとともに，災害への備えの充実強化を図ることを目的
　として，「防災とボランティアの日」及び「防災とボランティア週間」を設ける。

2．「防災とボランティアの日」は，毎年1月17日とし，1月15日から1月21日までを「防災とボラ
　ンティア週間」とする。

3．この週間において，災害時におけるボランティア活動及び自主的な防災活動の普及のための講演
　会，講習会，展示会等の行事を地方公共団体その他関係団体の緊密な協力を得て全国的に実施する
　ものとする。

図1-2.2　防災ボランティア活動を促進する取組みの経緯

出典：内閣府，2012。

①平等の原則（事情や経済性のいかんを問わず平等に支援すること）

②必要即応の原則（必要を超えて救助を行う必要がないこと）

③現物給付の原則（金銭活用が難しい状況への対応を優先することから，現物給付が原則）

④現在地救助の原則（被災した市町村の現地支援を原則とすること）

⑤職権救助の原則（被災地の都道府県知事の権限が強い）

　平等かつ現物給付の原則は，行政支援の限界にもつながっており，現在は「災害義援金制度」などが補完的な役割を果たしています。ここで，「災害義援金制度」とは，国や行政の支援を補完する民間のしくみであり，被災者にお見舞金的な寄付を送る民間の寄付制度です。明治時代に結成された日本赤十字社や第二次世界大戦後に生まれた共同募金会（各都道府県の共同募金会と全国調整を行う中央募金会があり，赤い羽根募金活動を行っています）は，法に基づく民間組織であり，人びとはボランティア活動に近いスタンスで寄付を通じた支え合い活動に参加できます。

　ところで，災害対策基本法は，阪神・淡路大震災後の1995年，東日本大震災後の2012年，2013年に改正されています。1995年にはボランティアの有効性が認められるとともに，ボランティア活動の環境整備や要援護者支援，自主防災組織の必要性について言及しています。また，2013年にはボランティアと行政の連携促進，防災教育，防災訓練の明確化などを促しています。

　ここで，直近の改正概要としてボランティア活動者が知っておくとよい事項を挙げてみます。活動のなかに取り入れられることが複数入っています（図1-2.2）。

　少子高齢化社会の可能性と課題をふまえて，災害基本対策法の改正は，災害ボランティアセンターの定着化，地方自治体の防災計画のなかに明記される動きを促進しました。そして，民間の助成金制度の拡充や支援金の定着へと発展していきました。第1部「動く．3」で災害準備金制度や支援金制度について説明していますが，準備金制度は計画募金のために災害ボランティア支援を容易にできなかった共同募金会が生み出した災害VCなどを支援する基金制度です。阪神・淡路大震災後の災害対策基本法の改正と同時にこのしくみが生まれています。

　その他の動きでは，各地において，防災や被災地支援に関する新聞記事やイン

ターネットでの報告などが掲載されるようになりました。大規模災害発生後には，NHKが災害ボランティアセンター情報の告知を継続しています。これらの動きも災害対策基本法改正と連動して生まれた取り組みです。

　皆さんの活動は，社会の動きやしくみづくりと密接に関係して活発化していきます。そのため災害救助法，災害対策基本法の2つの法律について知り，今後の改正の動きに着目することにより，社会のしくみを活かして災害ボランティア活動をよりよくすることが可能です。

　東日本大震災の被災地では，防災教育・防災学習に取り組んでいた学校周辺の地域において，奇跡の救出が行われ，避難所での支え合い活動が活発化したという報告が見受けられます。「体験をかたりつぐ」「見聞きした際の気づきを具体的なアクション・活動につなぐ」「つながりを活かして小さな成功体験を積み重ねる」などの教訓は防災教育を進めるうえで大切にしたい事項と言われており，後の章の事例のなかでもこういった概念が活かされています。被災地での災害ボランティア活動の体験などを活かして，地元に戻った後の平時の活動に活かす事例などについて知り，活動を日々のくらしの営みのなかで発展させていきましょう。

●参考文献

横浜市市民局（2010）「横浜市における市民活動との協働に関する基本方針（横浜コード）」（http://www.city.yokohama.lg.jp/shimin/tishin/jourei/sisin/code.html, 2017. 11. 13）

横浜市市民局市民活動支援課（2010）「横浜市市民活動推進委員会報告書」（http://www.city.yokohama.lg.jp/shimin/tishin/jourei/kentouiinkai/, 2017. 12. 20）

内閣府（2012）「南海トラフ巨大地震対策検討ワーキンググループ　第8回会合　ボランティアについて」（http://www.bousai.go.jp/jinshin/nankai/taisaku_wg/8/pdf/1.pdf, 2018. 1. 23）

知る. 3

どの時期にも，学生ボランティアは被災地の力　Ⅱ
―― 災害ボランティアの役割・期待の変化を知る

　ここでは，「災害ボランティア」について，その言葉が誕生した歴史についてふれたうえで，災害ボランティアが果たす役割について，そして活動場面に意味を見出すことの大切さについても述べてみます。さらに，学生による災害ボランティアが発展するなかで，その役割・期待がどのように変化してきているかについて，2つのポイントを示します。1つはボランティアを行う「行為者」から「支援者」への役割の変化。2つめはボランティア活動への「参加」「参画」「協働」の担い手となる期待と，それぞれの役割についてです。これらについて現場の実践から解説を試みます。

（山本克彦）

3-1. 災害ボランティアとは何か

（1）災害ボランティアの歴史

　最近ではあたりまえのように聞くようになった「災害ボランティア」という言葉ですが，過去のさまざまな文献を見ると「災害支援ボランティア」や「震災ボランティア」など，同様の意味に用いられているものが数多く存在します。その解説部分は，「災害後という状況下の『ボランティア』」とされているもので，あくまでも用語の解説だといえます。1995年の阪神・淡路大震災以前のことを指して，「当時は，災害ボランティアという言葉は社会に流通していなかった。（中略）そもそも，一般の人々にとって，災害とボランティアとを結びつけるのは，想像の範囲を超えていた」と述べられている文献もあります（鈴木ほか 2002：166）。

　地震であれ，水害であれ，どんな災害が発生しても，私たちは「何か，自分にもできるボランティアはないだろうか」とか，「できれば，現地へ行ってボランティアがしたい」などと考えるようになりました。しかし，かつては「災害とボランティアとを結びつけるのは，想像の範囲を超えていた」という状況だったのです。災害が起こるといち早くボランティアが駆けつけることが，あたりまえのようになってきましたが，それはほんの20年ほどの歴史のなかで起きている状況のようです。

　「災害ボランティア」という言葉が社会で使われ始めた時期は，1995年の阪神・淡路大震災以降です。阪神・淡路大震災のあった1995年は「ボランティア元年」と呼ばれているだけでなく，災害に関するさまざまなことの節目の年といえます。たとえば大きな出来事のひとつに，1959年の伊勢湾台風を契機として，1961年に制定された災害対策基本法の改正がありました。また，この災害対策基本法に定められた「防災基本計画」では「ボランティア活動や海外からの支援の受け入れ体制の整備」などの見直しが行われています。

　この震災以前においては「防災」という語が多く使用されて，「防災ボランティア」という用語が用いられています。たとえばある報告書によると「防災ボランティア」を「災害による被害の拡大を防止するため，災害時などにおいて，

24　知る. 3

その能力や時間などを，自主的に無報酬で提供し，応急・復旧などの防災活動を行う個人または団体」と定義づけられています[2]。

（2）災害ボランティアの誕生

「防災ボランティア」から「災害ボランティア」へと，使われる用語が変化したのは，阪神・淡路大震災におけるボランティア活動が持つ特徴によるともいえます。「災害ボランティア」という用語を用いている報告書によると[3]，災害支援が行われていた現場には以下の6つの特徴があったと記載されています。

①「ボランティア本部」が形成されたこと。
②ボランティアの活動数が過去の災害に比べて，圧倒的に多かったこと。
③ボランティアの活動内容が多様化したこと。
④専門知識や技術を持つボランティアだけではなく，若年層やボランティア未経験者の活動が圧倒的に多かったこと。
⑤避難所生活が長引くにつれ，被災者自身もボランティア活動に従事したこと。
⑥行政がボランティアの要請を行ったこと。

こうした特徴も踏まえ，当時は「災害ボランティア」を「被災地外から駆けつける若年層をはじめとするボランティア未経験者を多く含み，災害直後の緊急救援だけではなく，その後の復旧・復興の長い過程も視野に入れながら，行政と対等な立場で協力し，組織的に救援にあたるボランティア」と定義していました（鈴木 2002：168）。

阪神・淡路大震災はとても大きな災害であり，当然，被害も大きなものでした。被害の大きさは被災した地域の広さという意味だけでなく，ボランティアとして関わっていく内容も広い範囲の多様なものであったといえます。被災地でのニーズが多様であり，しかもその解決には長い時間を要するわけです。そのニーズを集約，整理したり，ボランティアが持つ力とのマッチングを行ったり，1日の活動では解決できない課題と向き合うため，継続して通う動きもありました。その時に，どのような状態をもって，完了とみなせばよいのかという基準も考えねばならなかったでしょう。それまでになかったしくみや機能を試行錯誤するた

めに，ボランティア本部やボランティアセンターのような機能を備えた場所が必要となりました。

　このように，阪神・淡路大震災はボランティアの意味やイメージを大きく変える出来事であったことがわかります。それまでは，ボランティアというと，何か自己犠牲や奉仕をするというもので，人びとに特別な活動というイメージで語られることがありました。しかし，災害時に多くの人びとがボランティアに駆けつけたことで，誰にでも参加できる活動というイメージへ変化しました。さらにはボランティアをする側も，被災された方がたから感謝されたり，人の役に立っていることが実感され，自己実現や自己成長の機会にもなってきたといえます。災害発生を TV ニュースや新聞記事で知ったとき，「何か，自分にもできるボランティアはないだろうか」とか「できれば，現地へ行ってボランティアがしたい」という気持ちが生まれることは，とても大切なことだと思います。それは困っている人がいたら，手を差し伸べる，何か自分にできることがあれば行動を起こす，という人としての思いやりや，やさしさや，助け合いの精神でもあるからです。

　さて，先ほどの災害ボランティアの定義のなかに，大切な視点の変化が示されています。災害ボランティアというと，災害の発生から応急・復旧の時期の活動としていたのに対し「災害直後の緊急救援だけではなく，その後の復旧・復興の長い過程も視野」に入れるとしている部分です。その意味や価値については，後ほどくわしく述べてみましょう。

3-2.「行為者」から「支援者」へ

　数多くの災害の経験から「災害ボランティア」は，災害後という状況下のボランティアというイメージから，災害直後の緊急救援だけではなく，その後の復旧・復興の長い過程も視野に入れるものであると定義されました。地震にせよ，豪雨水害にせよ，「災害後という状況下」のボランティアといえば，家屋や周辺を片づけるという作業がよくイメージされます。床上浸水の場合は，家のなかのさまざまな家財道具が水浸しになり，電化製品は使えなくなったり，畳も水を吸って，そのままではいずれ悪臭を発するようになります。図1-3.1のような光景は，水害被災地へ行くと必ず見かけるものです。

26　知る. 3

ここで、家財道具を運び出すという行為について考えてみましょう。もしあなたが、床上浸水したお宅へボランティアに出かけたとします。そこにある家財道具や生活用品は水浸しになり、山や川から流れてきた土砂や泥によって、汚れています。少しでも早く片づけるため、部屋のなかに生活空間をなるべく広く確保するために

図1-3.1　関東・東北豪雨の被災地（常総市）
出典：筆者撮影。

は、黙々とものを運び出すことが、依頼者である住民の方にとって重要です。大きな家具や家電はボランティアどうし協力して運ぶでしょう。小さなものは、箱につめるか、部屋の片隅に放り投げて集めてから運び出すかもしれません。黙々と与えられた時間を最大限に活用し、多くのものを片づけ、できる限り広い空間をつくる。片づける行為としては、素晴らしいと思います。しかし、現場の取り組みから、視点の転換が不可欠となりました。

　以前、ボランティアを依頼した住民の方から、こんな感想をお聞きしました。「ボランティアの方は、黙々とおしゃべりもせず、どんどん部屋を片付けてくれた。とてもありがたかった。でも、汚れたり、こわれたりしているとはいえ、モノを放り投げているようすを見ていると、なんだか悲しかった」と。

　支援とは、他者を支え、助けることです。部屋のなかが片づくようにと、ものをどんどん処分する。もちろんそのことで住民の方の生活を取り戻す一助となることは確かです。けれど少し、心のアンテナの感度を高めてみましょう。あるいは想像力をはたらかせてみましょう。たとえば、泥で汚れたぬいぐるみが、その家の子どもにとって、大切なものかもしれません。アルバムや写真が捨てられる時、思い出や復興への意欲も取り戻せなくなることがありえるのです。

　もしも片づけの時に、近くに依頼者の方がいたら、声をかけながら運び出しや処分について進めましょう。それだけで、ボランティアであるあなたの役割は大きく変わります。片づけの手をとめて、しっかりと、ていねいにお話を聴いてみてください。家財道具が片づいて、床上の泥かきをする際は、きれいになった床

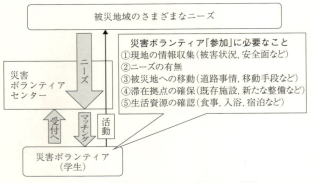

図1-3.2　災害ボランティア「参加」の要件
出典：筆者作成。

面積を気にするだけではなく，そこにいる依頼者の方に話しかけたり，表情を見ながら，気になるところがないかを感じとってください。それがくらしの復旧や復興によりそうきっかけとなり，必要なニーズ・支援につながるかも知れないからです。「ボランティアの皆さんに元気をもらいました。大変でも，前に進みたいです」という気持ちや声がたくさん残されています。それこそが，支援なのだと思います。

　つまり，黙々と作業を進める「行為者」ではなく，そのこととともに，被災された方とそこにあったこれまでの生活やこれからの生活を想像できる「支援者」であることが，復旧・復興を視野に入れたボランティアの役割だと考えてみて欲しいのです。

3-3．災害ボランティアの役割・期待の変化——参加・参画・協働へ

（1）災害ボランティアへの「参加」

　1995年1月17日の阪神・淡路大震災以降，災害ボランティアは多様な意味を持つようになりました。その後，地震災害だけをみても，2000年10月6日の鳥取県西部地震[4]，2001年3月24日の芸予地震[5]，2003年9月26日の十勝沖地震[6]と，数年おきに震度6を超える大災害が起きています。ここでは，筆者自身が学生とともに災害ボランティアに参加した2004年10月23日の新潟県中越地震での事例をもと

に，災害ボランティアへの参加について，説明します。

　地震発生を知り，学生から「先生，私たちにも何かできないのでしょうか」と相談を受けました。彼らの言葉に含まれるもの，それは災害ボランティアへの意欲と，一方で具体的な行動がイメージできないという不安であったように思います。このように学生が意欲

図1-3.3　託児ボランティア
出典：筆者撮影。

を持ちつつも同時に抱く不安やためらいに対し，筆者は教員として，どのように学生に関わることができるのか考えました。また学生に可能な災害ボランティアの活動内容はどのようなものがあるのか。筆者自身は現地において，どのような組織や個人とつながりを持ち，学生の活動を支えられるのか。試行錯誤を繰り返していたことを覚えています。

　この試行錯誤は，学生を被災地の支援，つまり活動につなぐことであり，災害ボランティアへの参加を実現させる後押しでした。災害ボランティアの第一歩は，「参加」であるといえます。簡単にいえば，ボランティア活動を提供してくれる場所にたどり着くことです。もちろん，それにはしくみやルールを理解する必要がありますが，何とか被災地にさえたどり着ければ，災害ボランティアへの参加ができるようになるのです。

　もう少していねいに，災害ボランティアへの参加について説明します。被災地へ行けば活動につながるとはいえ，いくつかの重要な条件（これを要件とします）を知っておくことが必要です（図1-3.2）。災害ボランティア「参加」の要件は，次の通りです。

　まず①現地の情報収集をします。被害状況を知ること，活動をするにあたっての安全面について調べることなど，考えねばなりません。次に②ニーズの有無の確認をとります。そもそも自分自身が現地に行き，力を発揮する機会があるのか，本当はこのニーズを1番初めに確認すべきだともいえます。たとえば人命救助のタイミングでは，外部者によるボランティア活動のニーズはありません。ま

た，被害はあっても，地域の皆さんで解決できるようであれば，外から駆けつける必要がない場合もあります。それらを確認したうえで行くべきとなれば，③被災地への移動方法を考えます。公共交通機関への影響も含め，道路事情など，具体的な移動手段を考えます。被災地がよほど近い地域でない限りは，④滞在拠点の確保が必要です。日帰りが可能な範囲ならば通うことができますが，ある程度まとまった日数の活動などを考えると，既存の宿泊施設や新たな宿泊場所の整備が必要となります。また，滞在中も，食事やトイレ，入浴など，日常生活と同様に必要なことがあります。近隣のスーパーやコンビニエンスストア，入浴施設など，⑤生活資源の確認をしておきましょう。災害の規模が大きいほど，現地には生活に必要な資源が不足して（あるいは失われて）います。被災した方がたにとっても資源が不足するなかで，ボランティアがお世話になるようなことはタブーとなります。

　以上に留意して，「被災地にたどり着く」ことで，現地の災害VCの受付をし，提示された活動に参加することが可能になります。ある意味，災害ボランティアの入門として，「参加」という形があるわけです。ところが，さまざまな災害が起こるなか，学生による災害ボランティアにも変化が起き始めています。それが，「参画」という形です。

（2）災害ボランティアへの「参画」

　中越地震からわずか3年後，2007年7月16日の新潟県中越沖地震において，学生による災害ボランティアに大きな機会が訪れました。これはあくまでも，筆者が学生とともに関わった災害ボランティアにおける事例ですが，おそらく先駆的な取り組みとなったのではないかと思われます（詳細は第2部「動く.3」参照）。

　この時の特徴は，筆者と学生3名が初動時に，前に述べた5項目，①現地の情報収集，②ニーズの有無，③被災地への移動方法，④滞在拠点の確保，⑤生活資源の確認を，災害発生から3日めに先遣チームとして，一気に行ったことにあります。出発にあたっては①と②と⑤を目的として，③を筆者が運転する車とし，④はテントと寝袋を持参しました。被災した地域に負担をかけないよう，食料なども持参し，自己完結できる形で，先遣活動を行いました。当時は学生による災害ボランティアを計画するにあたり，先遣の段階から学生が関わる事例はあまり

図1-3.4 現地の役場を訪問（刈羽村）
出典：筆者撮影。

図1-3.5 災害VCの立ちあげ支援（西山町）
出典：筆者撮影。

聞きませんでした。学内でも周囲からは「このタイミングで何をしに行くのか」「逆に被災地に迷惑をかけるだけではないか」という声があったのも確かです。しかしながら，この時点で先遣活動をした学生は十分にトレーニングを受け，知識を持ったメンバーでした。

第2部「動く.3」に詳細が述べられていますが，この先遣活動のなかで，役場関係者や自衛隊へのヒアリングを実施。新たに開設が検討されていた災害VC（柏崎市災害VC西山支所）の準備から開所に関わる機会を与えていただき，開所初日は災害VCの運営にあたっています。

この先遣活動を終え，学内でその後の長期的な支援計画を立て，災害VCに対し「参加」するボランティアではなく，以下のような役割を担う「参画」するボランティアとして活動を行いました。

①先遣時に被害状況や避難所，災害VC（開設状況や必要性の有無）を確認。
②先遣時に災害VC開設支援，初日の運営支援を行う。
③長期支援計画の立案。
④地元企業との協働による戸別訪問を行う（仮設住宅入居時期のアウトリーチ）。
⑤アセスメントシートの記録とファイリング（専門職への引継ぎ）。
⑥その他（子ども支援イベント実施など）。

これらは，地域住民から災害VCに寄せられるニーズに対応するボランティアとは異なり，災害VC内部において，地域に対し積極的にはたらきかけるもので

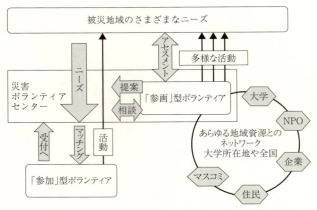

図1-3.6 災害ボランティアにおける「参加」と「参画」
出典：筆者作成。

す。また，学生による災害ボランティアを専門職と連携する試みでもあり，災害時に学生が発揮できる力を確認することにもなりました。災害ボランティアにおける「参加」と「参画」を比較したモデルが図1-3.6です。

　近年では，2014年8月20日の広島土砂災害や2016年4月14日の熊本地震など，災害VCの運営に学生が大きな力を発揮する事例も増え，参画することが「あたりまえ」になりつつあります。

(3)「協働」としての災害ボランティア

　学生による災害ボランティアにおいて，「参加」は，災害VCという活動主体に外部から一時的に加わることであり，「参画」は内部の存在として運営にも加わることとして説明してきました。では，「協働」とはどのようなものでしょう。「協働」という言葉を辞書で調べると，同じ目的を持つことや対等であること，協力して働くことといったキーワードが登場します。災害ボランティア活動の主体はさまざまですが，主にその役割を担う全国社会福祉協議会では，災害ボランティアにおける協働の重要性を，マニュアル（手引き）として2004年に発行しています。この中で，「災害救援ボランティア活動は『コミュニティワーク』」[8]であるとし，以下のように述べられています。

32　知る．3

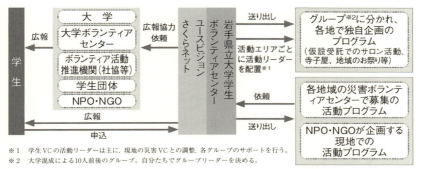

※1 学生VCの活動リーダーは主に，現地の災害VCとの調整，各グループのサポートを行う。
※2 大学混成による10人前後のグループ。自分たちでグループリーダーを決める。

図1-3.7　いわてGINGA-NETプロジェクトの体制図
出典：全国社会福祉協議会，2011。

　被災地の機関・団体は，日常から住民の生活に密接につながり，住民に身近な存在としてコミュニティ形成を担っています。被災地の機関・団体には，災害が発生した場合に，こうした日常的な活動をふまえ地域社会（コミュニティ）のつながりを回復するための活動（＝地域福祉活動）が求められています（全国社会福祉協議会・全国ボランティア活動振興センター 2004）。

　2011年3月の東日本大震災において，ここにあるコミュニティ形成を主な目的とし組織化されたのが，「いわてGINGA-NETプロジェクト」です（詳細は6-2参照）。このプロジェクトは，当時，岩手県立大学の学生VCが中心となり，特定非営利活動法人「さくらネット」(9)（以下，さくらネット），特定非営利活動法人ユースビジョン(10)との協働によって，企画・運営されました。その具体的な内容は図1-3.7にあるとおり，コミュニティのつながりの回復，あるいは応急仮設住宅への入居者間の関係構築を主な活動としています。

　プロジェクトそのものも，他団体との協働ですが，協働によって誕生したいわてGINGA-NETプロジェクトというチームが，被災地の社会福祉協議会や，災害VC，また外部からの支援団体であるNPO等とともに協働することで，多様な活動を展開することができたのです。

　東日本大震災以降，いわてGINGA-NETプロジェクトの活動モデルは全国の大学等に大きな影響を与え，広島土砂災害では，学生ボランティア団体「OPERATIONつながり」が災害VCの運営だけでなく，その後の地域福祉活動

に大きな力を発揮しました（詳細は第2部「つなぐ．6」参照）。このように，「災害支援における学生ボランティア」は，前に述べた災害ボランティアの定義に加え，災害に備えた事前学習や支援のためのネットワーク構築，災害支援の体験を平常時の地域に持ちかえることによるあらたな防災・減災活動への展開を含むものとして，現在進行形で発展しているといえるのです。

■ ■ ■

●注
（1）　国の中央防災会議で正式決定された新計画では，ボランティア活動や海外からの支援の受け入れ体制の整備が盛り込まれている。

（2）　国土庁・自治省消防庁（1991）「災害時におけるボランティア活動の活用方策に関する調査報告書」の定義による。

（3）　鈴木らは，1996年に発刊された日本損害保険協会の報告書を取りあげている（鈴木 2002）。

（4）　発生日時は2000（平成12）年10月6日13時30分。マグニチュード(M)7.3，最大震度6強，人的被害：負傷者182名，物的被害：住家全壊435棟，半壊3101棟，住家一部破損18544棟の被害を出した（内閣府（2003）「平成12年（2000年）鳥取県西部地震について」，内閣府）。

（5）　発生日時は2001（平成13）年3月24日15時27分頃。瀬戸内海の安芸灘を震源として発生し，震源に近い広島県・山口県東部と愛媛県に比較的大きな被害をもたらしている。マグニチュード(M)6.7，最大震度6弱，人的被害：死者2名，負傷者288名，物的被害：住家全壊70棟，半壊774棟の被害を出した（内閣府（2000）「平成13年芸予地震について（平成15年9月19日）」，内閣府）。

（6）　発生日時は2003（平成15）年9月26日4時50分頃。北海道の十勝地方の沖合を震源とし，マグニチュード(M)8.0，最大震度6弱，人的被害：死者1名，行方不明者1名，負傷者849名，物的被害：住家全壊116棟，半壊368棟，一部破損1580棟の被害を出した（内閣府（2004）「平成15年（2003年）十勝沖地震について（第33報）」，内閣府）。

（7）　2007年7月16日10時13分，新潟県中越地方沖を震源とするマグニチュード(M)6.8，震源深さ17km。新潟県長岡市，柏崎市（西山町），刈羽村などで最大震度6強を記録した。

（8）　全国社会福祉協議会・全国ボランティア活動振興センター（2004）「協働で進

める災害救援・ボランティア活動の手引き」全国社会福祉協議会・全国ボランティア活動振興センターのこと。

（9）　特定非営利活動法人さくらネットは，防災・減災教育，災害にも強い福祉コミュニティづくり，協働による市民社会づくりに取り組むNPO法人。2011年は，東日本大震災被災地におけるボランティア活動・市民活動の支援，ぼうさい甲子園事務局業務に力を注いでいる（参考URLはhttp://npo-sakura.net/）。

（10）　特定非営利活動法人ユースビジョンは，より良き社会の実現に向けて，主体的に社会に参加し，社会を創造し，社会を変革していく意欲，知識，スキルを持つ若き市民を育成ししている（参考URLはhttps://youthvisionjapan.jimdo.com/）。

●**参考文献**

鈴木勇・菅磨志保・渥美公秀（2002）「日本における災害ボランティアの動向――阪神・淡路大震災を契機として」『実験社会心理学研究』42（2）．

全国社会福祉協議会（2011）『月間福祉』11月号．

全国社会福祉協議会・全国ボランティア活動振興センター（2004）「協働で進める災害救援・ボランティア活動の手引き」全国社会福祉協議会・全国ボランティア活動振興センター

動く. 1

災害ボランティアへの準備ポイント「情報収集」
——災害ボランティアの姿勢・マナー・ルールを確認する

　ここでは，災害ボランティアとして活動する際に心がけるべきことを考えていきます。被災した地域には，ずっとその土地で生活をしてきた方がたがいます。災害ボランティアはひととき，その地域でともに生活をさせていただく存在です。災害以前からの地域の状況や，災害によって起きた地域の変化を知ることは，災害ボランティアを行ううえで，とても大切な情報です。また，活動中は一定期間，被災地やその周辺に滞在することになりますが，自分たちの生活は自分たちで行うことが求められます。そうした準備において必要な情報についても，学びましょう。

　そして，被災した地域とそこに暮らす人たちに向き合う姿勢，被災地域に滞在し，活動するにあたってのマナーやルールを学び，動きましょう。

（山本克彦）

1-1．災害によって地域はどう変わるのか

　災害ボランティアとして，現地へ行くためには，まず正確な状況を知ることが
必要です。そのことは後で詳しく述べるとして，ここでは，災害が起きた地域
に，いったいどのような状況が生まれているのか，どう変わっていくのか，につ
いて考えてみたいと思います。そのことから，災害ボランティアが，どのように
その状況に対応すべきかのイメージがわくのではないかと思うからです。
　では「災害」についての定義を2つほどあげてみましょう。まず，災害対策基
本法では，災害について次のように述べられています[(1)]。

　　（災害とは）暴風，竜巻，豪雨，豪雪，洪水，崖崩れ，土石流，高潮，地
　　震，津波，噴火，地滑りその他の異常な自然現象又は大規模な火事若しくは
　　爆発その他その及ぼす被害の程度においてこれらに類する政令で定める原因
　　により生ずる被害をいう。

　この定義では，災害についてその種類を具体的にあげています。そして「その
ことが原因で生ずる被害」を，災害とよんでいます。
　もうひとつの定義は少し違った表現をしています。これは DMAT（Disaster
Medical Assistance Team の略，災害派遣医療チーム）の標準テキストに記載された
もので，以下のように述べられています。

　　（災害とは）突然発生した異常な自然現象や人為的な原因により人間の社会
　　的生活や生命と健康に受ける被害とする。災害で生じた対応必要量（needs）
　　の増加が通常の対応能力（resource）を上回った状態である（日本集団災害医
　　学会 2015：2）。

　先ほどの定義と比較して，こちらは具体的な災害の種類はあげずに，自然災害
についても「突然発生した異常な自然現象」という表現にしています。そして被
害を，「災害で生じた対応必要量（needs）」と「通常の対応能力（resource）」との

災害ボランティアへの準備ポイント「情報収集」　*37*

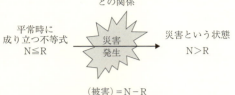

図2-1.1　災害時のニーズとリソースの関係
出典：筆者作成。

過不足が起きた状態として説明しています。これはとても重要な関係ですので，理解しやすいように，図2-1.1のようにまとめてみました。

これは平常時にたとえれば，ニーズが「かぜをひいたり，体調をくずして医師に診てもらう患者，つまり『支援される側』の量」，リソースが「医師や看護師などを含め，診察をする病院，つまり『支援する側』の量」と考えればよいでしょう。地域によってはふだんからそもそもリソース側が不足しているというところもあるかもしれませんが，これらの関係は，災害時に大きく変化します。災害の種類が地震であれ，水害であれ，火災であれ，環境の大きな変化，被害の大きさに応じて，「支援される側」の必要量は増加します。一方，病院のような施設やそこに存在する専門職が被災してしまうことから，「支援する側」の提供量は当然，減少することになるのです。大きな災害ほど，本来支援する側にある職員やその家族，あるいは住居にも大きな被害が出ていることが考えられます。ここでは「支援する側」と表現しましたが，このリソースには（被災した）「地域の福祉力」も含まれていると考えます。平常時からの災害への備え，ご近所づきあいのようすや地域全体のつながり，そうした力が災害時に大きく影響するのです。これらもふまえて災害時の地域には，この「ニーズ増・リソース減」というアンバランスな状況が起きているのだという状況を，しっかりと理解しておくことが，災害ボランティアとして動き出すためには重要であるといえます。

1-2．被災地に負担をかけない

具体的な情報収集の方法などの説明の前に，大切なことから説明をしたいと思います。災害ボランティアの姿勢・マナー・ルールの基本として，「被災地に負担をかけない」というものがあります。近年のように，災害が多発すると，ボランティアの方がたも経験を積んでいて，迅速に被災地に駆けつけます。なかに

は，「ボランティア募集（受付）はまだ始まらないのですか」と，災害VCの開所を待ち構える姿も見られるようになりました。ボランティアというのは，災害VCを通さなければできないというわけではありません。しかし活動中の安全や，万が一の保険などを考えた時，あるいは地域のニーズとの正確なマッチングなどを考えると，災害VCが開所してからの活動がよいでしょう。とくに初めて活動に参加するような場合はなおさらです。

　実は災害による被害が大きいほど，ボランティア受付の開始時期は遅れる傾向があります。それは次のような理由が考えられます。

①被害状況を確認するまでに時間がかかる。
　　：人命救助はもちろん，危険箇所の確認や行方不明の方の捜索が優先されるから。
②ライフラインの復旧に時間がかかる。
　　：電気や水道，電話や交通など，ある程度整う必要があるから。
③災害VCの設置に時間がかかる。
　　：公的な施設は避難所や災害対策の拠点となり，場所が限られてくる。また人員体制も整える必要があるから。

　いずれも地域がまだ大変な状況であるため，現地へ移動することそのものが被災地に負担をかけることを示唆しています。この3つの理由とボランティアによる被災地への負担について，一つひとつ具体的に説明してみましょう。

　①については，そもそもボランティアに可能な活動は限定される状況です。地震であれば，余震による危険もあるでしょう。救急車や消防車，自衛隊関係車両などが多く行き来する時期ですと，駆けつけたボランティアの車が，地域の渋滞を招いたりと，公的な支援の妨げになることもありえます。以前，災害VCで受けた電話で「夕方の炊き出しをしたいので，発電機を準備してもらえますか」とボランティア団体に言われたことがありました。その時は，地域でも避難所でも，わずかな発電機で明るさを確保していた時期でした。いかに「被災地側の負担」を考えていないかがわかります。

　②についても，被災した地域の方がたの生活自体が十分ではない状態です。そ

災害ボランティアへの準備ポイント「情報収集」　*39*

図2-1.2 津波後の街、岩手県
（釜石市）
出典：筆者撮影。

こに数百、数千というボランティアが訪れるということは、ただでさえ不足している電気や水道を消費する人間が増えるということになります。これは食料にせよ、寝泊りするスペースにせよ、トイレにせよ、ゴミ捨てにせよ同じことです。2011年の東日本大震災の時、筆者は岩手県の支援にあたっていましたが、緊急車両、災害派遣等従事車両でさえも、移動のためのガソリン不足で苦労をしました。

かつて、災害VCを「ボランティア村」とたとえた話を聞いたことがあります。実際に、小さな集落で起きた災害に数千ものボランティアが集まると、一時的にではあっても、村（地域）の人口が何倍にもなるということも起こりうるのです。

③についても、災害時に必ず起こる課題です。災害VCは社会福祉協議会（以下、社協）が中心となって運営することが多いということは前にも述べましたが、地震と大津波によって町を失った東日本大震災では、その社協の建物が全壊し、さらに職員も行方不明となるという状況もありました。ふだんの地域には消防署があり、消防車が動ける状態にある。けれど、その消防署や消防車が被害を受ける（図2-1.2）ということもあります。大きな災害の場合、同様に災害VCの機能を果たすための社協も建物被害を受けます。また職員の皆さんも、その地域で暮らしている限りは「被災者」であるのです。そのことを考えずして、「ボランティアをしたい」と主張ばかりするわけにはいきません。

1-3．状況を読み慎重に関わること

前にも述べたとおり、災害時は「支援される側」の量が増加し、「支援する側」の量が減少します。災害VCは「支援する側」として、被災した地域に存在する重要な場所ですが、災害発生から間もない時期には「支援される側」でもあるのです。しかし、そうは言っていられない現実もあります。そこでこれまでの

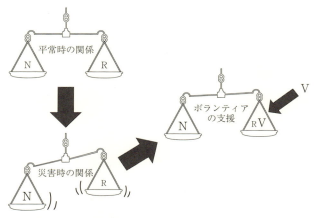

図2-1.3　災害ボランティアによる支援のイメージ
出典：筆者作成。

災害支援の経験から，災害VCの運営を支援するという大きなしくみもできあがっています。第2部の提言の部分でもいくつかの事例がありますが，この「災害VC運営支援」に学生の皆さんが参画する場面も多く見かけられるようになりました。

さて，先ほどの災害時のニーズとリソースの関係を思い出してください。「災害で生じた対応必要量（needs）」＝「支援される側」＝Nとし，「通常の対応能力（resource）」＝「支援する側」＝Rとして，これらのアンバランスな関係を今度は図2-1.3に表しています。

災害ボランティアとは，災害によって減少したリソースを補うために，参加する一人ひとりが自らの持つ力を発揮していくことなのです。

そもそも，地域とそこに生きる人びとの生活は，さまざまな支え合いのバランスで成り立っています。そのバランスが一瞬にして崩れるのが，災害です。バランスを崩した状態の地域はとてもデリケートな状態にあります。そこに対し，ボランティアが自らのオモイだけで，勢いよく，あるいは大きな力を持ち込んでも，そのバランスはもとには戻りません。いきなり負荷をかけることで，逆に状況が悪化することもありえます。てんびんにたとえたように，ていねいに状況を読み，慎重に必要な関わりをすることが大切です。

ていねいに状況を読めない，あるいは読もうとしないボランティアは，思い込

みで活動を持ち込んだり，時期を考えずに被災地へ出かけたり，被災した人とは
無関係に黙々と作業をするようなことをしがちです。「活動はニーズありき」で
す。状況というのは，被災した地域全体のことだけでなく，災害によって生じた
被害の個別の状況，さらにいえば，個々の住民の方の姿や気持ちの状態なども含
んでいます。そのことがあって，必要な支援，求められている支援，自分にでき
る支援などを届けることが可能となるのです。

　慎重に関わるというのは，活動そのものが押しつけにならず，向き合う相手に
対し，一つひとつの言動に気を配るということだと思います。ボランティアとし
て各被災者の家にうかがう時，元気な声であいさつをすることで，自分も元気に
なったという方もいれば，そうでない方もあるはずです。大きな地震と津波でご
家族を亡くされた方がいらっしゃいました。ボランティアをしていた学生に，津
波の恐怖や家族を亡くした悲しみを話してくださいました。話を聴きながら，一
緒に涙を流す学生に，その方は「ありがとう」とおっしゃいました。それまで，
つらい体験を話す機会もなく，隣でその気持ちを共有する人もいなかったと。
「そっとそばにいること」が，結果として大切な役割であったといえます。

　災害ボランティアの姿勢・マナー・ルールとして，ここまでは「状況を読み慎
重に関わること」について，述べてきました。ここからは，具体的な情報収集な
どについてまとめてみたいと思います。

1-4．災害ボランティアまでの流れ──さまざまな時期と情報

（1）災害ボランティアと情報

　現地で災害ボランティアを行うまでの流れに沿って，情報収集というものを考
えてみましょう。ボランティア活動に限らず，私たちは情報，とくに事前情報を
入手することで，その後の行動を「より安全に」「より効率的に」「より有意義
に」つまりはよりよいものにすることができます。災害ボランティアの場合，た
とえば台風による豪雨水害であれば，時期によっては猛暑のなかでの活動となり
ます。2017年7月5日〜6日に発生した九州北部豪雨では，毎日のようにボラン
ティアが熱射病で倒れるという事態が起きました。この状況を事前に知って，活
動に行くとしたら，帽子やタオルや飲料を持参するでしょう。ところが，「飲料

は支援物資が豊富にありますので，災害VCで支給しています」という情報を得ることができれば，飲料を持たずに，少しでも身軽に現地へ向かうことができます。現地の作業（活動内容）が，泥かきであれば長靴やスコップなどを持参しますが，「スコップは貸し出します」ということなら，これもまた自分の荷物は減らせることになります。他にも，滞在中の生活に必要なことを考えると，行き先や近隣にスーパーやコンビニエンスストアがあるのか，日帰り入浴が可能な温泉があるのかなど，現地の情報を知っているかどうかで，自分自身が安心して活動に参加でき，効率的に，無駄なく滞在中の生活もできることになります。気力と体力を無駄なく使えれば，その分，活動にも集中できるわけです。このように，情報とは，その後に続く行動をより安心感のある，質の高いものにするために必要なものであるといえます。

　災害ボランティアに「参加する」ということであれば，必要な情報はメディアから得られる内容と，現地災害VCが立ち上がっているかどうかということになります。あとは，現地への交通手段や，数日間の活動であれば，宿泊場所，生活に必要な地域資源などを調べるとよいでしょう。もちろん，近隣のNPO，NGOのような団体に所属した活動や，社協などによるボランティアバスの活用など，さまざまな方法によって，災害ボランティアへの参加は可能です。では次に，次の段階ともいえる参画や協働を描きつつ災害ボランティアを行う場合について，考えてみましょう。

（2）行動を起こすための情報

　災害ボランティアへの参加を考えるにあたって，まずきっかけとなる情報は「災害が発生した」という情報かと思います。今ではスマートフォンなどのツールによって，地震のように突然起こる災害についても，瞬時に発生の知らせを受けることができます。それどころか，緊急地震速報のように，数秒単位であっても，事前に知ることまでできるようになりました。また，豪雨による水害や竜巻などは気象情報によって，数時間，数日という時間の余裕を持ちながら，備えることが可能です。

　いずれにせよ，いつどこでどのような災害が発生したかに始まり，時間の経過にしたがって，その規模や範囲，被害の状況という情報を入手することができる

災害ボランティアへの準備ポイント「情報収集」　*43*

わけです。その情報は文字や音声だけでなく，リアルな映像で，まさに被災地にいるかのような臨場感とともに知ることができます。さらに自分が見聞きした情報以外に，SNS（ソーシャル・ネットワーキング・サービス）によって，多くの情報を得ることもできるわけです。まずは「災害が発生した」ということに関して，その災害そのものの情報を自分なりに整理することが可能なのです。

　筆者の場合，学生とともに災害ボランティアに関わっていたころは，この段階で現地に「行く」か「行かない」かのおよその判断をしていました。今，ふりかえってみると，実際に移動することや継続的な活動を描く，おおよその基準は，被災地までの距離が片道500kmまでだったように思います。この程度の距離であれば，高速道路を使用して，車で7～8時間です。岩手県立大学での災害ボランティアの経験では，これが新潟県までのおおよその距離であり，新潟県中越地震 (2004)，新潟県中越沖地震 (2007)，中越沖地震から2年後の引っ越しボランティア (2009年) でした。

　そうした意味では，「行かない」あるいは「行けない」判断となる場合もあります。これは距離だけでなく，資金の問題や，時期的なことなどが関係するもので，そうした際には，募金活動や物資支援など，間接的に被災地や被災地に向かう学生を支援するということを行っていました。

（3）現地入り前（先遣時期）の情報

　前に述べた距離に加え，移動手段，滞在拠点，現地受入窓口などの条件がそろえば，先遣チームを組むことができます。これはあくまでも，災害ボランティアを行ううえで，「さらに必要な情報」を実際に現地で入手するためです。とくに個人で実施するのではなく，グループとしての参画や協働を目指す場合は，念入りな現地調査が必要となります。もちろん条件がそろっていても，被害が大きく，公的な支援が優先されるような状況で無理やり現地入りするようなことはしてはいけません。タイミングを考え，現地滞在中の生活に必要なモノはすべて準備し，自己完結することが原則になります。

　継続した支援を検討するのであれば，この先遣チームで現地の資源開発をしなければなりません。ここでいう資源とは，被災地側で今後の活動に協力をしていただける団体，組織や個人，滞在拠点となる場所などです。他にも現地での生活

表 2-1．1　学生ボランティアによる継続的活動の条件

拠点と生活	☐	活動中の滞在場所（拠点）
	☐	拠点での寝食と入浴
	☐	地域資源の情報収集（食材調達のスーパー・コンビニ等，入浴施設）
	☐	緊急時の地域資源情報（病院，警察署，消防署等の位置と連絡先）
	☐	他に携帯電話各社の電波状況や拠点の IT 環境等
移動	☐	被災地（拠点）までの移動手段
	☐	現地での移動手段（拠点から各支援先の往復）
	☐	交通機関利用の場合の最寄駅や，そこまでの移動手段
活動資金	☐	資金獲得のめど

出典：筆者作成。

を考えると，食料調達が可能な店舗や，入浴施設，緊急時の病院なども調べる必要が出てきます。こうしたことを含め，筆者の経験から，学生による災害ボランティアが組織的に現地で継続的な活動をするために必要な条件を表 2-1．1 のように，まとめてみました。

　これらはすべて，先遣チームによるものも含め，事前情報を得ながら整えるものです。情報収集には時間もエネルギーも知恵も必要ですが，前にも述べた通り「情報とは，その後に続く行動をより質の高いものにするために必要なものである」ということがわかるかと思います。

（4）現地入り前（活動開始時期）の情報

　いよいよ活動する際，被災地へ入る前に入手することが望ましい情報について，述べてみたいと思います。ここでは災害 VC や現地で活動する団体などに対し，参画や協働を行う場合を想定し，少し細かな情報収集についても考えてみます。ここまでの内容と重なる部分もありますが，復習するつもりで確認をしてください。

①災害 VC の運営状況を知る。

　社協が中心となって運営している災害 VC の場所や活動状況を調べましょう。被害状況に対し，どのような活動内容が，どの程度のボランティア数で行われているか，またニーズとリソースの過不足状況などを知っておくとよいでしょう。

また，災害 VC と連携している民間の団体やプロジェクトがあるかどうかを調べましょう。災害 VC と協働や連携している団体などがあれば，団体のホームページなどをチェックしておくことも重要です。

②被害の概要とともに，地域の概要を知る。

地域の人口や歴史，文化，産業，観光スポットなどを調べましょう。地域の方と共通な話題で会話ができます。またその地域独特の方言について知るということも大切です。

産業や観光スポット，祭りの文化などは，復興に向けてとても重要な要素です。地域で大切にされている場所が被災していたり，楽しみにしている祭りが中止されたというような状況が，地域の方がたの気持ちに影響しているということもあります。

さらに，読み方も含め被災地やその周辺の地名を正確に知っていることで，地域の方からの信頼にもつながります。「読み方を教えてください」「地名の由来を知りたいです」など，現地へ行ってから，地元の方がたと会話のきっかけをつかむのもよいでしょう。

（5）活動継続における情報

ここまでにあげた情報は，現地入り前に入手するものだけに限っていません。情報は現地で活動をすることで，より詳しく具体的になり，理解を深めることができます。被災した地域（市町村）のホームページなどは，平常時の内容から災害時に対応した内容を追加することも多く，その場合は更新頻度が高くなります。まめにチェックすることで活動に活かすことができます。最近では社協を中心として運営する災害 VC も，情報発信分野が強化され，Facebook を活用した日々の報告や，ボランティア向けの情報（ボランティア募集，ボランティア保険，支援車両に対する高速道路料金減免，ボランティア無料宿泊所など）も細やかに更新されています。

東日本大震災以降 SNS による情報収集や情報発信によりリアルタイムに必要な情報を送受信できるようになりましたが，一方で誤った情報によって，現地に

混乱を招くことも多くあります。支援物資に関する「○○が足りません」「拡散希望」といった発信はとくに注意が必要です。また被害状況を伝えることで，より多くの方にボランティアへの参加を呼びかけるなどの活用も考えられますが，プライバシーの問題だけでなく，地域の状況を不特定多数の人に知らせることの危険性もあることを知っておきましょう。たとえば，ドアや窓が壊れた家屋の写真は，「施錠できない家」がそこにあることを伝えることになります。実際にそうした発信によって，空き巣の被害が出るなどの事例も出ています。しかしながら，より多くの人にボランティア協力をお願いしたいということもあるでしょう。現地の状況を写真で伝えることで，より効果的な活動報告や，引き継ぎが可能になる場面も出てきます。そうした場合は，地域の方に声をかけ，許可を得るなど，慎重に対応するよう心がけましょう。

●注
（1） 災害対策基本法では，第2条第1号に用語の定義として，災害に関する説明がされている。

●参考文献
日本集団災害医学会監修（2015）『DMAT 標準テキスト』（改訂第2版）へるす出版.

動く. 2

災害現場活動必須ポイント「自己覚知」
―― 自分を知り，活動を意味づける

　ここでは，災害現場で活動をする際に必要な，自己覚知について取りあげます。あなた自身が災害ボランティアを希望した動機や経緯を確認すること，また被災地の方がたにとって，あなたがどのような存在なのか，あらためて自分に焦点をあて，考えてみましょう。自己覚知の大切さを理解したうえで，相手と向き合うと，活動から意味を見出すことができます。また，被災した地域やそこに暮らす人との関わりは，支援する側と支援される側という固定化された役割ではなく，時とともに変化するものであることも理解し，関係性の変化からも自己覚知を試みましょう。活動の質，そして自身の有用感の高まりを大切に提案しています。

（山本克彦）

2-1. 自分を知るということ——ジョハリの窓

　災害ボランティアにはさまざまな活動がありますが，そこには必ず「人」との出会いがあり，コミュニケーションをとりながら，活動を継続していく場面があります。そこでは当然，良好な人間関係を構築することが必要となり，そのためには自分自身のことについて，知っていることがとても大切です。災害ボランティアの現場ですから，依頼者は被災した方であり，自分はボランティアである

```
フィードバック ・・・・・・・・・・・・・・・・・・・・・・・・・・▶
              私は知っている    私は知らない
自己開示
      他人は知っている  Known area      Blind area
                開放の窓        盲点の窓
                ①私が知っていて    ②私は知らないが
                  相手も知っている私    相手は知っている私

      他人は知らない  Hidden area     Unknown area
                秘密の窓        未知の窓
                ①私は知っているが   ②私も相手も
                  相手は知らない私     知らない私
```

図2-2.1　ジョハリの窓
出典：筆者作成。

というように，「被災者とボランティア」という明確な関係があります。双方の関係はそれだけで十分なのだと考えてしまうと，どうなるでしょう。土砂や瓦礫だけを見て，その役割だけに陥ると，復旧・復興への視点や，被災者の気持ちへの寄り添いが不足する場合も起こりえます。作業をしながら交わす何気ない会話こそが，とても重要なのです。災害ボランティアは被災した方の生活空間に立ち入って作業をすることも多くあります。つまり被災者に対し，だれよりも身近な場所で，その生活のようすを知り，気持ちに寄り添うことこそ重要なのです。災害ボランティアは，円滑な人間関係なしには成り立たないということを，ここであらためて確認したいと思います。そこで人間関係やコミュニケーションの分析モデルとして，図2-2.1のジョハリの窓を用いて，自分を知るということ，自己覚知と同時によりよい人間関係を築くことについて，考えてみたいと思います。

　自分（私）の心に縦横で区切られた窓枠があるとします。図の左の部分は自分の知っている自分，右の部分は自分の知らない自分です。また図の上の部分は相手（他人）が知っている自分，下の部分は相手が知らない自分です。災害ボラン

災害現場活動必須ポイント「自己覚知」　*49*

ティアとして，被災地を初めて訪れ，そこで地域の方と出会った時は，図の左上にある「開放の窓」が，人間関係を築くきっかけになります。でもその内容はかなり限定されていて，相手から見れば，最初は「ボランティアに来た人である」ということだけかもしれません。それがだんだんと，「○○大学の学生だ」「集中力がある」「話好きだ」などというように，多くのことが理解されるようになってきます。また，相手とのコミュニケーションのなかで，「表情が豊かだ」「責任感が強い」など，自分でも気づいていなかった自分（「盲点の窓」の部分）について知る機会となり，活動への参画のきっかけとなる場合も見受けられます。

　前者のように，「開放の窓」を広くするには，自分のことを相手に話す，つまりより多くの会話をすることで可能になり，これを自己開示といいます。後者のように，自分が気づいていないことを人から教えてもらうことで，自分について知っていくことを，フィードバックといいます。

　災害ボランティアで出会うのは，活動先の方だけではありません。現地でボランティアコーディネートをしている方，協働して活動をする相手，ボランティア同士など，さまざまな場面で人とコミュニケーションをとりながら，活動をします。そんな時に「私は，○○大学，○年生の○○です」という最低限の自己紹介だけでなく，自分はなぜボランティアに参加したのかという動機や経緯，いつまで活動をするのかという予定，これまでにボランティア経験がある場合は，自分の経験やその時に感じたことなどを相手に話せるように整理しておくことも有意義なことです。また，災害ボランティアの内容は，家屋やその周辺を片づける作業だけではありません。子どもと遊んだり，学習支援をしたり，地域の方のサロンに参加したり，炊き出しをしたりと，人と人との関わりをお手伝いすることも多くあります。たとえ片づけ作業であっても，目の前の土砂や瓦礫の量ばかりを見るのではなく，作業を見守っている依頼主の方のようすを見ながら，コミュニケーションを意識するなどの配慮が重要です。災害ボランティアに限らず，ふだんの暮らしのなかでも，自分について，まずは自分で知り，そして自己開示し，相手とコミュニケーションをとることで，良好な人間関係を築くことができるでしょう。

2-2.「よそ者」であることを知る

東日本大震災からの復興をレポートした記事の中に,「『よそ者』『わか者』『ばか者』が町を再生する」(2)という興味深いフレーズを見つけました。この記事では「よそもの」「わかもの」「ばかもの」について,「『よそもの』『わかもの』『ばかもの』」——。町の復興・再生には,この3つの要素が欠かせない。これは随分昔から『町おこし』とか『歴史

図2-2.2 何気ない対話も大切(岩手県大槌町)
出典:筆者撮影。

が変わるとき』に出てくるフレーズらしい」という紹介がされています。町の復興・再生に欠かせない3つの要素のうち,「ばか者」はともかく,「よそ者」と「わか者」を満たしているのが,学生の皆さんです。また,この3つのキーワードをセットにして,よい意味での異分子,型にはまらずに新しい風を起こす力の象徴として「学生ボランティア」という存在を説明することがあります。そこで,筆者が災害支援の現場に関わった経験から,「よそ者」「わか者」が持つ力が発揮された場面について,事例を紹介します。

図2-2.2は,2011年8月19日,東日本大震災から5か月ほどの時期に,いわてGINGA-NETプロジェクトの学生が,応急仮設住宅を訪ねた時のものです。玄関先に腰掛けた女性が,地震や津波の恐怖について,また仮設住宅での生活に対しての不安などを話してくださっていました。学生たちはあくまでも「よそ者」です。それなのに,心のなかに抱えた複雑な気持ちを語ってくださいました。そこには学生たちとの関係性において,「しがらみや利害関係がない」というメリットがあるのです。ご近所の方や同世代の友人と同様の話をすると,「あの人はこう言った」「こんな考え方をしている」ということが今後のおつきあい,人間関係に影響するかもしれません。そういう心配がないからこそ,気軽に,本音を語れるわけです。

他にも「よそ者」であることが力を発揮した例があります。以前，学生ととも
に水害の被災地を歩いて，ボランティアのニーズ調査をした時のこと。ある住民
の方が，「ボランティアさんがたくさん来ている家があるのに，うちには誰も来
てくれない」「この地域の区長さんは，自分の家のことばかりで，地域のために
何もしてくれない」などと語ってくださることがありました。知っている人には
言えないが，知らない間柄，ふらりと立ち寄った「よそ者」だからこそ，心を開
いて話ができるという事例です。ただし，そのことを聞いただけで終わってはい
けません。聞き取った内容は，被災地を支援していくうえで重要な情報です。た
とえば，先ほどの事例で考えると，ボランティアを待っていた人がいるというこ
とは，災害VCが開設されていることやボランティア依頼の連絡先や方法を知ら
ない住民がいるということです。支援機関に地域のニーズがしっかりと届かない
状態にあるということは，大きな問題であり，災害VCのチラシをあらためて配
布するなどの対応が考えられます。また区長への不満から，特定の地域の自治会
が機能していない状況にあるという仮説を立て，再調査へつなぐことも可能で
す。「よそ者」に何気なく語られる内容も，必要な機関，関係者に伝えることに
より，細かな地域課題の解決へ向かうのです。

2-3.「わか者」であることを活かす

　学生という存在は「よそ者」であるとともに，いわゆる「わか者」でもありま
す。本書は，学生の皆さんが災害ボランティアとして，現場で活躍することを応
援したいと考えてつくられています。そのためにも，この章では「わか者」であ
る学生の強みを知っていただきたいと思います。ここでは，強みを活かすため
に，あえて弱みについてもあげてみたいと思います。表2-2.1は，災害ボラン
ティアにおける学生のメリットとデメリットをあげたものです。

　メリットの①における行動のしやすさというのは一般的な社会人ボランティア
との比較です。災害ボランティアには多くの社会人も参加しますが，休暇取得を
はじめ，自由度は学生には到底かないません。また②のように，学生は春・夏・
冬などの長期休暇を活用し，被災地に滞在するための条件を満たすことで，長期
的支援も可能となります。③におけるポジションパワーとは「社会や組織におけ

52　動く．2

表2-2.1　災害ボランティアにおける学生のメリットとデメリット

メリット
①社会人と比較し，曜日，時期，時間帯を問わず行動しやすい。
②時期によっては，現地滞在の条件がそろえば長期的な支援が可能である。
③ポジションパワーが弱いこともあり，被災地の住民と関係を築きやすい。
④若さ・体力がある。
デメリット
①意欲がある反面，支援に関する能力（知識や技術）には乏しい。
②「参加」までのプロセスは可能だが，「参画」のプロセスには支援が必要。
③活動資金等，経済的基盤がない。

出所：山本（2013）に加筆修正。

る地位や役職が持つ力」のことです。学生という立場は前にも述べた通り，「しがらみや利害関係がない」だけでなく，幅広い世代に対し，親しみやすい存在となりえます。とくに，災害時に支援の対象となる子ども，高齢者などと向き合う際には，驚くほど短時間に関係を築けてしまいます。つまりポジションパワーにとらわれることなく，パーソナルパワー（個人としての全人格的な魅力としての力）を発揮できるということでもあります。このこととともに，④若さ・体力を備えているということが，まさに「わか者」のメリットなのです。

　一方で，デメリットについては，①災害ボランティアに対する意欲がある反面，具体的な活動内容などに関する知識や技術，あるいは知恵には乏しいということです。この点について，筆者は「学生個々が持つ既存の知識や技術を活かすことができる活動とのマッチングとその後のサポート」を行うコーディネーター（教職員やNPOなど）の存在が重要であると考えています。参加や参画，また協働については，第1部「知る．2」で述べたとおりです。また活動資金などの経済基盤については，第1部「動く．3」を参考にしてください。

　このように考えると，図2-2.2で例にあげた住民との会話も，「よそ者」であるとともに，「わか者」であることが強みとなっていることがわかります。また図2-2.3のように，小学生の子どもたちからは「遊び相手」として親しまれる存在であり，災害時には避難所や応急仮設住宅の環境が落ち着いた時期に，遊び支援の活動が求められます。また中高生対象の学習支援の事例も多くみられます。学習支援という場面にあるのは，宿題を一緒に考えたり，単に勉強を教えるということだけではありません。中高生世代にとって，目の前に大学生がいると

災害現場活動必須ポイント「自己覚知」　53

図2-2.3　遊び相手としてのボランティア（岩手県釜石市）
出典：筆者撮影。

いうことは，身近な将来像（ロールモデル）との出会いです。東日本大震災では，家族を亡くし，住む家も失い，その状況から夢をあきらめようとする中高生もいました。そうした状況のなかで，大学生による学習支援や居場所支援が，子どもたちに夢を与え，夢を描きなおすことにつながった事例もありました。

2-4．活動を意味づける

「意味づける」とは，「物事に意味や理由をつける。意義や価値を持たせる」ということです。ここでは自己覚知，そして学生の「わか者」「よそ者」としての力についての理解につづき，災害ボランティア活動において，自分自身が関わっている場面を注意深く観察し，考察することによって，その行為やそれによって起こる状況から意味を見出すということについて考えます。実はこの章でここまで述べてきた事例は，すでに「活動場面」と「そこにある意味」に関する内容を含んでいます。応急仮設住宅での会話は，住民の心を癒す意味がありました。地域を歩きながら，立ち話をすることが，ニーズ調査だけでなく，細かな地域課題（地域全体の状況や個々の住民が抱える問題）を知る機会にもなっています。子どもたちと遊んだり，勉強したり，ともに過ごす時間や空間が，子どもたちの将来を具体的に描く意味も持っています。

　何度もくりかえしますが，災害ボランティアは，依頼されたことだけに応えるのではありません。目の前で起きている事象や，交わされる会話，相手の表情，さらにいえば漂う気配を感じとってみるようにしましょう。では，いくつかの事例をここで紹介したいと思います。

（1）お茶っこサロンという場の持つ力

　2011年5月14日，東日本大震災の被災地のひとつ岩手県釜石市でのことです。比較的早く完成した応急仮設住宅の集会所で，学生たちが「お茶っこサロン」を

開催しました。さまざまな地域から入居される住民にとって、新しいコミュニティに属することにはさまざまな不安があります。まずはご近所づきあいのきっかけづくりとして、岩手県立大学の学生は交流の機会を設けました。学生が準備したものは、お茶とお菓子、他には学内のサークルがハンドマッサージのための用意をしていました。

図2-2.4　お茶っこサロンのようす（岩手県釜石市）
出典：筆者撮影。

　応急仮設住宅が完成し、入居が始まる時期に、こうした地域住民交流の場を設けることはとても重要です。災害発生から時間の経過にしたがって、人や地域の状況が刻々と変化します。当然、そのことにともない、必要とされる活動内容も変化するのです。この「お茶っこサロン」は、一言で言うと「地域住民の交流の場づくり」です。お茶を飲みながら、いろいろなお話をすることで、参加する方がお互いを知り、ご近所づきあいが生まれます。またハンドマッサージを取り入れることにより、美容と健康、あるいは癒しの効果も期待できます。ハンドマッサージによって、近い距離でやさしく肌に触れることで、相手の顔も近くに観ながらより親密にコミュニケーションをとる機会が生まれるのです。表情の変化、小さな声もしっかりと捉えることができるとともに、集まった仲間に対してとは異なる相手との1対1の対話へと自然につながる場合もあります。そのため、そこに被災した方それぞれの個別の困りごとや地域のニーズが見えてくることがあります。阪神・淡路大震災の直後に始まった「足湯ボランティア」が被災者の「つぶやき」をていねいにひろいながら、その後の被災地での災害ボランティアとして定着していますが、岩手県立大学の学生の活動においても、美容と健康、癒しの効果のあるハンドマッサージが、被災者の声を個別に聞き取ること、さらにそれを関係機関につなぐという活動となりました。

　もうひとつ、この場面で起こった事象について述べてみたいと思います。図2-2.4の右側に、編み棒を持って何かを編んでいる女性がいます。この方は

「お茶っこサロン」で使えるようにと，自分で編んだロールペーパーカバーを持参してくださいました。それを見た他の参加者が，「あら，かわいいわね。これ，ご自分で編んだの？」と声をかけ，「ええ，そうなんです」という会話が生れ，そこからこの編み物を趣味とする方が他にも数点を取りに戻り，ついには編み物の実演が始まりました。身を乗り出して「作品」や，編むようすをご覧になっているこの風景につながったわけです。自然に発生した流れのようではありますが，「お茶っこサロン」という場の設定が住民どうしの会話や，そのなかの一人ひとりの趣味や個性などを明らかにしていく機会となっています。別な言い方をするならば，この事例は被災した1人の女性の強み（ストレングス）に焦点をあて，その方が元気になることで，地域をつなぐ役割を果たし始めるというソーシャルワーク実践でもあります。この編み物をしていた女性は口数の少ない方でしたが，いつの間にか積極的に編み物のことを話し出し，その後，集会所で「編み物教室」を開催するようになったとお聞きしています。

　このように，応急仮設住宅にお住まいの被災者の方が，地域の力として動き出すという事例を筆者は多く経験しました。災害ボランティアは支援者として地域に入りますが，時間の経過とともに，どこかの時点で「被災地のなかに存在する力」に目を向けていく必要があるのだと感じます。ストレングス視点を持つことはとても重要なのです。災害ボランティアのために訪れた学生が，「支援をしているつもりが，実は元気をもらった」「助けられたのは，自分のほうだ」などという感想を持つのは，そうした力に気づいている証拠かもしれません。もうひとつ，このお茶っこサロンに関係する事例をあげてみたいと思います。

（2）子どもたちの力を地域に

　当時，学生たちとともに筆者は応急仮設住宅が完成すると，まずはその地域のようすを知るために訪問し，集会所での「お茶っこサロン」の開催を検討していました。第2部「つなぐ．2」でも詳細が述べられていますが，岩手県釜石市内だけでも，22か所の支援に出かけています。

　2011年6月5日，図2-2.5は，仮設に住む子どもが集会所で，ポスター作成に取り組んでいるところです。「お茶っこ」という文字が見えるかと思います。この時は，私たちが集会所を訪ね，「お茶っこサロン」の準備をしているところ

56　動く．2

を，子どもたちがのぞきに来てくれたと記憶しています。「何してるの？」とたずねた子どもに対し，「あ，今からね，お茶っこサロンっていうのをするんだけどね」と学生が何気なくこたえました。おそらく子どもたちや被災した方がたの主体的関わりが展開するときというのは，そんな何気ない会話がきっかけなのだと思います。

図2-2.5　子どもたちの持つ力（岩手県釜石市）
出典：筆者撮影。

被災した方がたは，老若男女を問わず，「支援される存在」「与えられる側」という印象を持たれることが少なくありません。被災者した方は，弱々しく，かわいそうで，助けを必要としているなど「被災者役割」を担わされてしまうのです。

　活動を意味づけるという視点からすると，災害ボランティアはこうした思い込みや偏見を持ってはいけません。むしろ，その逆で，被災地で出会う方がたの強みを見出すことが大切です。この事例では，子どもたちが本来ボランティアがやろうとしている「お茶っこサロン」開設に興味を持った場面を機会と捉え，「じゃあ，ポスター書いてくれる？」と言葉をかけています。実はこの一言が，子どもたちのエンパワメントを促したのです。紙面の都合もあり，ここには掲載できませんが，この後，ポスターを書き上げた子どもたちは，仮設住宅の一軒一軒に声をかけながら，「お茶っこサロン」の営業をしてくれました。

　この事例以外にも，避難所生活のなかで，その避難所での生活を記事にした「壁新聞づくり」をしてくれた小学生，食事の配膳，配達を手伝う中学生など，子どもたちの力を，避難所や応急仮設住宅というコミュニティに活かす場面は多く見受けられました。「支援される側」として「被災者役割」を担わされることから，自分にもできることを実践するという「支援する側」，つまり「支え合いの主体」への転換は，個々が元気を取り戻す，エンパワメントの機会でもあると思います。それは本人が自覚していることもあれば，実は本人も気づいていないような力であったりします。まさに本章の始めにとりあげた，ジョハリの窓の

災害現場活動必須ポイント「自己覚知」　57

地域全体…自治組織，ご近所づきあいなど
住民…個別の役割や地域の一員としての意識

図2-2.6　ボランティア活動における主体的関わりの度合い

出所：山本，2013：181。

「盲点の窓」や「未知の窓」が開放されていくと意味づけることができるのです。

5．関わり方を読む

一時期，「KY」という言葉が流行りました。「空気（＝K）が読（＝Y）めない人」を意味する俗語です。災害ボランティアにおいて，活動を意味づけるということは，つまりその場に流れる空気を読むことが必要となります。災害ボランティアには，若さや体力，やる気や元気，いろいろと大切なものがありますが，そこには空気を読む，活動の場面に起こっている事象を感じ取るセンスも重要なのです。災害ボランティアは支援する側として，被災した地域住民の方がたと関わりを持ちます。先ほど，「被災者役割」という言葉を用いましたが，被災地で目指すべきは，地域が復旧し，被災した方がたが元気を取り戻しながら，地域全体が復興していくことです。それはつまり，支援する側の関わりがだんだんと必要とされなくなることでもあります。図2-2.6は，ボランティア活動における主体的関わりの度合いについて表したものです。地域に対し，ボランティアの関わりは減少し，地域住民の関わりがどんどん増加していきます。いずれボランティアは，地域を去ることになる。少しさみしい気持ちにもなりますが，それこそがあるべき姿なのです。支援する，される，そういう関係がよい意味で曖昧になり，また別な関係性がそこに生まれていくということが望ましいのだと考えられます。

■　■　■

●注
（1）　他者との関係から自己への気づきを促し，コミュニケーションの円滑な進め方を模索するためのツールとして提案された心理学モデル。発案者であるアメリカの心理学者ジョセフ・ルフトとハリー・インガムの名前から，「ジョハリの

窓」とされた。

（2）　東洋経済 ONLINE「『よそ者』『わか者』『ばか者』が町を再生する——“異分子”たちから始まる，すごい『チーム』」(http://toyokeizai.net/articles/-/22547，2017.8.11)。

（3）　化粧ボランティアサークル「KIPU＊Labo」。高齢者，障がい者へのハンドマッサージ，お化粧を通じた地域交流活動を行う。

●**参考文献**

山本克彦（2013）「第4章　学生ボランティアの役割と期待」上野谷加代子監修『災害ソーシャルワーク入門——被災地の実践知から学ぶ』中央法規出版.

山本克彦（2013）「第2章　学生ボランティアの組織化とその支援」桜井政成編『東日本大震災と NPO・ボランティア——市民の力はいかにして立ち現れたか』ミネルヴァ書房.

動く.3

災害現場入り準備ポイント「資源活用」
―― 学生ボランティア活動を支える社会のしくみにつながる

　阪神・淡路大震災以降，被災地でのボランティア活動の必要性は高まるものの，その費用をどのように確保するのかは大きな課題であり，活動のための募金活動などに追われた場合もありました。活動者たちは寄付や助成金などを活用して活動を行いますが，支援者を支える資金支援のしくみが確立されたのは，東日本大震災以降のことです。ここでは，いち早く支援金の取り組みを行った中央共同募金会の取り組みを通じて，学生による災害ボランティア活動を進めるうえで，社会資源のひとつである資金支援のしくみと，つながることの可能性について確認します。

　　　　　　　　　　　　　　　　　　　　　　　（土橋一晃）

3-1. 災害時における資金の種類

　東日本大震災以前の災害被災地では，過去の被災地やふるさとを思う人などから応援の声があがり，義援金を中心として寄せられることが少なくありませんでした。災害時におけるボランティア活動を支える資金支援の必要性は，阪神・淡路大震災以降，少しずつ認識されていましたが，東日本大震災以降に社会のなかで大きく認識されるようになりました。現在，被災地を支援するのしくみは，大きくは「義援金」と「支援金」に分類されます。

　ここでいう「義援金」とは，災害による生命・財産への被害に対する見舞金として被災者の方がたに直接届けられるものであり，中央共同募金会や日本赤十字社に集まった義援金は，被災県で設置される義援金配分委員会に全額が送金され，同委員会で定める配分基準により，被災された方がたの生活再建のために直接届けられます。

　一方，「支援金」とは，被災地等の支援を行うボランティアグループやNPOの活動を助成するものであり，助成団体や企業などにより実施されています。「現地に行って何かしたいけれど，資金がなく，街頭募金をして活動資金を集めることから始めた」というような経験者は，支援金のしくみが生まれたことにより，安心して迅速に活動を開始することができるようになりました。また，活動の長期化の見通しを立てることができるようになりました。

　もうひとつ，災害VCの運営を支える支援のしくみとして，新潟県中越地震以降活用されている「災害等準備金」という制度があります。これは，全国47都道府県に設置されている共同募金会が，毎年募っている「赤い羽根共同募金」への寄付の中から3％を上限として3年間分を積み立てる資金のことで，大きな災害が起きた際，災害ボランティアセンターの設置運営に対する助成などに拠出し迅速に支援を行います。赤い羽根共同募金は計画募金であり，次年度の活動のための寄付を前年度に募るため，突然起きる災害支援に対応することが難しいので，災害等準備金として，即応するための資金をストックして活用します。

3-2. 「支援金」としていち早く動き出した「ボラサポ」

　東日本大震災では，多くのボランティア団体，NPO，NGO等の民間非営利団体が被災地を目指しました。救援活動は広域化，長期化することが容易に想定され，こうしたボランティア団体等の活動資金の確保が急務となり，即応性を踏まえ助成プログラムの一層の充実が望まれました。寄付者のなかからも，「義援金だけでは，被災者を直接支えた気持ちになれない。被災者を応援する団体に寄付したい」という声があがり，助成団体だけでなく，企業，民間団体，自治体など，さまざまな団体が支援金を扱い活動現場に助成をするという動きが広がっていきました。活動者自身が，街頭募金やクラウドファンディングなどを行い，インターネットやSNSを活用して資金調達をする動きも見受けられましたが，現場の活動に集中できるよう，助成先を探す動きが加速していきました。そこで，中央共同募金会では，いち早く「支援金」として「災害ボランティア・NPO活動サポート募金」（以下，ボラサポ）を設置し，助成団体だからこそできる支援を開始しました。

　赤い羽根共同募金は，日頃は身近な市町村で地域福祉活動を行うボランティアやNPOの子育て支援活動や高齢者の一人暮らしの支援活動，障害のある人たちの安心できる生活を支援する活動など，「身近な町の困りごとを解決する」活動を年間6万件以上支援しています。しかも，各地域ごとに住民が寄付を集めて身近な活動を応援するしくみになっています。その実績を活かしながら，東日本大震災の被災地における，相互扶助活動の新しいかたちのひとつをめざしてボラサポは生まれました。「支える人を支える」ための募金活動を行い，ボランティアやNPO，学生ボランティア活動をサポートし，立ち上がり資金を含む柔軟な資金支援を可能とすることを目的として動き出しました。

3-3. ボラサポの特徴

　ボラサポでは東日本大震災の被災者支援のボランティア活動を行うボランティアグループ（5名以上のグループ），から，法人格のある組織（NPO法人，社会福祉

法人，学校法人，公益法人等）まで幅広く助成対象としていることが特徴です。また，被災者自身の活動や被災地での活動だけでなく，被災者の避難先，原子力発電所の事故による住民の避難先における活動も助成の対象として，活動対象となる地域を全国に広げて支援活動を支えました。

また，支援活動が長期化することが容易に想像できたために，その状況においては，活動全体をマネージメントするコー

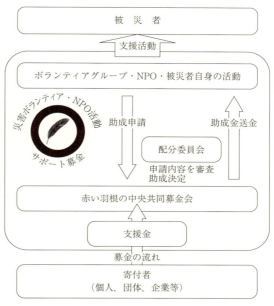

図2-3.1　災害ボランティア・NPO活動サポート募金の位置づけとお金の流れ
出典：社会福祉法人中央共同募金会作成。

ディネーターの存在が不可欠であると考え，人件費への助成を対象としたことも大きな特徴です。こうした人件費を助成対象とすることは，これまでに財務省から税制優遇措置を受けた募金による助成としては異例で，この道を開いたことに対して高い評価が寄せられています。活動団体が被災地において支援活動を行うにあたり，ボランティアコーディネート，被災者のニーズ発掘とそれにともなう適切な活動の企画を行うためには，専門性を持ったスタッフの人件費は必要不可欠でした。法人格の有無を問わず助成金に人件費を含めることが実現したことは，活動団体が被災地で活動にあたり，コーディネーターが必要な経験や技能を有することが確保されることや現地の行政や社協等の関係機関との連携が確保されていること，活動実績の報告及び活動日報の提出を行うこと，助成費目について客観的な基準を設け，情報公開を行うこと，活動団体の活動費とコーディネーターの人件費との適正なバランスを確保することを応募に盛り込むために検討を重ねた結果です。自団体の活動資金募集，あるいはボラサポのように助成金の財

源にあてるための資金募集に注目が集まったことは，「被災地の活動は応援したいけど，どこに寄付をするのが最も効果的かわからない」という寄付者のニーズが大きかったからだと考えられます。

さらに，助成期間について，3つのフェーズに対応した助成プログラムを用意しました。これまでボラサポの助成を受けて538万人（第15次助成時点）のボランティアが東日本大震災の被災地内外で活動しましたが，短期的な活動（30日未満），中長期的な活動（30日以上），重点活動（350日以上）に区切ることにより，応募のしやすさへの配慮をするともに，より魅力のある活動を支える，活動によりそう努力を積み重ねました。

3-4．ボラサポによる支援活動から見えた活動成果

3つのフェーズに対応した助成プログラムの提供により，スピード感のある支援として「緊急救援活動」，NPO等による専門性の高い活動への支援として「生活支援活動」，地元住民が主体となった活動を支援する「復興支援・コミュニティ活動支援」を通じて，ボランティア・NPO活動に小回りのきく適切な助成を広く行い，被災地の復興の一助とすることで，「共助」の仕組みづくり，被災者自身の共助活動などもサポートできるようになっていきました。

そして，活動を支えるなかで，市民の力の大切さへの理解や共感が生まれてきました。大切なことは，ボランティアやNPOと被災地の人びとが協力しあい，つながりをはぐくみ，コミュニティの再興に向けた市民の力を高めること。学生の皆さんは，過去の事例からも学んで頂きたいと思います。

3-5．活動事例から学ぶ

ここでは，ボラサポの助成を受けた被災地支援活動を行った例を2つ，活動報告の中から紹介します。

（1）神戸大学持続的災害支援プロジェクト「Konti」（兵庫県）

現地の方がたの自立的な復旧・復興のための生活支援・見守りボランティア活

動として，長期的な目線で住民の
皆さんが主体的に生活を切り拓い
ていくための支援活動を目標とし
て活動することができました。

　まずは短期的な活動目標とし
て，被災地域でのあらたなコミュ
ニティにおける人間関係の形成・
円滑化，一息つけるような場づく
りに取り組みました。仮設住宅に
おける訪問活動で「仮設住宅に友

図2-3.2 「Konti」の被災者支援活動
出典：中央共同募金会ボラサポ活動報告より掲載。

達がいない」と話していた女性が，イベント終了後には隣の方と帰っていくな
ど，住民同士の交流が図られた様子も見られました。また，被災地外から来た
「よそ者」の存在は，大いに効果を発揮し，周りの人には言いにくい悩みなどを
話せる相手となれました。

　そして，中期的な目標活動としては，仮設住宅等で生活が落ち着いてきても気
持ちが切り替えられない方へのケアや在宅の方に対する支援の継続に取り組むこ
とができました。気持ちの切り替えが難しい方への支援は，支援を求める背景が
そのニーズごとにかなり異なっており，ともすれば今後生活ができないほどの事
態になりかねない方がたのケアを行うことができました。この支援により，「お
かげで正月をゆっくり過ごせる」「主人がなくなって一人でやれるか不安で仕方
なかったけれど，皆さんのおかげで希望が持てた」などといった声が聞かれまし
た。

　今回，ボラサポの助成を受けた活動は，現地への支援だけにとどまらず，現地
での支援活動を教訓に，備える活動として学生の防災力の向上や神戸の震災伝承
などにも寄与することができました。

（2）岩手県助産師会（岩手県）

　「妊娠中・子育て中のお母さんの防災自助力を上げたい」とボラサポの助成金
を使って情報冊子「防災ブック　つよくかしこいママになる！　いわてあんしん
ママぽっけ」を作成しました。東日本大震災の後，岩手県は度重なる余震に襲わ

災害現場入り準備ポイント「資源活用」　65

図2-3.3　岩手県助産師会の被災者支援活動
出典：中央共同募金会ボラサポ活動報告．

れていました。妊婦および乳幼児を抱える母親は，災害対策基本法において「災害時要援護者」と定められていますが，十分な対策がとられにくい状況にあります。そこで，この冊子では妊婦や育児中の母親たちの実際の体験談や，専門家の見解，具体的な行動につながるような備えの促進など，岩手県の状況に応じた身近な話題をたくさん盛り込みました。誰でも自由に持っていくという形ではなく，助産師や保健師などの専門家が子育てサロンなどの時に手渡す形を取ることで，「今まで言えなかったんだけど……」と，被災したときの苦しい気持ちを初めて言葉にできたお母さんがたくさんいました。体験談が多く入っているので「そうだったのか，私の時はこうだったんだけど……」と，自分の話を始められた人も多かったようです。今回の震災では，おんぶひもを活用した母親が母子ともに助かっている事例や，事前に備えを行えていた母親が気持ちの安定した状態で被災生活を送ることができたようすが把握されています。こうした点を大切にして作成された防災ブックには具体的な事例や状況が盛り込まれていて，多くの母親から感謝の声が届いています。

　ボラサポは，自分たちの町は自分たちで復興させるというオモイや子どもたちを守る，忘れない気持ちで関わり続けるといったオモイを支えるために，助成を通じて被災者支援をサポートしています。

3-6．資源を活かすために求められる努力

　最後に，学生の皆さんが活動資金を通じてより大きな可能性とつながるために，大切にしたい5つのことをお伝えします。

　1つ目は，ボランティア団体の民間性・開拓性の根源として，「必要な取り組みは，自ら拓く」という姿勢が求められるということです。仲間とつながり，被

災した人の現状をよく見聞きして，まず自分たちから一歩ふみだし，取り組む努力をするならば，支援ありきではなくなり，結果として後押しする社会資源（資金など）とつながるはずです。

2つ目は，ボランティア団体を作る場合に必要なことを理解し，実践することです。独立した団体として活動するためには，団体としての意思決定（誰のため，何のために，何をするのか，どのように運営するのかなど）を行うしくみを検討し，規約などに明文化するとともに，基礎的な活動経費を確保し展開するためのある程度の自主財源を確保しておくように，関係者間で話し合いましょう。学生VCだけでなく，各地にあるNPO支援センターなどの助言を受けることも活動を考えていく上で大切です。

3つ目は，情報公開の取り組みを行うことです。助成する側からすると，ボランティア団体の支援ニーズや団体の事業・運営の実態，支援団体による支援の現状についても，情報を得ることが難しいため，ボランティア団体が支援団体側に積極的に情報を開示するという意識を持つ必要があると考えています。自分たちの活動・組織の実態や成果・課題，資金活用状況，現場活動風景などについて，明らかにして発信することで，外部からの何らかの支援を得やすくなります。

4つ目は，支援者との関係づくりへの努力です。私たちは，ボランティア団体と支援団体とは，本来はともに社会の課題解決にあたるパートナーであり，どのような被災地のニーズがあり，どのような活動が求められるか，そのためにどのような支援活動が求められるか，という点に関して忌憚なく意見を交換しあい，パートナーとして価値ある活動をともにつくりあげる努力を不断に行う必要がある，と考えています。

ボランティア活動は，もとより個々人の自発的な気持ちから始まるものですが，その活動への支援を求める場合には，市民が共感し，自分たちの日々の生活に必要なものと認め，支援の輪が社会に広がることが不可欠となります。

とくに災害ボランティア活動の必要性への認識は以前に比べれば格段に高まり，支援も広がりつつあるものの，自分たち自身に本当に身近なものとともに取り組み，支えるという市民一人ひとりの意識，行動にはまだそれほど結びついてはいません。水害発生時など，極端に寄付が集まらない場合もあり，資金の支援の問題も，こうした社会的背景から離れて改善されることはありません。だ

災害現場入り準備ポイント「資源活用」　*67*

からこそ，ボランティア団体，支援団体が，ともに協力することで，常に社会の
さまざまな課題を発見し，市民の共感と参加を広げていきたいと考えています。
　最後に5つ目のことは，他の章でも繰り返し伝えられているとおり，オモイを
カタチにする努力の継続です。資金支援に際して活動を継続させるためには，資
金をどう集めるのか，継続的な活動を支援・評価する際の考え方はどうあるべき
か，具体的な資金支援のしくみについて，まだ多くの検討すべき点があるもの
の，まず，学生の皆さんが，自分たちで活動に踏み出してみることが重要です。
支える人を支える活動支援のしくみとつながることにより，距離や困難をこえて
思いがカタチになる喜びにもつながっていくからです。

つなぐ. 1

「平常時」につながる災害現場活動
──被災者によりそい，被災地主体を尊重する

出典：八重樫綾子氏撮影。

第1部「動く. 2」では，災害ボランティアが被災地にとって「よそ者」であることと，そのことの強みや弱みについて述べました。また，自分を知るということを，自分と相手の関係から説明し，災害ボランティアには良好な人間関係が大切だということを説明してきました。この第3章「つなぐ」では，「災害時」と「平常時」という連続した時間の流れの関係のなかで，災害ボランティアがどのような活動をしていけるのかについて考えてみたいと思います。災害ボランティアは，被災者を中心として寄り添い，被災地を主体として活動するものです。ここでは，災害の発生から，復旧・復興へと進むなかで，災害による被害（被災）が複雑に「関係」し合っていることにも注目して，被災した地域とそこに生きる人たちの状況がどのように変化し，それに対しての活動がどのようにあるべきかについて考えてみましょう。

（山本克彦）

1-1. あらためて，災害ボランティアとは

　ここでは「つなぐ」をキーワードに災害ボランティアを考えてみたいと思います。「つなぐ」という動詞には「離れているものをひと続きのものに結びつける，結びとめて離れないようにする，切れないように保つ」などという意味がありますが，ここでは災害ボランティアで大切にしたい「関係」についても，取りあげたいと思います。

　「災害ボランティアとは何か」について調べると，実にいろいろな説明がなされています。本書と同様に災害ボランティアの入門書の内容を見ても，あらためて「災害ボランティアの定義」を明確に記したものが見つかりません。目次のなかに「災害ボランティアとは」という項目はあっても，それは災害ボランティアについての内容や心構えなどについて書かれていたりします。

　一方，Web 上では見つけることができます。Web 辞書や用語，各団体の資料から 2 つほど例示してみましょう。

　防災と災害情報のニュースメディアの Hazard lab（ハザードラボ）の「防災用語集」では，

　　　災害ボランティアとは，災害発生時および発生後に，被災地において復旧活動や復興活動を行うボランティアを言う。

と定義し，一般的なボランティアの説明などをこの後に記載しています。
また，杉並ボランティアセンターのホームページでは，

　　災害ボランティアとは
　　　災害ボランティアとは，災害発生後に被災者の生活や自立を支援し，また行政や防災関係機関等が行なう応急対策を支援する，自発的に能力や労力，時間を提供する個人・団体を指します。
　　　災害ボランティアは，職能によって医師や看護師，通訳等専門知識や技術を活用する専門職ボランティアとその他の一般ボランティアに分けられます。

70　つなぐ. 1

と定義しています。

　この定義からすると，学生である皆さんは「一般ボランティア」であり，「非専門職ボランティア」という分類のなかに入ります。しかしながら，活動内容によっては，このように明確に分類することがむずかしく，その中間的な活動内容（たとえば非専門職である学生が，専門職と連携するような場合）もあります。

　他にも，さまざまな説明をしたものがありますが，時期としては「災害発生時および発生後」としているものがほとんどです。災害ボランティアなのですから，当然，災害が起こってから行うものという意味で述べられています。しかし実際は災害時と平常時は密接な関わりがあるのです。これについては，後ほど述べてみたいと思います。

　また実施場所は「被災地」としている説明が多く，そのなかで被害の大きかった家屋やその周辺，避難所，その後は応急仮設住宅などがあげられています。活動内容についても実に多くの種類があります。もちろんこれは，起こった災害の種類やそれにともなう被害の大きさ，地域の状況などにも関連しているものとなります。

　本書の第1部「知る．3」では「災害ボランティア」を「被災地外から駆けつける若年層をはじめとするボランティア未経験者を多く含み，災害直後の緊急救援だけではなく，その後の復旧・復興の長い過程も視野に入れながら，行政と対等な立場で協力し，組織的に救援にあたるボランティア」と定義したものを紹介しています。

　こうして実際に具体例をあげながら，「災害ボランティアとは何か」を考えると，次のような項目で整理して考える必要があることがわかります。

①どのような層であるか（年齢層，経験の有無，専門性の有無など，活動者の特性）。
②活動する時期。
③活動する場所。
④活動内容。

　近年の災害ボランティアの実態を見ると，「年齢などの属性や経験の有無，専門性の有無を問わず，被災地において，復旧や復興につながる活動に関わり，で

「平常時」につながる災害現場活動　*71*

きることをできる範囲で行うボランティア」と定義づけられます。とてもシンプルな表現ですが，逆に言えば「災害ボランティア」とは，一言では言い表せないほど多種多様なものであるといえます。

さて，ここまでは活動者の側面から「災害ボランティア」について考えてみました。しかしそもそも，この災害ボランティアは被災した地域（被災地）とそこに暮らす人びと（被災者）にとって，必要とされるものでなければなりません。災害ボランティア活動は被災者の方がたの生活再建，被災地の復旧，復興のための「手段」なのです。そのことについて，次に考えてみましょう。

1-2.「被災者側」から考える

私たちの活動は災害によって生じた状況（環境の変化）との関係のなかで描かれることから，多種多様なものとなります。災害が起こるたびに被災地では，少しずつ違った活動が行われているといってもよいでしょう。しかし，どのような災害であっても，またどんな場所でどんな時期に起こっても，すべての災害ボランティアの活動に共通している原則があります。それが「被災者中心」「被災地主体」という考えです。

第1部「動く．1」では，災害による被害を，「『災害で生じた対応必要量（needs ＝ N）』と『通常の対応能力（resource ＝ R）』との過不足が起きた状態」として説明しました。被害というのは，災害によって増大した対応必要量（N）に対し，減少した対応能力（R）が圧倒的に不足することにあります。そのことを

物理的な被害 【家屋や家財，生活空間の崩壊や汚染】	心理（精神）的な被害 【恐怖・不安・寂寥感・認知症の亢進】
身体的な被害 【負傷・体調の悪化・生活習慣の乱れ】	人的なつながりの被害 （コミュニティの被害） 【離別・離散・疎遠・機会喪失】
環境の被害 【地域のシンボル・景観・交通】	経済的な被害 【生業の喪失・復旧費用の増大】

図3-1.1　災害による被害（『被災』）
出典：李仁鉄（NPO法人にいがた災害ボランティアネットワーク）作成．

72　つなぐ．1

「(被害)＝Ｎ－Ｒ」というように対応必要量と対応能力の差で表しました。大規模で広範囲，あるいは同時多発という最近のような災害になると，被害はどんどん大きなものとなっていることがわかります。

　ここでいう被害は被災地全体を概観したものですが，被災した地域で暮らす人（被災者）中心に，どのような被害が起きているのかについて考えてみましょう。図3-3.1は「災害による被害（『被災』）」の理解を目的として作成された資料です。

　災害ボランティアについては，活動者の側面について説明されることが多くありますが，あらゆる活動は災害によって生じた「困りごと」を解決するためのものであり，その困りごとは被災者と被災地に「在る」のです。そこで図3-3.1を活用して，学生として何ができるのかを考えてみましょう。第1部「知る．1」でも述べた「想像力」を発揮して，6つの被害の視点から，被災した方や地域にどのような困りごとが生じ，それに対して学生による災害ボランティアとして，必要とされる活動は何なのかを考え，動くよう心がけましょう。

1-3. 被害における「関係」とは

　たとえば「物理的な被害」を例にあげてみます。図3-1.1では「家屋や家財，生活空間の破壊や汚染」と説明されています。地震によって倒壊した家屋の片づけや，水害によって浸水した家財道具の運び出しや泥かきなど，必要となるボランティア活動をイメージしやすい事例といえます。一方で，これらの被害は，他の被害と「関係」しています。家屋だけでなく，農業を営むうえでの田畑やビニールハウス，果樹園などが破壊されることで，仕事を失い，生計が成り立たないということになれば，「経済的な被害」に。水害後の泥が乾燥して，舞い上がる砂ぼこりを吸い込むと，雑菌によって体調をくずすこともあります。もちろん，過労や災害のショックを考えれば，「身体的な被害」「心理（精神）的な被害」にもつながります。災害による被害は，「相互に関連があり，独立して考えられるものではない」と考えられ，「精神的な不安から体調を崩す」「故郷の喪失感や経済的な苦しさから自死を選ぶ」「近所づきあいがなくなり口コミの情報がなくなる」などの例があげられています。

図3-1.2　床下の泥出しのようす
出典：筆者撮影。

　このように考えると、第1部「動く．2」で述べた「活動を意味づける」ということの重要性が再確認できます。災害ボランティアは「被害」による困りごとを解決する手段にとどまらないのです。たとえば水害後の家屋を片づけるということは、ただ単に家のなかがきれいになる（「物理的な被害」の解決）というだけでなく、被災者が生活再建へ希望を持つことができ、活動中の会話も含め「心理（精神）的な被害」の解決の機会になります。家が片づくようすを見て、不安が解消されることにより表情が明るくなったり、元気な姿になる（「身体的な被害」の解決）ということもよくあります。地域に親しまれている文化財や公園などが復旧していくこと（「環境の被害」の解決）で、地域住民が希望を持てるようになる（「コミュニティの被害」の解決）ということもあるのです。

　つまり、災害ボランティアは、自らの活動が被災者や被災地の困りごとにつながっていることを理解し、災害による被害（被災）が複雑に「関係」し合うものであることを知っておく必要があります。私たちはひとつの現場で活動しながらも、そこに「関係」するさまざまな課題を解決しているのだといえます。表3-1.1に、災害ボランティア活動例をあげてみますので、それぞれがどのような被害の解決に結びつくかについて、あらゆる「関係」に着目しながら考えてみましょう。

1-4．被災地を外からの支援とつなぐ

　災害支援に限らず、ボランティア活動が成り立つためには「ヒト、モノ、カネ、情報」という資源が不可欠となります。表3-1.1では、「ヒト」が現地入りにすることよって可能な活動内容をあげています。では災害ボランティア活動を行うことは現地入りしなければ、不可能なのでしょうか。この章のテーマであ

表3-3.1　災害ボランティア活動（例）

| 災害時最優先配慮者（避難行動要支援者，災害時要援護者）のサポート／泥だし，片付け作業／炊き出し，副食調理・提供／物資支援／遺留品洗浄／避難所支援／入浴支援／病院送迎・移動支援／引っ越し手伝い／荷物の移動・保管／心のケア／就労支援／元気づけ行事／よろず相談，話し相手，寄り添い支援／家事手伝い／買い物代行／多言語・多種情報の提供／通訳，翻訳，点訳，手話／わかりやすい情報提供／申請手続き支援／託児・学童保育や児童館支援／子どものサポート，学習支援，子どもの居場所支援／環境支援，ダニ駆除，消臭，消毒／洗濯支援（ふとんや衣類）／サロン，場の提供／作業用機材提供／大工ボランティア／ペットの世話／個別のニーズ対応（アトピー食，糖尿病食）／瀬戸市や復興支援バザー／避難所やテント生活のサポート／生業支援（農業や漁業の手伝い，商品開発や販売補助）　など |

出典：桑原英文作成（篠原辰二ら加筆）。

る「つなぐ」は，離れているものを結びつけるという意味があります。被災地から離れていてもできる支援はあるはずです。現地での活動と同様に，被害によって起こる困りごとの「関係」を描くことは，どこにいてもできるからです。「ヒト，モノ，カネ，情報」という資源にある「ヒト」は決して，現地へ行く人だけをさしてい

図3-1.3　全国から集まった物資（岩手県岩泉町）
出典：筆者撮影。

るのではなく，離れたところで支援にあたる「ヒト」のことも意味します。離れたところから，お金や物資，情報などによって被災者や被災地を支援する方法も，もちろんのことです。

　やはりここでも，「つなぐ」力の源は想像力のようです。直接現地での活動ではなくても，被災者や被災地に必要とされていることを離れたところで描く力が必要となります。皆さんが思いつくのは，被災地で不足していたり，必要となるであろう「モノ」を集めたり，送ったりする物資支援ではないでしょうか（図3-1.3）。また，災害が起きると街頭で募金活動が行われたり，店舗に募金箱が設置されたり，TVなどで電話による募金が紹介されたりと，「カネ」を活かす支援も多く存在します。最近ではSNSの普及と進歩によって，救急救命期の人命救助につながる活用や，特定の団体が災害ボランティア活動に多額の支援金を集

めることも可能になってきました。

　被災者中心，被災地主体で現地を支援する方法は多種多様で，日々「進化」している
ともいえます。そんななか，「支援にもトレーニングが必要です」という
考えから，「支援訓練」という概念も登場しました。ここで，『災害支援手帖』の
著者，荻上チキさんは，次のように述べています。

　　　これからも，私たちは何度も，「支援する側」という立場を経験すること
　　でしょう。「支援の準備」を進め，「支援の練習」をしていけば，順番に，互
　　いに助け合うことができるようになるでしょう（荻上 2016：2）。

　災害大国において，私たちは平常時から「支援する側のあり方」を考えねばな
らないといえます。とくに後方支援と呼ばれる「現地の外からの支援」について
は，より豊かな想像力を持って，被災者や被災地の状況を「つなぐ」ことが求め
られます。そこで被災地の内と外を「つなぐ」ことにおいて注意したいことをあ
げておきます。

（1）「モノ」の支援

　熊本地震の際に筆者が現地入りした避難所でのことです。被災者のどなたか，
あるいは支援に訪れた方が「紙オムツが足りません」と SNS で発信しました。
すると，全国から大量の紙オムツが。限られたスペースを分け合いながら避難し
た人たちの行き場を失うことにもなりかねない状況となりました。東日本大震災
では，「これから寒くなるのに，ストーブが足りません」という発信から大量の
ストーブ（しかも種類も規格も燃料も違う）が届いたことに困った事例もありま
した。またよくある例は，衣料品です。上着もパンツも種類は関係なし，サイズも
混ざった状態で，しかも状態の悪いものまでが送られてくることがあります。善
意といえども，受け取る側が困るということは少なくないのです。想像力を働か
せることで，たとえば送る側が透明な袋に小分けし，種類やサイズを明記するな
どのアイディアが生まれます。手間のかかる作業かもしれませんが，現地が分類
に労力を取られることもなくなるはずです。こうした「モノ」支援は，情報の受
発信方法にも大きく関わるため，関連づけて注意しましょう。

76　つなぐ.1

（2）「カネ」の支援

　何気なく募金箱に入れたお金。果たして誰が声をかけ，どこを通じて，どこでだれのためにどのように使われるのか，しっかりと確認しているでしょうか。あるいは災害が起きた時，とにかく募金活動をしなければと，安易に行動し，お金が集まった後で「さて，どこに持って行こうか（誰に活用してもらおうか）」などと思ってはいないでしょうか。行き先や使い道をイメージできない募金活動は，いてもたってもいられない自分たちの気持ちを満たすためのものになることがあります。災害時にあわてなくていいように，「カネ」の支援のあり方について，まさに「支援訓練」をしておく必要があるようです。

　「カネ」の支援にはいくつかの種類があります。ニュースなどでよく聞く「義援金」は被災者に直接配られるものです。また「支援金」は第1部「動く．3」でも解説したように，被災者や被災地を支援する活動の資金となるものです。これらの集まり方，集め方もいろいろですので，事前に調べておくのがよいでしょう。災害ボランティア活動においては，資金調達（ファンドレイジング）が重要な要素でもありますので，いざという時に「オモイをカタチにする」ためにも，そして何より，困っている人や地域を支えるためにも知識や技術，知恵を身につけておきましょう。

（3）「情報」の支援

　東日本大震災は東北3県を中心に広大な範囲が被災し，各地で活動するボランティアの姿がメディアに取り上げられました。大規模広域災害はもちろんのこと，最近の豪雨災害では，複数の地域が同時に被災し，各地域に災害VCを開設する事態となっています。災害ボランティアの力は，どの被災地にも必要とされますが，大規模災害が発生した場合複数の被災地に分散せざるを得ません。すべての災害ボランティアセンターが正確な情報発信をし，ボランティアの参加を呼びかけることができることが望ましいのですが，現地のニーズ調査やボランティアとのマッチングなど一連の運営で余裕がない場合も見受けられます。そこでここ数年では，情報担当の運営支援者によるSNSの活用などが，大きな力となっています。災害VCは日々の活動報告（活動したボランティアの人数やその内容など）とともに，翌日以降の予定，天候による実施の有無などを発信します。また

「平常時」につながる災害現場活動　77

ボランティアが現地まで来るための移動手段やルートの説明，滞在する場合の拠点や生活資源情報，ボランティアが活用できるサービス（温泉や飲食店の割引など），さらに，ボランティア保険加入のお願いや，災害ボランティア車両の高速道路無料措置に関する情報など，重要事項をわかりやすく知らせることで問い合わせ対応などの現地負担を軽減できます。現地だけではなく，遠隔地からも，情報の支援が可能になっています。

1-5．平常時と災害時をつなぐ

　第1部「知る．1」において，災害とフェーズについて5つに分けて説明をしました。現地で，あるいは外からの支援として，学生の皆さんが取り組めそうな災害ボランティア活動について，フェーズごとに復習することにより「つなぐ」視点を持ちましょう。

（1）救急救命期
　被災地外からの災害ボランティアとしては，先遣チームが現地入りすることは可能です。ただし，現地に確実な受入先を持つこと，十分な情報収集と安全確認が必要となります。情報支援も重要となるでしょう。被災地側の場合は「災害時最優先配慮者（避難行動要支援者，災害時要援護者）のサポート」という意味で，避難行動支援や安否確認などが求められます。

（2）緊急援助期
　この時期は学生による災害ボランティアへの期待がもっとも高いといえます。筆者はこの時期，次のように大きく3つの活動があると考えています。

　①作業系ボランティア（第2部「つなぐ．6」の広島土砂災害では「実働ボランティア」と呼んでいる）
　②災害VC運営支援（災害VCの一連の流れを支える）
　③災害VC連携支援（センターでは把握しきれないニーズを他団体等と連携して解決する）

78　つなぐ．1

(3) 生活復旧期および生活支援・住宅再建期

東日本大震災のように大規模災害の場合は、応急仮設住宅の完成に地域間格差があるため、仮設住宅への入居支援期間が長期にわたります。その間、引っ越しや生活準備、新たなコミュニティにおける住民間の関係構築に関わる活動が求められるといえます。第2部「動く．3」のいわて GINGA-NET プロジェクトの事例では、徹底したコミュニティ形成支援として、「お茶っこサロン」を実施しました。

図3-1.4　災害VCと連携したアウトリーチ活動
出典：筆者撮影。

(4) 復興期

災害の規模、つまり被害の大きさによってこの時期がどの時点ではじまるかは、さまざまであるともいえます。筆者が学生とともに引っ越し支援を実施した新潟県柏崎市は新潟中越沖地震から2年後の2009年の夏に、一斉に復興団地への転居をしています。しかし東日本大震災の被災地では、6年以上経過した時点でも、未だ多くの方がたが応急仮設住宅での暮らしを余儀なくされていました。復興へ向かうとはいえ、応急仮設住宅に残らざるを得ない住民の方ほど、何らかの課題があるともいえます。ありきたりな表現ではありますが、災害を風化させず、通い続けることそのものが、住民の安心につながるともいえるでしょう。また一方で、沿岸の被害が大きかった岩手県では、生業としての漁業の支援に学生が関わったり、子どもの居場所や学習支援を継続している事例もあります。

災害発生から時間が経つにしたがって、組織的な支援を行う団体などは撤退し、「モノ」や「カネ」の支援も極端に減少します。災害ボランティア活動に対する支援も同様です。そのことを想定しながら、地元の力をつなぎ、しくみをつくるような支援が求められているといえるでしょう。第2部「動く．3」の東日本大震災における岩手県立大学の事例や、第2部「つなぐ．6」の広島土砂災害における広島大学の事例など、被災地に存在する大学が復興期に関わり続けるこ

とはとても重要です。また活動内容も，災害による課題への取り組みから，そもそも地域に潜在していた平常時の課題に関わるものへと変化することもあります。災害という危機を機会として，災害前よりも地域と学生がつながりを持ち始め，それまで以上によりよい地域を創るということを目指されるべきだと考えます。

　災害発生からのフェーズごとに，学生による災害ボランティアについて，より具体的な例をあげてきました。災害ボランティアに関わるなかで，「もっと，こうしていたらよかった」という後悔とも取れるつぶやきを聞くことがあります。被災者から語られるこの言葉は，今後，災害が起こる地域にとって，防災や減災という視点からの重要なヒントとなります。また災害ボランティアから聞こえるこの言葉は，今後の災害支援のあり方のヒントともいえます。

　災害による被害を減らす努力の有無を含めて，発災後は，そこで得たさまざまな経験を，次に語り継ぐ必要があります。想定外と言われた大規模災害でも，その想定外は次の災害では「想定されること」になるからです。被災地が得た教訓，被災地で得た教訓を，どのようにつなぐか。災害時は，「未だ災害が起きていない地域の平常時」へとつながるものであり，「災害から復興した地域の未来という平常時」にも活かされねばならないのです。

　災害時を，平常時と連続したものとして捉えることの大切さを次節では考えてみたいと思います。

■　■　■

● 注
（1）　東日本大震災から3年を迎える2014年3月11日，「民間防災および被災地支援ネットワーク」（CVN：Corporate Volunteer Network）が発表した「災害支援の手引」では，「ヒト，モノ，カネ，情報」の分野で，災害支援を実行するにあたっての組織内調整の具体事例や，実務上のノウハウが掲載されています（http://cvnet.jp/，2017.8.14）。

● 参考文献
　荻上チキ（2016）『災害支援手帖』木楽舎．

杉並ボランティアセンター「災害ボランティアとは」(http://borasen.jp/?page_id=26, 2017. 10. 31).

全国民生委員児童委員連合会編 (2009)『要援護者支援と災害福祉マップづくり――第2次民生委員・児童委員発災時一人も見逃さない運動推進の手引き』社会福祉法人全国社会福祉協議会出版部.

つなぐ. 2

「災害時」につながる
平常時活動　Ⅰ
――災害ボランティアにつなぐ，ふだんの取り組み

　前の節では「被災地が得た教訓，被災地で得た教訓を，どのようにつなぐか。災害時は，『未だ災害が起きていない地域の平常時』へとつながるものであり，『災害から復興した地域の未来という平常時』にも活かされねばならないのです」と述べました。とはいえ，災害時と平常時をしっかりと結びつけながら，災害ボランティア活動について定点的かつ体験的に語ることは容易ではありません。

　しかしながら，筆者が学生とともに経験した2011年東日本大震災での災害ボランティアは，それまでの災害ボランティア活動から始まり，その後，備えとして平常時の実践につないでいました。被災地の災害時に学び，「未だ災害が起きていない地域の平常時」の，災害時の想定をした取り組みへとつないだのです。そのことをもとに，ここでは災害ボランティアがつなぐ，ふだんの取り組みについて述べてみます。

（山本克彦）

2-1. はじまりは学生のオモイ

(1) 支援から学習へ

　第1部「知る．3」は，「学生ボランティアは被災地の力になる」というテーマで話をしています。そのなかで，筆者の経験から，新潟県中越地震以降，学生による災害VCへの関わり方は変わり始め，被災地の災害VCで受付をし，活動内容を待つ参加者から，災害VCの内部に属し，地域のアセスメントから，新たな提案や企画をし，活動をつくる参画者としての役割を担い始めたということもとりあげています。そして現在では，学生ボランティアが組織化され，災害VCや他の団体などと協働するという事例も出てきています。もちろん被災地には，経験の有無を問わず，多くの学生が災害ボランティアにかけつけてくれています。すべてがこうした枠組みに分類されるわけではありませんし，この考え方がすべてでもありません。しかしながら，本節では実践から得られた3段階モデル（参加・参画・協働）で話を進めたいと思います。

　参加・参画・協働というように，学生による災害ボランティア活動の在り方が発展しても，常に共通しているのは，「はじまりは学生のオモイ」だということです。そのオモイはTVのニュースやSNSや，いろいろなメディアから伝わってくる災害発生の知らせに始まります。地震や豪雨による変わり果てた地域のようす，救助を待つ人びとの姿を目にして，「私たちにも何かできないだろうか」という気持ちが湧き起こってきたという体験は誰にでもあるのではないでしょうか。そこからが災害ボランティアの始まりなのです。大変な状況を見て，想像力を働かせ，困っている人びとの存在を知り，何とかできないかと自分にできることを実行しようと考える。人として，何よりも大切なやさしさや思いやりや，助け合いや責任……。そうしたものが「観る人（学生）」の心に芽生えているのです。それはかつて小学校や中学校の道徳の授業で，概念だけは学んだ「大切なこと」を学びなおす機会でもあります。そんな学生のオモイは，大切にされねばなりません。学習を目的として被災地へ向かうことに対し，筆者はとても違和感を覚えます。しかし，支援へのオモイを活動に結びつけ，そこから学習するという，いわば「支援から学習へ」というプロセスはあるべきものと考えています。

（2）オモイをカタチに

　災害時だからこそ，学生の「オモイをカタチに」することが，大学あるいは教職員の役割や責任ではないかと筆者は考えています。学生が何かを感じて，自ら動こうと考えることはとても重要なことです。「自ら考え，行動する」とか，「主体的に」などという言葉を建学の精神に掲げている大学はたくさんあります。オモイはその出発点であり，学生の心にこのオモイが芽生えた瞬間にこそ，その実現のために大学が学生支援をすべきなのです。実現とはオモイがカタチになることであり，その経験は，学生を大きく成長させる機会であると考えます。

　しかし災害時，大学によっては，まったくその逆の捉え方で，役割や責任として，「学生を被災地に向かわせてはいけない」と判断することも多くあります。被災地は平常時の地域とは異なります。災害の発生から間もない時期であればなおさら，学生の「安全」を第一とし，「今はまだようすを見なさい」という声をかけるわけです。ところが，いつまでたっても「様子見」ばかり。動く気配はなく，学生たちのオモイは行き場を失います。それならばと大学に相談をしたところ，「そんなに行きたいのなら，大学の所属を名乗らずに現地へ行ってください」と教職員に言われたという話を東日本大震災の時には聞きました。大学名を名乗らなければ被災地へ向かってもいいということは，大学の責任にさえならなければ，あとはどうでもいいというように捉えられます。正直なところ，筆者はとても悲しい気持ちになりました。

　別な考えをするならば，学生として「大学が許可してくれないから」という理由で参加をあきらめる必要は，まったくないともいえます。「行けない理由」を見つけて立ち止まるのではなく，「どうすれば行けるか」を考えればいいのです。大学自体が地域貢献や学生ボランティア活動に取り組み始めた歴史は浅く，[^(1)]ましてや災害ボランティア活動に関しては，ほとんど経験を持っていません。大学が被災地に連れて行ってくれると期待することが間違いになる場合もあります。もちろん，現地でボランティアを受け入れる環境が整った時点でボランティアバスを企画する大学もありますが，行き先も活動内容も大学の事情に縛られたものになりがちです。

　災害ボランティアとしての初動対応に関わりたい，あるいは現地のニーズに合わせて柔軟に自由度の高い活動を実現させたいという場合は，災害支援分野を含

み，学生ボランティアを支援する NPO や NGO のような団体に参加することをおすすめします。もちろんふだんから，そういった団体に参加しておくことも可能です。団体の企画する災害ボランティア活動に参加することで「オモイをカタチに」できるのです。

学生は被災地に必要な存在であると考えるか，被災地に行かせるべきではないというスタンスから考えるかにより，大学や教職員の対応はまったく異なります。筆者は言うまでもなく，前者であり，災害時は現地へ行くものと考え，またそこでの経験は次の災害に活かすものとして捉えていました。そうした意味でも，ひとつの災害から戻った平常時は，次の災害時のための備えの時間として活用すべき，と考えています。ここでは，岩手県立大学が新潟県中越地震をきっかけとし，支援の経験から学習し，災害時につながる平常時活動をどのようにつくっていったのかについて，述べてみることにします。

2-2. 災害支援の経験を平常時に

（1）滞在型災害ボランティアの要件

筆者が学生とともに初めて災害ボランティア活動に参加したのは，新潟県中越地震です。学生とともに現地入りをしたのは11月27日，発生から1か月が経っています。当時勤務していた岩手県立大学から，目的地とした川口町（現在は長岡市）の「すぱーく川口」までは，高速道路利用で531km，所要時間は約7〜8時間でした。災害ボランティア活動への参加の要件は，①現地の情報収集，②ニーズの有無，③被災地への移動，④滞在拠点の確保，⑤生活資源の確認の5つだと第1部「知る．3」で述べましたが，この要件は学生と現地入りする前に，筆者が先遣でニーズ調査[2]をした際にまとめたものでした。

「すぱーく川口」は先遣の際に，黒澤司氏（当時，日本財団所属）と出会えたことで，学生の滞在拠点となったスペースです。鉄骨屋根付の全天候型ゲートボール場で，2面のコートのうち，1面が支援用物資置場，1面がテント設営可能なボランティアベースとなっていました。また一部が共同の生活空間，そして日本財団の仮設事務所でした。この時，驚いたのは共同の生活空間で調理をし，ボランティアのための食事を準備するボランティアチーム「災害ボランティア・オー

図3-2.1　滞在拠点のようす
出典：筆者撮影。

ルとちぎ」(3)の存在でした。ボランティアを支援するボランティアという存在が新鮮に思えたのです。

　先ほどの要件の①・②は先遣の際に実施，③は筆者の車，④・⑤は「すぱーく川口」をお借りできたことで整いました。この要件を整えることで，一定期間，継続して滞在型災害ボランティアが活動できるようになることがわかりました。

（2）活動から学ぶこと

　これまでの災害をふりかえると，学生による災害ボランティアに期待される活動として，「子ども支援」があげられます。新潟中越地震の活動では，川口町災害VCを協働運営するNPO(4)が実施する子ども支援に参加しました。活動を通して，配慮すべきことを以下にポイントとして記します。

①災害発生から，避難所生活期間はとくに子どもの居場所の確保が必要である。
　：小学校，児童館などの公共施設は避難所や物資置場になることがほとんどで，グラウンドや生活道路は緊急車両などの往来があるため，被災した地域全体に安全な空間が不足する。
②災害ボランティアとして可能な子ども支援の内容は，「託児」「遊び」「学習」またはこれらを含む「イベント開催」である。
　：被災したことにより家族や地域の大人は，片づけ等に忙しくなり，これらの機会が失われる。
③子ども支援の活動内容は，災害発生からの時間の経過で変化する。
　：避難所における居場所（「託児」，「遊び」，「学習」）から，学校再開にともない，登下校支援など，ニーズは変化する。
④心のケアについても配慮し，専門職などが連携して，継続的に支援すること

が重要である。

　：専門家といえども，そもそも地元に存在する子ども支援団体との情報共有が重要である。

⑤子ども支援の活動を通し，家族関係や地域の状態などを知ることができる。

　：子どもの居場所や学習支援のなかでの子どもとの会話は，アセスメントの機能を持つ。

　ふりかえってみると，この時の経験が災害ボランティアにおけるさまざまな課題に気づくきっかけとなりました。あくまでも，活動の原点は学生たちのオモイであると気づきました。そして，それをカタチにする（実現する）には，何が必要なのだろうということから「災害ボランティア参加の要件」が見えました。学生たちは，学生であるがゆえに，現地への移動にも滞在にも，大きな経費はかけられません。そこを補完できれば，オモイがカタチに，そしてチカラになるのです。また災害時には，学生ならではの活動があることもわかってきました。さらに災害 VC が地元の社会福祉協議会と NPO などとの協働型で運営されているようすも学ぶことができました。学生たちはこの経験を持ちかえり，平常時に仲間とともに共有し，次の災害に備えることを考え始めました。

2-3．現場感覚を持ち続ける

　本章の始めに，「同じ地域で，同じ立場で災害時と平常時を『行き来する』機会を持てる可能性は低い」と述べました。同じ大学で，学生という立場で，災害時と平常時を「行き来する」機会を持つには，機会を創り出す試みが不可欠となります。新潟県中越地震から戻った学生のオモイが熱いうちに，筆者は自分の研究室を開放し，学生たちが自由に災害ボランティアの体験や，今後できる支援を語り合えるようにしました。学生たちのオモイを集める「器」のような場づくりをしたのです。当時，学内に学生ボランティアが集う場所がなかったため，私の研究室に「ボランティアセンター」と書いたダンボール箱の切れ端が掲げられました。

　また翌年（2015年）の夏には「あの時，どのようなボランティア活動が必要と

図3-2.2 学生の集いの場(筆者の研究室)
出典：筆者撮影。

図3-2.3 仮設住宅調査のようす
出典：筆者撮影。

考えられたか」について，応急仮設住宅で生活されている住民対象に簡単な調査（フィールドワーク）に出かけました。行き先は自分たちが活動した川口町の仮設住宅です。約200名の住民の方に聞き取りをしました。学生たちのオモイ，モチベーションを維持しながら，災害ボランティアについて学習する機会をどのように継続するかが，いつのまにか筆者の研究テーマになりました。正しくは研究テーマにしておくことで，災害ボランティアの現場に関われるという「魂胆」がありました。2016年3月には，阪神・淡路大震災の被災地に学ぼうと，関西方面へのフィールドワークも実施しています。学生のオモイが途絶えないように，とはいえ学部生は4年間という期限つきです。少しずつ，先輩と後輩がともに活動する工夫へとつないでいきました。学生たちが顔を合わせながら，災害ボランティアの現場感覚を持ち続けるための「しかけ」として，継続的なプロジェクト(5)にも取り組みました。これは平常時に地域と関わる活動です。学生のボランティアサークルへの依頼に応えることはもちろん大切ですが，継続的なプロジェクトに取り組むことで，学生どうしのチームワーク形成にもつながると考えました。

新潟県中越地震からの学びとして，学生たちが災害ボランティアとしての現場感覚を持ち続けるための要件は4つ，①学生のオモイを集める器（場）づくり，②災害時に関係する現場へのフィールドワークの実施，③学年を越えたチームづくり，④平常時から地域と関わるプロジェクトを持つことであると考えました。近年は毎年のように自然災害が起こっていますが，学生による災害ボランティアを組織化することのむずかしさをよく聞きます。そこには，学生が4年間（短大であれば2年間など）という限られた期間で入れ替わってしまうという事情があり

ます。これは災害ボランティアに限らず、学内のボランティアセンターにも共通する課題でもあるでしょう。学生による災害ボランティアの組織化には、器にたとえた空間に対し、それを「場」として機能させることのできる人材が必要です。個別に学生の育ちを見るだけでなく、集団として育ち合える環境をつくること、学生が学

図3-2.4　神戸市長田区へのフィールドワーク
出典：筆者撮影。

び合える機会をつくるプロデューサーの存在が重要となるのです。これは学内に限りません。災害支援に関わり、学生ボランティアを災害支援の現場につなげるNPOやNGOなどの団体は多く存在します。所属大学や学年を越えて、チームワーク、リーダーシップ、地域に関わっていくさまざまな力を養成するプログラムなどを準備している団体を調べてみることも大切です。

2-4．災害ボランティアを平常時に組織化する

　「災害時と平常時は密接な関わりがある」「災害時と平常時をつないで考える」ということを何度か述べてきました。とはいえ、災害ボランティアは災害時に活動するイメージが強く、一般的に考えれば、それが平常時から必要とされるという理解はされづらいように思います。実際のところ、平常時に災害ボランティア活動を行うというよりも、平常時に地域で実施する活動が、学生にとっても、地域にとっても、災害時に役立つものであるということを理解するというのが、このことの意味でした。現場感覚を持ち続けるために、学生たちが集う場には少しずつ「有志」が増えていきました。2006年4月の新入生のなかには、「災害支援」に関わっていきたいという学生もあり、「学年を越えたチーム」づくりはさらに動きました。そして2006年12月（大学による認定は2007年1月），「風土熱人 R」という、災害時を想定した学生ボランティアサークルを立ち上げることになりました。岩手県立大学では、筆者が赴任した2003年に立ち上がった学生ボランティ

●「風土熱人(ふうどねっと)」とは
ボランティアという学びの場(土地)への熱い想いを持った「土の人」(地域)と「風の人」(学生)のネットワークである。ちなみに「風土」は「風の人」と「土の人」,そしてそこから生まれる「場」を意味する。「熱人」は「熱い想いを持った人」であり,ネットワークの意味も持つ。
●「R」はRcas(Regional contribution activity by sudent→学生による地域貢献活動)
　R→18番め(十八番→得意なこと,おはこ)
　cas→リラックスした,気取らない,いかす,すてきな
というそれぞれの意味から,気取らずに自分が得意とするところ,やってみたいことから関わろう!　という想いもこめている。

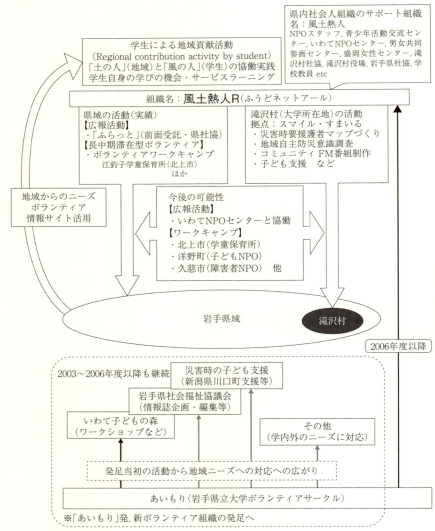

図3-2.5　「風土熱人R」ボランティアワークキャンプへの展開
出典：筆者作成。

ア団体「あいもり」⁽⁶⁾があり，その団体が中心となって災害ボランティアを継続していました。「風土熱人R」について，設立に向けた学生の相談に乗りながら，そのネーミングに込めたオモイを含めてまとめたものが図3-2.5です。

　地域住民と学生が交流する場を持ち，ネットワークすることを目指して，学生側は自分自身が得意とすること，やってみたいことから関わっていこうというかたちでの，ゆるやかな動きの始まりでした。この風土熱人Rという学生ボランティアサークルの立ち上げによって，①災害時と平常時を結びつけること，②災害ボランティアを定点的かつ体験的に語ること，③同じ地域で，同じ立場で災害時と平常時を「行き来する」機会を持つこと，が実現したといえます。

　風土熱人Rでは，地域からの依頼を受けて積極的にボランティアを行うだけでなく，大学の所在地にある社会福祉協議会や自治会に対し，新しい企画の相談をするなどしていました。

　たとえば図3-2.5の中にある「スマイル・すまいる」は，大学所在地である滝沢村（現在は滝沢市）の社会福祉協議会が地域の拠点として空き店舗を活用していたものです。その場所に災害に関わる新たな機能を持たせる企画や，県内の他市町村でのボランティアワークキャンプなど，まずは想像してみることから始めてみました。この構想を進めているさなかに，新潟県中越沖地震が発生したのです。新潟県内で2度の地震が起こるというこの事態は，わずか3年後であったこともあり，2度の災害の間にあった「ふだん」がいかに重要なものであるかを考える機会となりました。

■　■　■

●注

（1）　大学の地域（社会）貢献への関心が高まったのは，2002年度に文部科学省が地域貢献特別支援事業を開始したころからといわれている。

（2）　「新潟中越地震被災児童・家庭支援事業『子ども・子育て応援キャラバン隊』支援ニーズ調査」として，11月21日（日）～11月23日（火）の3日間，一般財団法人児童健全育成推進財団職員（依田秀任氏，阿南健太郎氏）と現地を訪れている。目的は被災地ニーズ（復旧・復興状況），被災者ニーズ（子どもの状況）調査，児童館復旧状況の調査，協働先・支援先選定にかかる情報収集。そ

れとともに学生によるボランティア活動の可能性検討を行っている。

（3）「災害ボランティア・オールとちぎ」とは，新潟県中越地震の救援活動のため，とちぎボランティアネットワークが中心となってつくったボランティアチーム。

（4）　川口町災害 VC に人材を派遣していたホールアース自然学校は，富士山本校，沖縄校をはじめ自然界を拠点に全国的に活動している「自然体験型の環境教育事業所」。実体験主義・自然観の回復をテーマに，さまざまな自然体験プログラム・指導者研修・エコツアーなどの企画，コーディネート，実施を行っている。新潟県中越地震では地震発生から数日後に川口町にボランティアセンターを設置し，その後社会福祉協議会に機能を移行した。常勤職員40名，非常勤外部職員10名（2005年当時の聞き取りによる）。

（5）　2005〜2006年度の2年間，岩手県社会福祉協議会ボランティア・市民活動センターの勤労者マルチライフ支援事業の情報誌の取材編集支援を行った。働いている人たちのためのボランティア活動情報誌『ふらっと』を創刊し，情報誌タイトル提案や，地域のボランティア実践者紹介，特集記事などを取材・編集担当。

（6）「あいもり」では同年（2003年）にオープンした県立大型児童館「いわて子どもの森」のボランティアを中心に，地域からの依頼に応えたボランティア活動や，学習会などを実施していた。中越地震での災害ボランティアはここに所属する学生が参加している。

つなぐ．3

「災害時」につながる平常時活動 Ⅱ
――災害ボランティアから，ふだんの防災・減災へ

　岩手県立大学では，新潟県中越地震の被災地に学び，その年から「未だ災害が起きていない地域の平常時」として，大学と周辺地域，あるいは県域の災害時想定による取り組みを始めました。そして，学生による取り組みを継続するうえでの議題に直面しました。災害時であれ，平常時であれ，活動にかかわる学生は卒業という節目を迎え，世代交代などが必要となります。大切なのは，実践の記録を残すこと。また，先輩・後輩という関係を大切にしながら，しっかりと支援のバトンを渡せる機会を持つこと。それによって「つなぐ」ことができるのです。ここでは，災害時に学び，災害支援に特化した学生ボランティアの組織化にいたったプロセスと，その時，新たに起こった新潟県中越沖地震，それ以降の活動展開をふまえて，災害時と平時，先輩と後輩を「つなぐ」視点について学びます。

（山本克彦）

3-1. 備えることの意味

　災害発生という状況を知ることで，「私たちにも何かできないだろうか」という気持ちが湧き起こります。その心の動きは人としてとても大切であるものの，個々の学生が「オモイをカタチにする」ことはむずかしいと感じています。やる気や若さやエネルギー，時間もフットワークの軽さもあるのですが，具体的に何をどう準備し，いつどこへどんなふうに向かえばいいのか，こういったことを理解している人は少ないのではないでしょうか。被災地が遠方であれば資金が必要となり，災害ボランティアとしての活動に至るまでの流れに関する理解も必要となります。

　逆に言えば，災害が起きた時に，まず何をすればよいのか，災害ボランティアはどのようなしくみのなかで動いているのかなどを，平時から正しく理解しておけば，学生の皆さんの「オモイをカタチにする」ことは可能となります。本書はここまでに「オモイをカタチにする」ために必要なことを述べてきました。

　被災した地域とそこに暮らす人たちは，ボランティアの力を必要としています。公的な機関による救助や救援や，制度を活用した課題の解決方法では行き届かない，ゆるやかに柔軟に，ていねいに寄り添い続けるような支援は，ボランティアにしかできないことが多いからです。とくに，学生による災害ボランティアは，他のボランティアでは不可能なチカラを持っています。そのチカラは顕在化していることもあれば，本人すら気づいていない潜在的なチカラもたくさんあり，貴重な社会資源として期待されています。

　第1部「つなぐ．2」では，学生のオモイから始まった災害ボランティアについて，新潟県中越地震の災害ボランティアを経験した岩手県立大学の学生が，その後，どのように平常時のしくみづくりをしてきたかを述べました。平常時のしくみのなかには，災害時ではなくても地域と関わる活動をすることや，平常時に取り組む活動を，災害時に活きるものとして意味づけることなどを盛り込んでいます。災害時に備えるということは，「災害が起こるか起こらないか」という，まったくわからない状況に対して，時間をかけ知恵を絞り，エネルギーを消耗していくことでもあります。起こらないことを願いながら，起こった時の準備をす

るわけです。何やら複雑で，モチベーションを保つにも苦労するかもしれません。しかし，岩手県立大学の学生たちは，備えることの意味を知ることになりました。つまり次の災害ボランティアの機会がやってきました。2007年7月16日，新潟県中越沖地震が発生したのです。この時，「備えていたこと」により災害ボランティアとしての初動対応の動きが以前とはまったく違っていました。

　また，その後，災害ボランティアに参画した学生たちが，学内でボランティアセンターを立ち上げる経緯，さらにはそのことをきっかけに，「より確実にバトンを渡す」機会として実施されたトレーニングキャンプについても述べてみます。災害時と平常時を行き来しながら，2011年3月11日，岩手県立大学の学生たちも被災地側に立つことになりました。

3-2．災害支援の経験を平常時に——2007年の取り組み

　新潟県中越地震に学んだ「災害ボランティア活動への参加要件」は，①現地の情報収集，②ニーズの有無，③被災地への移動方法，④滞在拠点の確保，⑤生活資源の確認の5つでした（第1部「知る．3」）。それ以前に，この時に試みたのは，先遣という役割を担う学生が現地入りをしたことです。詳細は第2部「動く．3」で述べていますが，先遣チームは災害が起きた地域の状況を観察するために現地へ向かいます。そして現地のようすを把握し，今後の支援（災害ボランティア）の可能性を描くのです。新潟県中越沖地震の災害ボランティアでは，学生による先遣チームが活動したことのほかに，災害ボランティアとして，現地の社会福祉協議会による災害VCの運営支援を行っています。また災害ボランティア活動を支援する専門チーム（災害ボランティア活動支援プロジェクト会議，以下，支援P）の助言によって，災害VCの開設準備や運営を実施しました。また継続的に災害VC運営支援をすることによって，地域へのアウトリーチ活動や子ども支援としてのイベント企画・準備・運営なども行っています。

　図3-3.1は，第2部「動く．3」でも述べている「'07いわての風りんりん隊」の準備風景です。企業から寄贈された風鈴ひとつずつにメッセージを添える作業を行いました。災害ボランティアは直接現地へ行くことだけでなく，このように間接的な支援も可能です。多くの参画者を増やす意味でも，先遣チームによ

図3-3.1　先遣チームによる報告会
出典：筆者撮影。

図3-3.2　活動資金のための募金活動
出典：学生撮影。

　る報告は重要であるといえます。また，このころは災害ボランティア活動を支援する「カネ」のしくみが定着しておらず，学生が現地に行くための経費は自分たちで準備するしかありませんでした。図3-3.2は，資金不足のなか，街頭募金によって「活動資金」を集めている学生たちのようすです。義援金として被災者の方に届くものと誤解のないように，チラシを配ったり，説明をしながら活動しました。また，大学に残り，活動ブログの更新を行ったり，さまざまな連絡を担う情報担当の学生もいました。これらはすべて災害ボランティアであり，現地入りしている学生も後方支援の学生も，貴重なチームの一員でした。

　継続的な支援を考える場合，こうした後方支援とともに，現地に滞在する災害ボランティアを途絶えさせないことが大切となります。図3-3.3は，縦横の表の縦（行）にボランティアの氏名，横（列）に日付を記入しており災害ボランティアの定番ツールとなりました。災害ボランティアと後方支援ボランティアは「シフト表」を作成し，常に更新するなどの細かな作業も覚えていきました。先遣チームは学内で報告会を開催し，継続的な支援計画を立てていました。このようにふりかえると，新潟県中越沖地震では参加要件のほかに，先遣チームの役割，報告会のような現状発信の方法とその効果，後方支援の重要性，継続的な支援のためのシフトの組み方，企業の協力を得ることなど，多くの経験知を蓄積することができました。

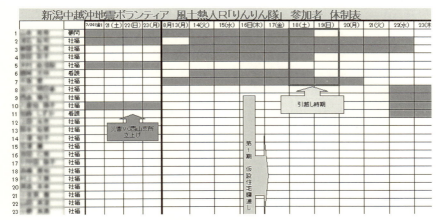

図3-3.3 新潟県中越沖地震で活用したシフト表

出典：筆者作成。

3-3. 東日本大震災へのカウントダウン──2008年・2009年・2010年の取り組み

(1) 学生ボランティアセンターの開設

　未曾有の大災害といわれた東日本大震災（2011年）。その日が来ることがわかっているはずはありません。しかし、ふりかえると新潟県中越沖地震以降の3年間が、まるでそのことへの準備のカウントダウンだったような気がしてならないのです。後になって考えれば、という筆者の勝手な解釈です。「災害のかたちはつねに違うので、万能薬を調合することはできないけれども、一つひとつ経験知を積み上げていくことは可能であり、必要なこと」（松井 2011：13）だと確信しています。

　2007年、新潟県中越沖地震の支援から戻った学生たちは、まさに「災害時」につながる平常時活動の提案を思いつきました。それは「ボランティアセンター」を学内につくることでした。学生たちが次のようなことを語ってくれたのを覚えています。「災害時には何らかの困りごとを抱えた住民の方がたを発見し、ボランティアの力とつなぎ支援します。被災地で活動していて思ったのは、そうしたしくみが、ふだんから地域のなかに必要なのではないかということです。だから、大学のなかに『ボランティアセンター』をつくりたいのです」。

図3-3.4　地域交流の場「DoNabenet」
出典：筆者撮影。

　こうして2008年4月に開設された「岩手県立大学学生ボランティアセンター」（以下，岩手県立大学学生VC）の特徴は，①「大学組織推進型の大学ボランティアセンター」ではなく「学生中心型の大学ボランティアセンター」という形態をとったこと，②教職員による運営委員会などを設置しないこと，③地域の依頼に対するボランティアコーディネート以外に，学生企画のプロジェクトを推進したことでした。立ち上げまでのプロセスを考えれば，①の運営が可能です。年度当初に学生スタッフは確定した時間割りを個々に持ち寄り，「授業の空き時間は，岩手県立大学学生VC運営スタッフをする」というシフトを組んでいました。②はさまざまな決定に時間をかけたくないという考えがありました。岩手県立大学学生VC運営に対しては，「学生VCアドバイザー」という立場の教員を2名，学長が委嘱することとし，筆者がその役割を担っていました。アドバイザーの役割は細かく文章化されていませんが，岩手県立大学学生VC運営への助言はもちろん，「学生が動きやすく」「学生のオモイをカタチにする」ことの支援でした。また，③については学生VCが依頼に応えるだけの機能に終わることのないよう，学生・地域住民参加型プロジェクト開発を推進しました。地域住民との交流，地域のアセスメント，ボランティアニーズのアウトリーチなどをねらいとし，プロジェクトの企画・運営を学ぶ機会も多くなり，ファンドレイジングへのチャレンジにも発展しました。

　図3-3.4は，学生・地域住民参加型開発プロジェクトの代表事例「DoNabenet」のようすです。学生が発行する案内文には「DoNabenet（ドナベネット）は，『Let's do "Nabe"（鍋をしましょう）』と『Network』の意味を持っています」と書かれています。地域住民にわかりやすいよう「鍋っこサロン」と呼ぶこともあります。

　DoNabenetによる効果は以下のように説明することができます。[2]

①学生にとっての効果

・交流を通じて，地域住民のニーズを把握でき，地域福祉活動の企画づくりに
　つながる。

・お鍋をすることが，学生の企画力や実践力を高めるトレーニングになる。

・大人数の食をつくることで，災害時の炊き出しの訓練になる。

・公民館など地域にある施設の場所や設備を把握できる。など

②地域住民にとっての効果

・住民同士の顔の見える関係を築くことで，防災・減災につながる。

・学生に対する理解がすすみ，お互いに支え合い，住みやすい地域となる。

など

　このように地域住民と学生の交流の機会としてだけでなく，DoNabenet の持つ意味は大きく，災害時の安否確認行動など，地域防災・減災活動につながっています[3]。

　他にも，地域活動として「川前パトロール隊」「いわてチャリパト隊」「子ども参画でつくる災害福祉マップ」や「スノーバスターズ」など，学生の活動は広がり，地域全体が協働する会の発足などに発展しています。

（2）トレーニングキャンプの実施

　学生VC開設の年は，試行錯誤の連続でした。災害現場で気づいたのは，「困りごとを抱えた住民の方がたを発見し，ボランティアの力とつなぐ支援」の必要であり，それは平常時も同様ということでした。平常時の活動，方法はさまざまだということもわかりました。前に述べた DoNabenet の合言葉は，「お鍋をすることは防災活動である」でした。地域住民の方がたと過ごす楽しい時間が，平常時だけでなく，災害時に活かされるのです。「活動を意味づける」ということは，試行錯誤の場面でこそ重要なのだと確信できました。

　一方で，アドバイザーである筆者の提案で学生VCスタッフを中心に，いろいろな切り口で「災害VCを想定したトレーニングキャンプ」を実施していました。2008〜2010年の3年間に毎年3回のトレーニングキャンプを実施しています。学生たちとは，このトレーニングのことを，わかりやすく「VC合宿」と呼

表 3-3.1　災害ボランティアセンター想定のトレーニングキャンプ

	実施期間	学生 VC 合宿テーマ	参加者数
2008年度 （2008年 4 月〜 2009年 3 月）	6 月15日〜16日	地域をつなぐソーシャルワーク実践力を学ぶ ——災害ボランティア事例から	22名
	9 月29日〜30日	情報共有とプレゼンテーション ——半期の活動評価と課題抽出	20名
	3 月16日〜17日	当事者と地域のエンパワメントをめざして ——プロジェクト実践からのふりかえり	26名
2009年度 （2009年 4 月〜 2010年 3 月）	5 月22日〜23日	継続した活動を実現するには ——君に伝えたい！　ボラセン物語	40名
	10月25日〜28日	地域ニーズと企画をつなぐ ——国際協力の実践をヒントに	18名
	1 月15日〜16日	活動を自己評価する ——これからの具体的アクションへ	29名
2010年度 （2010年 4 月〜 2011年 3 月）	8 月 8 日〜10日	災害ボランティア実践力を学ぶ ——災害 VC 設置と継続的支援に向けて	20名
	11月 6 日〜 7 日	地域連携と防災 ——具体的な地域資源活用と今後の展開	45名
	1 月 8 日〜 9 日	豪雪地域における災害 VC 体験 ——外部支援者受け入れシミュレーション	45名

出典：筆者作成。

んでいました。本書では詳細の説明は省きますが，表 3-3.1がすべての VC 合宿です。

　テーマを見る限りでは，平常時の学生 VC 運営の課題ともとれるものが多くありますが，そもそも災害時と平常時は連続するものという考えですので，実際のプログラムにおいてはその点を常に意識した内容でトレーニングを実施しています。また，いずれも合宿（宿泊する）形態をとっており，会場は宿泊施設だけでなく，公民館，あるいは大学構内のように災害時に活用する資源で実施しています。さらには大学近辺ではなく，他市町村への移動を含め，トレーニングメニューと考え，冬場に 2 m を超える積雪のある地域へ出かけています。

　またこの学生 VC 合宿の延長線上として，夏休みの災害ボランティア活動を実施しています。それが新潟県中越沖地震から 2 年後となる2009年の「応急仮設住宅引越しボランティア（2009いわての風プロジェクト）」です。 8 月20日から 9 月 7 日の19日間，柏崎市内公民館を借用し，のべ135名で57件の引越しニーズに対応

震災 現地に出張所
県立大ボランティアセンター
一関 解け込み、課題を探る

県立大の学生ボランティアセンター（八重樫綾子代表）は21日、2008年の岩手・宮城内陸地震で被災した一関市厳美町野々原に「学生ボランティアセンター厳美出張所」を開設した。27日まで住民宅を訪ね、震災から2年を経た現地の抱える課題を探る。

出張所には、学生12ティア人が参加。前半8人、後半4人が同地域に寝泊まりし、住民とコミュニケーションを深めながらボランティアニーズを探る。

21日は、風鈴を携え同地域の各世帯にあいさつ。住民からは「気軽に寄ってほしい」「今でも余震に驚く」などの声が寄せられた。

社会福祉学部1年の堀籠恵利さんは「内陸地震では友人が被災した。住民が心を開いてくれるように力まず接したい」とし、同センター・アドバイザーの山本克彦准教授は「地域の人と関係を築く力を身に付けてほしい」と期待する。

出張所は今年6月、岩手日報社が行った被災世帯アンケートがきっかけで開設された。

地震で被災した一関市厳美町の住民に風鈴を渡し、あいさつする学生ボランティアセンターのメンバー

図3-3.5　災害VC想定のトレーニングキャンプ
出典：『岩手日報』2010年8月22日付朝刊。

しました。このプロジェクトには，新潟県中越沖地震当時の経験者と，その後に大学に入学した学生が参画し，「体験を通した引き継ぎ」がなされるという大きな意味がありました。

　翌年の夏休みは，図3-3.5のように，かつての被災地へ出かけ，1から拠点整備をすることをトレーニングキャンプで行いました。その後，約1週間のプログラムを組んでいます。目的地の滞在拠点を探し，移動手段，拠点での生活資源の調査，さらに地域住民と関係の構築をしながら，ボランティア活動を行います。災害VC想定の総仕上げともいえる第9回VC合宿の約半年後に，東日本大震災は起こりました。

3-4．東日本大震災の発生——2011年の取り組み

（1）発災から1か月

　2011年3月11日，14時46分，東日本大震災が発生しました。学生VC運営やトレーニングキャンプ経験が豊かな学生のうち多くは，この日，筆者らとともにフィリピンにいました。岩手県立大学学生VCからは筆者を含めた10名が参加していました。東日本大震災が発生したことは，ルソン島中部の井戸建設地の作業中にSNSにて知りました。ホームステイ先のTVや新聞で，とんでもないことが，日本の，しかも自分たちが暮らす岩手県で起こっていることを知ったのです。しかし，フィリピンでのスケジュールがあること，飛行機便の変更がむずかしいことに加え，日本国内へ戻ってからの公共交通機関の被害状況などを考え，予定通りの行程で帰国することになりました。

　一方，岩手県立大学では大学が避難所化するなどの事態が起こっていましたが，学生VCスタッフは声をかけあい，今後の活動について，またその時点での大学近隣の住民の安否確認をしようと動き出しました。そして，「岩手県立大学学生災害ボランティアセンター（以下，学生災害VC）」として，情報発信を始めました。まさに，学生たちが覚悟を持って，自らで考え，判断し，行動を起こしたのです。3月17日の夜，筆者が都内に1泊し帰国した時点で，新幹線のルートは断たれていたため，秋田県経由で飛行機とバスを使って，岩手県内に戻りました。災害VCの全国調査機関である全国社会福祉協議会での打ち合わせに参加し，フィリピン行きの引率者とともに，19日レンタカーにて被災地へと北上しました。

　19日以降，筆者は学生災害VCメンバーとも離ればなれとなり，往復5～6時間をかけて，盛岡市の災害VCと沿岸部を行き来し，さらに被災地（南北200km）を巡回する毎日を送りました。当然のことながら，学生たちは連絡を取り合いつつも，学生たち自身で情報を集め，考え，判断し，行動していました。その後，沿岸部の市町村のうち，南部に位置する釜石市，陸前高田市の状況を知るなかで，学生災害VCはこの2か所の社協で災害VCの立ち上げ支援，開所後の運営支援を担うこととなりました。このフェーズでの活動は4月18日，大学が

表3-3.2　いわて GINGA-NET プロジェクトに向けた説明会実施状況

日　時	曜日	地　域	会　　場	協力団体	参加者数
6月11日	土	大阪	龍谷大学大阪梅田オフィス	龍谷大学	60名
6月12日	日	東京	明治学院大学	明治学院大学	25名
6月18日	土	名古屋	日本福祉大学名古屋キャンパス	日本福祉大学	25名
6月19日	日	静岡	静岡県総合社会福祉会館「シズウエル」	静岡県社会福祉協議会	7名
6月26日	日	岡山	岡山県ボランティア・NPO活動支援センター「ゆうあいセンター」	岡山県ボランティア・NPO活動支援センター	29名
7月6日	水	神戸	神戸親和女子大学三宮サテライトキャンパス	神戸親和女子大学	13名

出典：いわて GINGA-NET プロジェクト京都実行委員会，2012。

新年度の始業の判断をする時点まで継続し，釜石市災害 VC（3月22日～4月17日）にのべ137名，陸前高田市災害 VC（3月21日～4月17日）にのべ115名の学生が支援に入ることになりました。

（2）いわて GINGA-NET プロジェクトに向けて

　大学が始まって以降も，学生災害 VC の学生は被災地域に通いました。甚大な被害状況からして，災害ボランティアの力はまだまだ必要とされていました。しかしゴールデンウィークが近づくあたりから，早くもボランティア数が減少する気配がありました。多くの災害ボランティアを被災地につなぐには，これまでの経験から，滞在拠点と移動手段などを含めたしくみづくりが必要だと学生たちは考えました。そこでゴールデンウィークを前に，急いでしくみづくりを開始したのです。当時，岩手県では，沿岸部の被害の大きさから，被災した地域の生活資源は壊滅状態でした。宿泊場所はもちろん，食事や入浴や，滞在に必要な資源は「沿岸部になるべく近くて被害の少ない地域」でした。そこでいくつかの可能性を探るなか，住田町が有力な候補地となりました。役場との交渉の結果，小学校跡地の公民館と体育館の借用許可を得ることができました。

　不十分ではあっても，可能な限り宿泊環境を整え，近隣のスーパーや入浴施設などを開拓し，ゴールデンウィークを含む期間（4月28日～5月8日）には，13大学からのべ512名のボランティアの参加が実現しました。ここでは，これまでの

「災害時」につながる平常時活動　Ⅱ　103

経験に基づく災害ボランティアのための滞在拠点整備，ニーズの整理や移動時の説明などが役立ちました。ゴールデンウィーク期間中には，その後の拠点運営に大きな力となる NPO の協力を得て，夏休みを活用した災害ボランティアへのしくみづくりが本格化しました。ますは参加呼びかけに取り組みました。表3-3.2は，各地での説明会開催状況です。

　各会場へは，学生たちが出向き，被災地の現状といわて GINGA-NET プロジェクトのしくみ（滞在拠点，活動内容など）が伝えられました。未曾有の災害とはいえ，報道も少しずつ減っている状況で，岩手県から距離があるほどに，被災地の状況は知られていませんでした。大学生がスケジュールを確定する前段階の6月から説明会を実施したことは，効果的であり，これによって，ひと夏の約2か月に，実数で1198名（学校数145校）の学生による災害ボランティア活動が実現しました。のべにすると実に8000名以上の学生ボランティアが活動をしてくれました。

　東日本大震災のように広域であり，同時多発ともいえる被害状況のなかで，「大規模自然災害時における学生ボランティアの組織化と拠点運営」のモデルができたことは，新潟県中越地震以降の時々に「学生」という立場で，災害ボランティアに取り組んできた仲間の実践知が引き継がれた成果であると考えます。災害時と平常時を行き来しながら，平常時の間に，災害時を想像し，しくみを創造する。2つの「ソウゾウリョク」，そして，平時と災害時を「つなぐ・実践」の重要性を感じています。

■　■　■

●注
（1）　災害ボランティア活動支援プロジェクト会議（支援P）とは，企業，NPO，社会福祉協議会，共同募金会などにより構成されるネットワーク組織。2004年の新潟中越地震の後，2005年1月より中央共同募金会に設置された。平常時には，災害支援に関わる調査・研究，人材育成や啓発活動を行うとともに，災害時には多様な機関・組織，関係者などが協働・協力して被災者支援にあたる。
（2）　全国社会福祉協議会編（2011）「第6章　災害・防災に関わる学生ボランティアを育成」『学生パワーで地域を元気に』全国社会福祉協議会・全国ボランティ

ア・市民活動振興センターのなかで，岩手県立大学学生 VC の事例が紹介されている。

（3） 山本克彦・佐藤大介（2017）「地域住民をつなぐ災害支援共助システム構築への試み（1）――学生参画によるコミュニティ・ネットワーキング」『日本福祉大学社会福祉論集』第137号において，「DoNabenet」の実践やその後の展開が説明されている。

（4） 2011年当時 JPCom（Japan Philippines Community & Communication）代表である桑原英文氏とともに，3月8日〜17日の10日間，ボランティアワークキャンプを実施。このワークキャンプは学生 VC と関西在住のアーティストNORIE と JPCom による「IDO Project」として企画された。桑原氏は，一般社団法人コミュニティ・4・チルドレン代表理事（2018年2月現在）。

（5） 特定非営利活動法人ユースビジョンの赤澤清孝氏（大谷大学）らにより，各大学 VC 関係への広報や会場の手配などが行われた。またさくらネットの石井布紀子氏，河田のどか氏らの協力によって，拠点運営の準備が進められている。

●参考文献

松井克浩（2011）『震災・復興の社会学――2つの「中越」から「東日本」へ』リベルタ出版.

いわて GINGA-NET プロジェクト京都実行委員会編（2012）「いわて GINGA-NET プロジェクト活動報告書」（http://www.iwate-pu.ac.jp/information/disaster/2011ginganethoukoku.pd 5，2017. 11. 9).

第2部

提　言

知る．1

熊本地震でのVC運営支援から実行委員会設立による活動

©2010熊本県くまモン

　「NPO法人ANGELWINGS」（以下，ANGELWINGS）は，航空機による社会貢献活動を目的に，2006年に設立した団体です。

　2011年東日本大震災では，津波警報発令中の福岡県沿岸の海岸線パトロールフライトを実施し，また市民の皆さんに提供して頂いた歯ブラシ4700本を，岩手県花巻空港までセスナ172型機で空輸しました。

　災害時の支援活動はさらに発展し，災害VCの設置・運営支援をさまざまな被災地において行っています。

　熊本地震においては，熊本市災害VCの支援を行い，多くの大学生ボランティアスタッフのコーディネートを実施し，熊本市災害VC閉所後は，北九州市立大学，西南学院大学とふくおか学生熊本地震支援実行委員会を設立，仮設住宅のコミュニティ形成支援などを実施しています。

（藤澤健児）

1-1．熊本地震における学生ボランティアの活動

　2016年4月14日21時26分，マグニチュード6.5，及び4月16日1時25分，マグニチュード7.3のいずれも最大震度7を観測した激しい地震が熊本県熊本地方を震源として連続的に発生しました。

　この地震災害は，熊本県地域防災計画では想定されていたものの，住民の意識としては，「熊本は地震の少ない地域であり，震度7の大きな地震が2回も続けて発生する事は，想定外だ」というものでした。

　筆者は4月15日から熊本市，益城町を中心に被害状況の確認を開始し，16日の本震時は熊本市内に滞在，直後から災害VC設立に向けた支援を進めました。

　発災直後は，消防，警察，自衛隊など公的機関による人命救助が最優先される時期ですが，熊本地震においてはこの時期から多くの学生ボランティアが活動を行っていました。

　その活動のうちのひとつが，避難所の運営支援です。この災害では，避難者が多数発生し，指定避難所だけでは収容できなくなり，車中泊を行ったり，指定避難場所以外の施設で避難をする住民が多くありました。そのような指定避難所以外の避難場所のひとつとして各大学施設がありました。想定していなかったことですが大学に避難していた学生が，避難所の運営支援を実施することになりました。

　その他にも災害時のボランティア活動に積極的に関わっていった学生も多くいました。ここでは，時系列に従いそれぞれのフェーズにおいて，学生ボランティアがどのような活動を実施してきたのかを見ていきます。

1-2．救急救命期——支援物資の仕分け作業

　発災直後のマスコミ報道で，避難所にいる方がたに「足りないものは何ですか？」という問いかけに「水がありません」と答える被災者の映像が多く流されました。これに応えて全国から大量の水のペットボトルが送られてきました。

　この時物資の集積所で仕分け作業をしていたのは，行政職員と自衛隊員，ボラ

図4-1.1　2016年4月17日　支援物資仕分け作業
出典：筆者撮影。

ンティアの皆さんでした。写真にあるように，本震の翌日には余震が続くなかにも関わらず，協力して活動を行っていました。また大西熊本市長のツイッターでの呼びかけもあり，最大1日900人を超えるボランティアの皆さんが，支援物資の仕分け作業にあたりました。「少しでも早くこの支援物資を被災された方がたに届けたい」という思いを話してくれた学生もいました。

　このように多くの人びとが，熱い思いを持って一所懸命に物資の仕分け，配送の作業を行っていましたが，全国から届く大量の支援物資に対しては，作業をする人手がそれでも不足していました。

　確かに各避難所では発災直後は支援物資の食料，水が十分に行きわたっていなかったと思います。しかしながら，全国からの支援物資の集積場所になっていた，熊本県民総合運動公園陸上競技場には，支援物資が続々と到着していて，十分な物資は確保できていました。物資の不足は配送の問題であり，水そのものが熊本になかった状況ではありませんでした。そのため担当者は水の保管場所の確保に追われる事態になりました。

　物資の支援は大変むずかしい問題です。不足しているという状況だけでなく，なぜ足りないのか，何が課題なのかを把握して対応することが必要なのです。

1-3．緊急援助期——災害VC運営支援

（1）大規模災害時，災害VCに求められること

　大規模災害になった場合には，1日1000人を超えるボランティアの方がたがひとつのVCで活動を行うこともあります。家屋の片づけやがれきの撤去など被災者からの依頼に応えるためには，多くの人手を必要とし，ここにも若い学生の参加が多数望まれています。被災地以外に居住する学生の皆さんには，外部支援者として災害ボランティア活動に参加する方法を検討してもらいたいと思います。

また多くのボランティアが活動するためには，受け入れのための多くのスタッフも必要となりますが，社会福祉協議会の職員だけでは不十分なので，スタッフの業務ができるボランティアも多数必要になります。被災地域に居住する学生は，ボランティアができる環境であれば，是非とも災害 VC の運営支援ボランティアに参加してもらいたいと思います。

　地元のことをよく知っている方がた，また NPO やボランティア団体，大学生，個人ボランティアなどで，災害 VC の仕組みや役割を理解している方がたは，いざというときに災害 VC に駆けつけて支援活動を行っていただきたいし，社会福祉協議会や大学などはそれを行える環境を整備しておくことが必要です。

　2014年の広島土砂災害においては，多数の地元大学生が，災害 VC のスタッフとして支援活動を行いました。この支援活動により，大学生が災害ボランティアセンターの運営スタッフとして大きな力を発揮することが示されました。

（2）熊本市社会福祉協議会平時の取り組み

　熊本市社会福祉協議会は，大規模災害時の災害 VC の運営では，多くのボランティアスタッフの協力が必要になると認識していました。

　そのため災害時に多くのボランティアスタッフが参加する環境をつくるために，平時の訓練や研修の時から，ボランティアスタッフとして活動が期待できる大学生，高校生や NPO などの団体の方がたが参加する機会を作り，さまざまな人びとと顔が見える関係を作ってきました。代表的なものとして「くまもと災害ボランティアリーダー研修会」があります。これは2012年度から毎年 1 回実施してきましたが，この活動が，今回の災害時の支援体制の確立に大変重要でした。

（3）熊本地震における熊本市災害 VC 設置・運営

　熊本市災害 VC は，熊本城近くの花畑広場に設置することになりました。また熊本市社会福祉協議会は，災害 VC を設置するにあたり，基本方針として，「ボランティアの方がたは全国から募集し，参加人数などの制約をしない」と決定しました。

　マスコミ報道の多さ，熊本市災害 VC の交通アクセスのよさから，熊本市災害VC には大変多くのボランティアが駆けつけてくるであろうと予測されました。

図4-1.2 災害VC開設前日
出典：筆者撮影。

図4-1.3 VCオープン前，朝のスタッフミーティング
出典：筆者撮影。

そのため災害VCの運営スタッフは，社会福祉協議会の職員だけでは足りないことは明らかであり，できるだけ多くの学生スタッフの人数を確保することが必要でした。

そこで，「くまもと災害ボランティアリーダー研修会」やその他の訓練に参加した学生に，熊本市災害VCの運営スタッフとしての参加を呼びかけ，また担当の大学の先生にも連絡して，災害VCでスタッフとして活動する学生の募集を依頼しました。

この連絡をうけた学生の皆さんが，LINE，Facebook，Twitterなどで，友人知人に「災害VCでの運営スタッフボランティアに参加しませんか」という情報を発信してくれて，多くの学生が災害VCに関わるきっかけとなりました。

4月22日に熊本市災害VCのオープンが決まったため，21日にスタッフとして活動する学生との事前打ち合わせと，災害VCの設置準備を行いました。運営スタッフとしての活動を希望する学生は約200名集まりました。

この時，大雨警報が発令されるほどの悪天候だったので，本来行うはずだった災害VCの実際の現場から，熊本市社会福祉協議会の会議室に場所を変更しスタッフ業務のリハーサルを実施しました。また熊本市災害VCでは，①受付，②誘導，③オリエンテーション，④マッチング，⑤資材，⑥ニーズの各班が置かれていたので，それぞれの班ごとに分かれて行いました。

運営スタッフとして参加するうえでの注意事項は，「①できるだけ3日間以上連続して参加する」「②午前中，あるいは午後だけの参加はしない」「③業務を掌握している班から他の班に変わらない」とし，できるだけ学生の皆さんの希望す

る班で活動してもらうようにしました。

開設初日の22日は，朝7時からテントの設営等の準備をして11時からボランティアを受け付けるというスケジュールでした。早朝からの作業になるので学生スタッフには，「来られる時間に来て，準備を手伝ってほしい」とお願いしていたところ，朝7時には70名の学生が集合

表4-1.1　VCスタッフ1日のスケジュール

07：45	スタッフ集合
08：00〜	スタッフ全体ミーティング（各班ごと）
09：00〜	ボランティア受付開始
15：00	ボランティア活動終了
16：00〜	スタッフ全体夕方ミーティング（各班ごと）

出典：筆者作成。

していました。学生の皆さんの意識の高さを感じ，とても頼もしく思いました。

翌日以降の，通常運営の熊本市災害VC運営スタッフタイムスケジュールは表4-1.1のとおりです。

1-4．生活支援・住宅再建期——コミュニティ形成支援・子ども学習支援

（1）ふくおか学生熊本地震支援実行委員会の設立

熊本市災害VCは，継続して活動を行っていましたが，5・6月は大学の授業期間のため，学生ボランティアは，土曜日と日曜日だけ活動しました。この時期は災害VCの運営スタッフ及び一般のボランティアとして，家屋の片づけなどを行いました。

また福岡県内の大学はこの時期までは，各大学ごとに支援活動を計画，実施してきました。そこで，「情報を福岡県域の大学で共有し，福岡県域にある大学全体として今後の熊本支援を実施していった方が，より効率的ではないか，またその活動が，今後の福岡県域のネットワークの構築につながってくるのではないか」と考えました。そこで「今後の熊本地震支援は，合同で実施してはどうか」とANGELWINGSが各大学に提案したところ，西南学院大学と北九州市立大学の賛同を得ることができ，「ふくおか学生熊本地震支援実行委員会」を3団体で6月24日に設立しました。この実行委員会は，活動資金として福岡県などの助成金などを利用し，被災地のニーズに沿った支援活動を計画し，福岡県内の大学生に参加を募り，支援活動を実施しています。

図4-1.4　2017年2月
熊本市南区舞原仮設住宅でのお茶っこサロン活動
出典：筆者撮影。

（2）コミュニティ形成支援

　災害のたびに課題としてあげられますが，建設型応急仮設住宅は，なかなか同じ地域の人びとが同じ仮設団地に入居することができず，さまざまな地域の人たちの寄せ集めになります。そのため同じ仮設住宅になった人びとで，新しいコミュニティをつくっていくことが必要になります。しかし初めての土地で，慣れない生活を始めた住民の方たちは，自身の新しい生活を送ることに精一杯で，新しい隣人関係を積極的につくっていこうとする方は多くありません。

　しかし外部の大学生であれば，住民の方たちが集まり話をしやすい環境をつくることができます。ANGELWINGS は外部支援者としての福岡県の大学生によるお茶っこサロン活動を行い，新しい住民間の関係をつくるきっかけづくりを行うことにより，コミュニティ形成支援を行っています。

　災害から1年半が経過した応急仮設住宅では，コミュニティをほぼ形成することができました。このコミュニティを維持するために，実行委員会では，大学生と住民の方がたのスポーツ大会（グラウンドゴルフなど）を行っています。定期的に開催できるようにして，最終的には大学生が関わらなくても，住民の方がただけで継続して開催していけるようになることを目標にしています。

（3）子どもの学習支援

　また，この時期の被災者ニーズのひとつとして，子どもたちの学習支援があげられました。熊本地震により各学校施設は避難所として使用していたので授業が行えずに休校となり，再開できたのは5月9日でした。そのため子どもたちには，約80時間の授業の遅れが生じていました。

　建設型応急仮設住宅に居住する子どもたちは，狭い仮設住宅で自分専用の部屋がなく，家族がくつろぐ場所で勉強をしなければならないので，集中して勉強が

できる状況にはありませんでした。

そこで，大学生たちにより，放課後に小学校の図書室や仮設住宅の集会所を利用して，子どもたちの学習を見守る支援活動を実施しました。

図4-1.5　2016年8月熊本市東区月出小学校での学習支援活動
出典：筆者撮影。

1-5．これからの活動に必要なもの

2014年の広島土砂災害に続き，この熊本地震においても大学生が災害 VC の運営スタッフとして大きな力を発揮することが示されました。これからは大規模災害が発生した場合には，大学生がいかに力を発揮できるかが重要な課題となります。しかし，大学生が災害時に活躍することは災害が発生してからの対応では難しい問題です。平常時から学生として災害に対する当事者意識を持ち，災害ボランティアセンターを始めさまざまな防災の知識を身につけ，積極的に参加する姿勢を持つことが必要になります。

また社会福祉法に基づき，すべての市町村に設置されている社会福祉協議会に対して，日頃から大学生と顔の見える関係を構築し，災害 VC 開設時などにすぐに依頼できる体制を整えておくことが重要だと気づかされました。

福岡県においては，実行委員会形式で情報共有ができる体制を整えてきましたが，このような県域における情報共有のネットワークを整備していくことは日常活動においても大切であり，今後も学生の皆さんとともに継続していきます。

●注

（1）　地方公共団体が，災害対策基本法（昭和36年法第223号）に基づいて，災害発生時の応急対策や復旧活動などに関して総合的に定めた計画。

知る.2

災害時におけるソーシャルワークと社会連携の意味

　ここ数年、「災害と福祉」「災害ソーシャルワーク」という言葉が社会福祉の領域で散見されるようになりました。阪神・淡路大震災以後、さまざまな実践研究のもと、災害時におけるソーシャルワークの理論化が進められつつありますが、災害被災地における社会福祉・ボランティアの実践そのものが少ないこと、本研究がさまざまな領域にまたがること（社会福祉領域のみでは完結しない点、広くは自然科学領域から社会科学領域にまで及ぶ点）などの理由から、なかなか研究領域として波及しにくい側面を有しているのも事実です。

　ここでは災害時における佛教大学（京都府京都市）のボランティア活動の軌跡を追いながら、とくに大事にしたい災害時におけるソーシャルワークの視点と大学における地域社会との社会連携のあり方について考えていきたいと思います。

（後藤至功）

2-1. 災害時に佛教大学ではどのような活動を行ってきたのか

　筆者が本学に着任して間もない頃，2009年台風第9号が発生しました。この台風により，全国で26名が死亡，西日本を中心とした大きな被害が日本を襲いました。被災地から入る甚大な被害報告と人手が足りないという情報が教員である筆者のもとへ舞い込み，ひとまず大学へかけあうことになりました。その後，大学側でバスの手配や機材の準備，学生募集が行われ，計6日間の災害ボランティア派遣という，ここに本学の災害支援の歴史が始まりました。

　その後，2011年に東日本大震災が発生，死者・重軽傷者2万人を超える未曾有の災害となりました。災害発生から1週間くらい経ったころでしょうか，学生ボランティア室より呼び出しがあり，「学生が相談したいことがある」とのこと。話を聞くと，被災の様子をテレビなどで見て，「自分たちにも何かできないか，現地にはどのような形で入ることができるか」という相談でした。当時，筆者も被災地からの要請により現地に入る準備をしていましたが，学生の現地入りには不安を感じていました。福島原発事故への対処にとまどいを感じるものの，学生たちの真剣な思いを聴きながら，インターネットから流れる被災地の現状を皆で見ていた時，宮城県気仙沼市で行われていたある中学校の卒業式の様子が目に飛び込んできました。当時，体育館は避難所であり，その一角を借りての卒業式でした。3月12日に開催されるはずであった卒業式は地震と津波のために延期となり，津波により命をうしなった生徒もいたとのことでした。答辞を読む生徒は涙をこらえながら「自然の猛威の前には人間の力はあまりにも無力で，私たちから大切なものを容赦なく奪っていきました。天が与えた試練というにはむご過ぎるものでした。つらくて悔しくてたまりません。しかし，苦境にあっても天を恨まず，運命に耐え，助け合って生きていくことが私たちの使命です」と語りました。「これは他人事ではない，私たちが行かねばならない出来事なのだ」と学生と教師が同時に確信を得た瞬間であったと思います。共感して下さった教員の皆さんの協力を得て，4月5日の大学評議会での検討の結果，本学は被災後1か月を待たずして，20数名の学生・教職員の被災地入りを実現させました。

　その後も本学は被災地支援を続けます。同年には2009年台風第12号・13号によ

表4-2.1　本学における災害ボランティア活動の記録

年度	派遣先	災害内容	期間	主な内容	参加者
2009	兵庫県佐用町	平成21年台風9号	8/21〜8/26	床下，用水路の泥だし話し相手ボランティア	学生，教職員延べ90名
2011	岩手県釜石市	東日本大震災	4/9〜4/10	たこ焼きプロジェクト（炊き出し），子どもの遊び場	学生，教職員延べ23名
2011	和歌山県那智勝浦市	平成23年台風12号	9/30	床下の泥だし，ゴミ廃棄場の仕分け整理	学生，教職員18名
2012	京都市宇治市	京都府南部地域豪雨	8/20〜8/26，9/1	床下の泥だし，用水路の瓦礫・泥の搬出	学生，教職員等延べ79名
2013	京都府南丹市	平成25年台風18号	9/20〜9/23	床下の泥だし，瓦礫搬出，拭き掃除，墓地の法要	学生，教職員延べ77名
2014	京都府福知山市	平成26年8月豪雨	8/27〜8/28	泥だし作業，ゴミ収集，室内掃除	学生，教職員延べ37名
2015	茨城県常総市	平成27年9月関東・東北豪雨	12/12〜12/13	泥のかき出し・掃除，瓦礫撤去，壊れた家財の撤去	学生，教職員等延べ27名
2016	熊本県益城町	平成28年熊本地震	8/3〜8/22	益城町総合体育館における活動（主に子ども支援）	学生，教職員延べ35名

出典：佛教大学作成資料をもとに，筆者作成。

り奈良県，和歌山県に大きな被害があり，近畿では後述にあるように，京都府南丹市，宇治市，福知山市と風水害の被害により，多くの方がたが被災しました。その都度，本学より災害ボランティア派遣が行われ，学生，教職員による支援活動を展開しました。2015年には茨城県常総市，そして，2016年には初めて約1か月という期間にわたり，熊本県益城町にて，ローテーションを組み，ボランティア派遣を行う試みが行われました。これらの経験をもとに本学は，災害時における危機管理対策や外部調整のスキル等を学ぶ機会を得たと感じています。

　また，取り組みを通じて，2011年には京都市中京区と，2012年には京都市北区と包括協定を締結することとなり，さらに同年の2012年に京都市社会福祉協議会と「人に優しく，災害に強い福祉のコミュニティづくりに関する協定」を締結しました。被災地の教訓を大学のある京都市にどのように反映させていくかを真剣に考える機会にもなりました。2016年には，より進化・深化させていくために災害対策室を設置，本学が京都市及び社会に果たす使命を広く内外に表明，実践する仕組みが生まれたのです。

　では，本学の動きは学生たちにとってどのような意味を持つのか。筆者なり

災害時におけるソーシャルワークと社会連携の意味　*119*

に，その点について考察していきたいと思います。

2-2．災害支援におけるソーシャルワークの視点

（1）「フェーズ」（時間・時期）を意識する

　本学は7学部14学科と4研究科から成る総合大学ですが，ここでは主に社会福祉学部の学生に対して，災害支援の際，筆者がどのようなことを「伝授」し，ともに学んだのかについて述べたいと思います。本学では，社会福祉士，精神保健福祉士，保育士といった社会福祉に関連する資格を取得することが可能で，学生の多くはこれらの資格取得を目指して入学します。そのため，災害時，ボランティアに関わる学生のほとんどはこの資格取得を目指す学生でした。ここでは，そうした学生を念頭におきながら，災害時のソーシャルワークに引きつけて解説を試みます。

　まず，1つ目に大切な視点，それは「フェーズ（時間・時期）」です。「災害時」は発災後，刻々と災害状況が変化し，それに応じた対応が急務となります。避難準備期とは風水害の場合など，発災前の避難準備の時期を示します。高齢者・障がい者などが安全に避難するために重要な時間帯といえます。

　たとえば，2012年の京都府南部地域豪雨の際には，降り始めの8月13日の夜間に出勤ができたB市災害ボランティアセンター（常設）のスタッフが豪雨と会員についての情報収集を始めています。B市視覚障害者協会から「パニックになっている会員がいるので確認に行ってほしい」と電話依頼があり，翌日には会員宅を訪問しています（後藤 2015：124）。阪神・淡路大震災の際は，発災当日，救出・救助された604名のうち，486名が生存救出（80.5%）されていますが，2日目には452名のうち，129名しか生存救出（28.5%）することができていません。発災後3日目となると，生存救出できたのは238名のうち，たったの14名（5.9%）でした。発災時は，少しでも早く救出・救助，安否確認を行うことが重要であるという教訓となりました。

　発災後，少し時間が経つと避難所が開設され，大規模災害の場合は長期間，避難所生活を送る被災者への支援が始まります。そのため「避難生活期」の大きな目標は，「関連死を防ぐ」ことになります。被災者（とくに高齢者・障がい者などの

表4-2.2　要援護者のくらしの支援から見た災害時におけるフェーズの考え方

時期	主な支援・活動内容
避難準備期	避難情報「避難準備・高齢者等避難開始」における高齢者・障害者等への安否確認・避難誘導
発災時・避難所開設期	被災者の救出・救助，安否確認・避難誘導，避難所開設・支援，救護所開設，災害ボランティアセンター開設
避難生活期	避難所運営支援，福祉避難所開設・運営支援，災害ボランティアセンター運営支援，各種相談支援
復旧・復興期	被災者生活再建支援・相談支援，仮設住宅支援，復興住宅支援，地域復興支援

出所：筆者作成。

要援護者）への支援はまだまだ医療機関を中心に動きますが，時間経過とともに保健・福祉的な支援が重要となってきます。東日本大震災を経て，福祉避難所の開設により，劣悪な条件のもとで命とくらしを守る支援をするしくみづくりが進んでいます。また，災害ボランティアセンターが開設され，在宅被災者を主とした支援が始まり，連日，瓦礫撤去や泥だし業務，相談支援などが行われることとなります。

　さらに時間が経つと，早ければ1か月を待たずして，仮設住宅が建設され，避難所で生活を送る被災者を中心に応急仮設住宅（もしくは民間賃貸住宅借上げ制度〈みなし仮設住宅〉）などへ移行していきます。復旧・復興期においては被災者の生活の基盤となる仮設住宅では，孤立死防止，健康の保持，コミュニティの構築を目指し，さまざまな専門職が支援を行います。仮設住宅入居は2年をめどとされていますが，状況によっては延期され，その後の復興住宅が建設される頃の復興期へと引き継がれることになるため，それに合わせた支援の継続が求められます。

（2）人としての尊厳と人権の尊重

　東日本大震災時，医療処置や服薬指導の必要な要援護者が多数避難していたある福祉避難所では，ベッドにナンバリングをすることにより，個人情報の管理を行っていました。個人カルテについても整理したナンバーをふり，要援護者はリストバンドを装着していました（後藤 2015：118）。発災後，まもない対応としてはいたしかたない側面はありますが，こうした対応については，人権の観点から

図4-2.1　話し相手ボランティアの様子
出典：筆者撮影．

もできる限り早い段階で番号から「名前に切り替える」対応が必要ではないかと考えます。

一方で，宮城県石巻市のある避難所では，発災後，最大で700〜800名の避難者を受け入れることとなり，人権尊重の観点から，介護者家族の避難スペースを確保し，介護者同士のコミュニティを形成しながら，窮地を乗り切った例があります（後藤 2012：45）。認知症などが原因で一般の居住空間で生活を送ることが困難な避難家族について，周囲の避難者への配慮を（排泄処理などによるプライバシーや臭いの問題など）したのです。

ソーシャルワーカーは，「公益社団法人日本社会福祉士会の倫理綱領」に謳われているように，まさしく「すべての人が人間としての尊厳を有し，価値ある存在であり，平等であることを深く認識する」（公益社団法人日本社会福祉士会 2005）必要があります。そして，それが阻害される状況にある時は，真っ向からそのことに対して立ち向かっていくことが求められます。とくに災害時は，自助による生命保持や生活再建が求められるなかで，「見過ごされがちな」要援護者の存在を今一度，顕在化し，人間としての尊厳の必要性を強く訴えかけていく必要があると考えます。

（3）アセスメントの重要性

2014年に他界された阪神高齢者・障害者支援ネットワーク元理事長の黒田裕子氏が生前，「私は仮設住宅を訪問する際，インターホンを押した後，何秒くらいでドアを開けるか，時間を計ることにしているの。開けるのが遅ければ，足腰が悪いのかなとかどこか体調が悪いのかなと予測することができるでしょう。それから，家に入ったらまずは台所と換気扇を見るのね。とくに男性でここがきれいであれば自炊をしていないということ。あとは，お手洗いを借りた際に，こびりついている便の色や臭いを観察するの」と語られたことを今でも覚えています。

ソーシャルワーカーを目指す学生の皆さんには，こうした生活，暮らしのなかでしっかりとアセスメントする視点，生活主体者として被災者を捉え，その生活を取り巻く環境を総合的に捉える視点を大事にしてもらいたいと思います。
　2009年，兵庫県佐用町における災害ボランティア活動の際には，被災者宅を訪問し依頼者である高齢男性の方が，ボランティアに気兼ねして一緒に泥かきなどの活動を行っていたのですが，足元がおぼつかないくらい，疲労の色が濃く表れていることがありました。そこで筆者は，学生に対し，「我々が裏で作業をしている間，男性の方と話をしながら，状況をアセスメントするように」と指示しました。学生は日常会話のなかから，被災後の生活状況，心情，心身状況の様子などを聞き取り，わかる範囲でメモにまとめ，地元の保健師につないだ結果，後日，その方のお宅へ訪問していただくことができ，その後の支援につながりました。
　2016年の熊本地震では，益城町総合体育館（避難所）への支援に入り，主に子どもの支援を行うこととなりました。はじめに被災地域を巡回した際，現地のスタッフから「少ししゃがんでみてごらん」といわれ，「その高さが，子どもたちの目線の高さよ。その高さで今の出来事を観るの。いつもそのことを忘れないでね」と教えていただきました。今，自分は誰の支援をしているのか。支援する対象者の気持ち，思いに全神経を傾注しながら，客観的にアセスメントしていくことが重要であるということ。またアセスメントは活動に入る際だけではなく，活動の過程においても常にアセスメントしているといっても過言ではないということ。目の前で起きているさまざまな事象や対象者の変化を意識しながら，アセスメントを丁寧に行っていきましょう。

図4-2.2　地域アセスメントの様子
出典：佛教大学撮影。

（4）日常の連続性——できるだけ早期に日常生活に戻す視点

　前述した熊本地震の支援で，本学の学生は避難所内で開設された「子どもの遊

図4-2.3　生活環境の調整の様子
出所：佛教大学撮影。

び場スペース」の補助に入りました。子どもたちは夏休み期間中でしたので，午前中から夕方まで学生たちは，子どもたちの生活に寄り添いながら支援を行うことになりました。遊びと学習支援を主としながらも，できる限り，日常を継続できるように生活環境の調整を行うように学生へ指示をしました。では，ここでいう「生活環境の調整」とは何でしょうか。たとえば，遊び場のスペースでは，当初，遊び道具を出した後，片づけずにそのままにしていたため，散乱している状況にありました。日常でも，部屋を散らかしたら，必ず片づけなさいと言われているはずで，避難所においても「出したら片づける」「1日のなかで掃除の時間を決めて，皆で清潔な環境を保持する」というルールを決めて徹底することにしました。生活環境の調整とは，安心・安全な空間や時間，関係性を保持することで子どもたちの日常を保障し，心身の健やかな成長とその自立を促すことであるといえます。学生には，このことを意識しながら支援をするように伝えました。

　また，同じく益城町総合体育館（避難所）では，被災者がゆっくりと安らぎ，語り合える場所が少なかったために，プレハブを活用した「よかましきハウス」[(2)]が開設されました。この空間では，被災者がカラオケを楽しんだり，手芸やお茶会をしたりと，快適な避難生活の一助として支え合い活動を促進する役割を学生が担いました。

　災害時には，さまざまな支援団体が被災地を訪れ，命と暮らしを守る支援を行うことになりますが，時折，「被災者ができること」を支援団体が奪ってしまう場面に遭遇することがあります。学生は見事に「被災者ができること」を増やしていき，被災高齢者たちの孫のようになっていきました。

　東日本大震災では，ある福祉避難所で被災後，半年経っても，介護記録に「散歩に連れていってあげたい」というコメントが記載されており，せっかく在宅で生活ができていた方が震災を機に衰弱し，病院，社会福祉施設に入院・入所する多くの事例が見られました。一方で，ある救護所では看護師・保健師が24時間体

制で要援護者などのケアにあたり，介護予防・自立支援を意識した対応がなされていました。関係する支援者に対しても，すべて世話することはしないでほしいとお願いをしていました。たとえば，食事を取りに行ける人は配膳場所まで自分で取りに行ってもらうこととし，介護予防・自立支援の考え方を徹底している例もありました（後藤 2012：27-28，47-49）。

図4-2.4 「よかましきハウス」のようす
出所：筆者撮影。

　災害時においても「日常」を意識しながら，本人の今後の人生に可能性が残せる介護予防・自立支援を心がけることを，学生の皆さんとともに大切にしたいと考えます。

（5）連携・協働

　2015年9月に発生に発生した関東・東北豪雨の際には，発生から3か月が経った後も復旧作業が続く茨城県常総市の災害ボランティアセンターを訪れ，ボランティア活動を展開することになりました。本企画にあたっては，「ALL 佛大」という合言葉を掲げることで学内のさまざまな部署やボランティア団体がつながるきっかけとなりました。また，本学は浄土宗が母体になっているということもあり，現地の浄土宗宗務庁の災害対策事務局の協力を得て，常総市にある報国寺を宿泊先にさせていただくことができました。現地では災害ボランティアセンターから派遣された被災者宅において，専門ボランティアの方がた，警察や民間企業の方がたとの出会いがありました。

　災害がきっかけとなり，さまざまな関係機関・団体が連携・協働する。災害・防災対策においては，とくにこの「連携・協働」の取り組みは，必要不可欠であるといえます。今回の例でみれば，決して医療・保健・福祉だけに限ったことではなく，たとえば，消防，警察，教育，商業，宗教などの分野にもまたがる内容であったことがわかります。言い換えれば，これらの力を結集しなければ乗り越えられないのが，災害支援なのだと学びました。

2-3. 日常と災害を連動させる——災害にもつよい地域づくり

図4-2.5 「大宮ほっとかへんで運動」
のようす
出典：佛教大学撮影。

本学では，社会福祉を学ぶ学生の主体性と専門性を育むために「地域福祉フィールドワーク」という地域実践の場を提供しています。たとえば，過疎化地域のまちづくりを考えるユニット，ホームレス支援を通して貧困と社会について考えるユニット，知的障がい者の学習保障を考えるユニットなど，さまざまです。そのなかに「防災と福祉」というユニットがあり，日々の防災活動や災害時要援護者支援を考える取り組みを進めています。活動を進めるうえで，私は学生たちに対して，「災害・防災対策は日常活動のつみあげがあってこそ，活きてくる」と何度も何度も繰り返し（耳にたこができるくらい何度も）伝えています。

京都市北区大宮学区では，冬期に認知症高齢者が山間部に迷い込み，凍死するという痛ましい事件が起こりました。この事件を受け，「二度とこの悲劇を繰り返してはならない」と防災・防犯の取り組みが始まりました。「防災と福祉」のユニットは当初からこの取り組みに協力し，地域が自発的に行う「大宮ほっとかへんで運動」(3)の側面的支援を行っています。災害時要援護者登録制度の推進と近隣支援者のマッチングを行いながら，日常的な見守り安心ネットワークの構築を進めていますが，学生自身もこの近隣支援者として，独居高齢者宅を訪問し，日々の見守りを続けています。

また，避難所運営において，聴覚障がい者や視覚障がい者団体とともに行う訓練や特別支援学校における学校・生徒及びその周辺地域と行う防災教育も実施しており，日常から要援護者の存在を「可視化」し，災害時にどのような課題や問題が発生するのか，構造的に対策やさまざまな可能性を探る取り組みを進めています。

災害時要援護者対策推進のための基本的な考え方として，災害・防災対策を特

別なものとせず，日常生活の延長線上にあることを認識する必要性を社会に対し発信し，災害・非常時においても「要援護者」の存在が尊重され，かつ支え合えることが前提となる社会の構築を目指しているのです。

　本学では「共生社会の実現」を基本理念に掲げながら，こうした「災害時にもつよい地域づくり」や災害時における要援護者支援を公民協働のもと進めています。そして，住民同士が協議し，取り組みにおける展開方策を模索・合意していくプロセスこそが，住民自治を促進すると確信しており，これらの環境整備をソーシャルワーカーは常に行政，地域に発信していくことが必要であると考えています。

　今後もさまざまな機会，場面を通して，災害時のおけるソーシャルワーカーの役割（災害時におけるソーシャルワークの意義）や大学の社会連携の意味を追求していきたいと思います。

■　■　■

●注
（1）　神戸市消防局（1995）『阪神・淡路大震災における消防活動の記録』から参考抜粋。
（2）　熊本地震発災後，益城町総合体育館（避難所）の横にプレハブで設置された集会所機能を果たす住民が住民を支える地域拠点。2016年9月17日の秋祭りを経て閉鎖となった（設置主体は一般社団法人子どものエンパワメントいわて）。
（3）　大宮は人口1万6000人を超える京都市北区最大の学区。新興住宅地として多くの人を受け入れるとともに，私立大学が近いため学生が多く，地域における人間関係（つながり）は比較的希薄な傾向が見受けられる。こうした状況のなか，2010年度より各種関係機関との連携のもと，「防災と福祉のまちづくり講座」を開催，講座のなかで，参加者の協議を通じて，防災マップの作成や要援護者に配慮した避難所運営訓練等が実施されてきている。また，災害時要援護者支援の取り組みを進めるために，2011年度より「大宮ほっとかへんで運動」が展開された。

災害時におけるソーシャルワークと社会連携の意味　*127*

●参考文献

公益社団法人日本社会福祉士会（2005）「公益社団法人日本社会福祉士会の倫理綱領」

後藤至功（2012）「第3章福祉避難所・福祉施設の現状と災害時要援護者の支援ガイドライン」全国コミュニティライフサポートセンター編，『震災における要援護者支援のあり方に関する調査研究事業報告書』全国コミュニティライフサポートセンター.

後藤至功（2015）「災害時におけるソーシャルワークについて考える——いのちと暮らしをささえるソーシャルワーカー」『佛教大学福祉教育開発センター紀要』.

知る．3

ひょうごボランタリープラザの災害ボランティア，学生ボランティア活動の支援

　「ひょうごボランタリープラザ」は，2002年6月に兵庫県が設置し，兵庫県社会福祉協議会が運営しています。阪神・淡路大震災の経験と教訓に基づき，「市民自律社会を支えるアクティブ・シティズンシップ（主体的・能動的市民参加）の形成」と「NPO・企業・行政のパートナーシップの確立」を目指し，県内のボランティア・市民活動を支援。その交流と協働を支えるプラットフォームとして，その裾野を広げ，NPO・ボランタリーセクターをより力強いものとしていくため，①中間支援組織や地域支援拠点の支援，②情報ネットワークの強化，③多彩な活動資金支援などの活動を行っています。また，災害ボランティアについてもボランタリープラザの設立の経緯から積極的に支援しています。

（鬼本英太郎）

3-1. ボランタリープラザの災害ボランティア活動支援

「ひょうごボランタリープラザ」(所長：高橋守雄氏。以下，ボランタリープラザ)は，兵庫県の災害救援ボランティア支援センターとして，①県内の災害ボランティア活動の支援拠点としての機能とともに，②東日本大震災，熊本地震災害など県外の大規模災害や県内被災地へのボランティアバスの実施や③災害ボランティアが活動しやすい環境づくりなど県民の災害ボランティア活動を積極的に支援しています。

東日本大震災や熊本地震災害をはじめ関東・東北豪雨災害 (2015年) や台風第10号災害 (2016年)[1]，九州北部豪雨 (2017年)[2][3] などの災害時に災害ボランティアバスを実施しています。ボランタリープラザの職員が事前に被災地の調査に入り，現地と調整のうえ，被災地までのボランティアバスを仕立て，学生をはじめ県民ボランティアや県内の支援団体の被災地での活動を支援しているのです。また，被災地の状況や災害ボランティアについての情報を随時提供し，兵庫県からの支援活動をマッチングしています。とくに，東日本大震災では，2011年の発災直後の3月18日に県内支援団体が参加した先遣支援バスを実施して以来，現在まで，ひょうご・東日本大震災「絆」ボランティアバスとして，継続してボランティアバスを実施しています。また，ボランタリープラザ主催のボランティアバスだけでなく，県内の大学や高校などが被災地に出向く場合には，ボランタリープラザが神戸からの往復のバス代を負担し，ボランティアグループやNPOには一定の助成を行っています。これにより，2016年度までの6年間に1万2000人余が510台のバスを活用して被災地を訪れ，活動しています。

その活動は，直後の泥出しや炊き出し，家財の搬出の手伝いから，仮設住宅や復興公営住宅での高齢者の引きこもり防止，子どもの元気回復，こころのケアにつながる傾聴・交流イベント，農業・漁業支援などへと変化していきました。災害から時間が経過し，外部からの支援が徐々に少なくなるなか，メンバーが引き継がれ，同じ団体が同じ被災地を繰り返し訪れることで，被災地を「忘れていない」というメッセージが被災者の心の支えとなり，同時に被災の苦しみを経験した地域同士の絆も生まれます。これは，訪れる人びとにとってもさまざまな学び

130 知る. 3

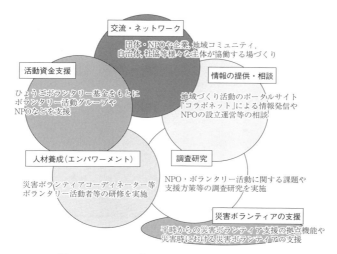

図4-3.1　ひょうごボランタリープラザの機能
出典：ひょうごボランタリープラザ作成。

の場となりました。震災から6年が経過した2016年度，県民ボランティアが8月のお盆と年末の大掃除，そして3.11の追悼行事に各地の被災地を訪れるなど，県内の大学や高校，支援グループ，1218人がボランタリープラザの支援バス44台を活用し被災地に出向きました。また，阪神・淡路大震災が起きた1月17日には，東日本大震災の被災者を神戸に招き，追悼行事に参加してもらうとともに，大学生をはじめとする支援者と東日本大震災の復興状況を共有し，引き続き支援が必要であることを発信しました。

　また，ボランタリープラザは，災害ボランティアが活動しやすい環境づくりにも取り組んでいます。大規模災害が頻発するなか，災害ボランティアが欠かすことのできない存在となっていますが，内閣府の調査（内閣府 2013：15）にもありますように，若者を中心に全国から駆けつけるボランティアのネックとなっているのが交通費，宿泊費といわれます。そのため，ボランタリープラザは「災害ボランティア割引制度を実現する会」の事務局として，被災地に赴く費用の本人負担を軽減する制度の創設運動を支援しています。2014年から1年間にわたる署名活動で34万9000人の署名を集め，「全国災害ボランティア議員連盟」と内閣府に制度の実現を要望しました。全国災害ボランティア議員連盟は，全国の地方議会

表4-3.1　ひょうご・東日本大震災「絆」ボランティアバスの実施状況（平成29年3月31日現在）

県民ボランティアバス第1回～第44回	91台	1,759台
H22：11台・180名　H23：33台・634名　H24：9台・171名　H25：12台・236名 H26：8台・146名　H27：10台・222名　H28：8台・170名		
大学・高校等協働ボランティアバス	248台	6,481名
H23：61台・1,470名　H24：39台・1,006名　H25：46台・1,166名 H26：44台・1,101名　H27：30台・900名　H28：28台・838名		
活動グループ等助成ボランティアバス	171台	3,900名
H23：9台・212名　H24：48台・1,049名　H25：45台・1,117名 H26：37台・795名　H27：24台・517名　H28：8台・210名		
平成22年度～平成28年度　合計	510台	12,140名

出典：ひょうごボランタリープラザ作成。

で制度実現を要望する意見書の採択を働きかけ，2017年3月末には11県議会と35市町村議会，46の地方議会で意見書が採択され，内閣府の「広く防災に資するボランティア活動の促進に関する検討会」の提言（2017年3月）にも，ボランティアバスなどボランティア活動を支援する取り組みの推奨として反映されました。

　また，より災害ボランティアが活動しやすい環境をつくるため，2016年3月には，兵庫県旅館ホテル生活衛生同業組合と「災害ボランティアの宿泊支援に関する協定」を締結し，兵庫県内の組合加盟旅館が大規模災害時に県内外から駆けつける災害ボランティアに宿泊場所を提供し，宿泊費を割り引くこととなりました。2016年4月と6月には兵庫県を活動エリアとするライオンズクラブ国際協会と協定し，県内災害時にボランタリープラザと県内市町社会福祉協議会がボランティアバスを運行する場合，ライオンクラブ国際協会が経費の助成をするなど，関係団体との連携を進めています。

　第8回兵庫県県民ボランタリー活動実態調査（2015年3月）では兵庫県内の活動団体・グループの2割近くが東日本大震災の支援活動を行っていることが明らかになりました。兵庫県では阪神・淡路大震災を経験しない若者が増えるなか，こうした東日本大震災時の支援の盛り上がりを今後継続していくため，ひょうご若者災害ボランティア隊制度を設け，登録した若者にはボランタリープラザのボ

ランティアバスや研修会を優先的に参加してもらっています（2017年9月現在，大学生や高校生，社会人など172名が登録）。

図4-3.2　東日本大震災被災地でのボランティア活動
出典：ひょうごボランタリープラザ撮影。

3-2．熊本地震災害でのボランタリープラザの支援活動

（1）熊本地震災害支援での考え方

　近年，災害が頻発するなか，一般の災害ボランティアに加え，災害支援に関する専門的な知見・経験を蓄積した災害専門NPOが力をつけるとともに，これらの団体の活動を「つなぎ」「まとめる」連携（中間支援）組織が育ってきています。熊本地震災害では，ボランタリープラザは①災害専門NPOや県内の支援団体・NPO，大学・高校などとの連携による活動，②災害ボランティアバスによる，若者を初めとする意欲ある県民のボランティア活動の支援，③緊急援助期だけでなく，その後の生活支援や復興支援への関与とその環境づくりなどを意識し，支援しています。熊本地震災害でのボランタリープラザの活動を学生の取り組みを中心に紹介します。

（2）県民ボランティアバスの実施

　ボランタリープラザは，前震の翌日4月15日と19日に職員を派遣し，関西広域連合が被災地支援のカウンターパートとなった益城町福祉協議会と協議し，2日後の21日に，第1回ボランティアバスを益城町に実施しました。バスには兵庫からさまざまな分野の被災地支援を進めるため，県内の災害ボランティア支援団体

図4-3.3 熊本地震災害での災害ボランティア活動（2016年益城町）
出典：筆者撮影．

の連携組織である兵庫県災害救援ボランティア活動支援関係団体連絡会議（以下，支援団体連絡会議）のメンバーである日本青年会議所兵庫ブロック協議会（以下，JC兵庫ブロック協議会）やコープこうべ，神戸大学，県内中間支援NPO（2017年4月に支援団体連絡会議に参画），兵庫県防災士会など12団体が参加しました．すでに現地で活動していたさくらネットの石井布紀子代表理事の協力を得て活動を行い帰還後の4月29日には，参加団体が中心となり神戸市内で35団体74名のNPOや災害ボランティア団体等が参加した報告会を開催し，それぞれの団体の支援活動につなげました．

被災地では，発災1週間前後から市町村社会福祉協議会の災害ボランティアセンターが立ち上がり，益城町では4月21日にボランティアセンターが開設されました．また被災地では，災害ボランティア活動支援プロジェクト会議，兵庫県の被災地NGO協働センターやさくらネット，認定NPO法人「日本災害救援ボランティアネットワーク」などの災害専門NPOが，行政や社会福祉協議会の枠組みを超えた支援活動を展開しました．「全国災害ボランティア支援団体ネットワーク（JVOAD）」が中心となって，熊本県庁内にNPOやボランティア団体，内閣府，熊本県，熊本県社会福祉協議会，民間企業等が一堂に会する情報交換・連絡会議「熊本地震・支援団体火の国会議」を連日にわたり開催し，広範な分野での活動報告や情報提供のほか活動のマッチングを行い，ボランタリープラザもこの会議に参画しました．

第2回ボランティアバス（4月25日〜28日）以降は，7月まで毎月1回のボランティアバスを実施し，倒壊家屋の瓦礫の撤去，転倒家具の復旧や搬出，救援物資の仕分けや運搬，避難所の清掃，廃棄物集積場での荷おろしなどを行いました．6月に入ると益城町災害ボランティアセンターでは，40名規模の団体の一般ボランティアのマッチングはなかなかむずかしいとの情報が入りました．一方，集落

表4-3.2　熊本地震災害の県民ボランティアバスの実施状況

	期間	台数	人数	行　先	備　考
先遣隊（1次）	4/15～4/16	－	4	大分県社協，別府市社協，㈱フェリーさんふらわあ	16日未明の本震により大分県にて調査・協議
先遣隊（2次）	4/18～4/19	－	3	熊本県（関西広域連合防災局），県社協　益城町社協	
第1回	4/21～4/24	1	20	益城町被災地	県内災害ボランティア支援団体など
第2回	4/25～4/28	2	40	益城町被災地	県民ボランティア
第3回	5/12～5/15	1	20	益城町被災地	県民ボランティア
第4回	6/9～6/12	1	20	益城町被災地	県民ボランティア（ライオンズクラブ335-A地区協働）
第5回	6/14～6/25	3	134	益城町被災地	県立舞子高等学校環境防災科
第6回	6/30～7/3	2	41	益城町被災地	県民ボランティア
第7回	7/30～8/2	1	34	御船町被災地	JC兵庫ブロック
第8回	8/23～8/26	2	80	熊本市・西原村被災地	県立三木高等学校他3校
第9回	3/3～3/6	1	35	益城町被災地	大学コンソーシアムひょうご神戸

出典：ひょうごボランタリープラザ作成。

の多くの家屋が倒壊し，被災建築物応急危険度判定で「危険」と判定され，災害ボランティアセンターを介したボランティアがなかなか入れていない地域もあることがわかりました。そのため，第6回ボランティアバスでは，そのような状況にある益城町東無田集落に赴き，地元住民に協力し支援活動を行っている一般社団法人「RQ九州」と連携した活動を行いました。兵庫県のボランティアは，専門ボランティアと役割を分担し，まとまった人数を要する倒壊家屋から瓦礫をトラックに積み込むなどの活動を担ったのです。また，ボランタリープラザが直接，県民ボランティアを募るだけでなく，東日本大震災被災地などで特徴ある活動をしている県立高校生やJC兵庫ブロック協議会の協力も得ました。第5回ボランティアバス（6月14日～25日）では，兵庫県立舞子高等学校環境防災科全生徒119名が，益城町や熊本市で避難所の清掃・整理，倒壊家屋の瓦やブロック塀，不要家具の搬出・撤去，ボランティアセンターの手伝いなどを行い，第7回ボランティアバス（7月30日～8月2日）では，JC兵庫ブロック協議会が御船町で復興支援イベントを手伝い，被災者を元気づけました。第8回ボランティアバス

ひょうごボランタリープラザの災害ボランティア，学生ボランティア活動の支援　135

（8月23日〜26日）では，兵庫県立三木高等学校はじめ4校の生徒が，避難所となった益城町立広安西小学校で活動し，西原村で農業ボランティアを行いました。このようにして，4月から8月までの8回のボランティアバスを通じ，総勢388人のボランティアが被災地で活動したのです。

（3）熊本地震災害ひょうご若者被災地応援プロジェクトの実施

　6月に入ると被災地では仮設住宅が開設され，引き続き生活に困難を窮める被災者の方への生活支援・復興期支援に移行していきました。そうした時に期待されたのが若者たちです。ボランタリープラザでは，その呼び水になるよう，日本イーライリリー株式会社から300万円の寄付を受け，これを原資に「熊本地震災害ひょうご若者被災地応援プロジェクト」（以下，若者被災地応援プロジェクト）を設け，兵庫県内の5名以上の若者グループが，被災地の暮らしやまちの復興を応援する活動を2日以上行う場合，上限20万円を助成しました。この制度を利用し，翌年の3月までに県内の大学，高等学校に通う学生やNPOグループ15団体260人が活動しました。2017年度は寄付団体にコープこうべ災害救援支援基金，神戸税理士協同組合，株式会社日本ビジネスデータープロセシングセンターなどが加わり，対象を東日本大震災など他の災害にも広げ，実施しています。

　この助成も受け熊本地震災害被災地で活動した神戸大学持続的災害支援プロジェクト Konti（代表：稲葉滉星氏。以下，Konti）の活動と，活動を通じ彼らが感じたことを紹介します。彼らは東日本大震災の被災地支援を行ってきたメンバーが主体となり，実家が西原村にあった神戸大学の学生とのつながりをきっかけに熊本地震被災地で活動を始めました。初めて被災地を訪れたのは6月。後輩が住む西原村を訪ね，一軒一軒の家庭を回りながら，彼女を中心に現地で作られている生活復興情報誌「DOGYAN」を被災者に手渡し，話を聞いて回りました。初めは「ありがとう」と受け取るだけだった現地の方も，もう一言二言声を掛けると，地震発生時の苦労話や不満などの本音を打ち明けてくれ，一人ひとりがいろいろな思いを抱えていることに気づきました。学生は，まず継続的に足を運び，被災者一人ひとりに丁寧に接し，その思いを引き出していったのです。7月には，他のボランティアと一緒に，公民館で家族向けの縁日イベントと足湯を行い，無料の食器市を手伝いました。子どもたちの元気な笑顔にも接し，足湯に

表4-3.3　熊本地震災害ひょうご若者被災地応援プロジェクト（2016年6月〜17年3月）

団体・グループ名	活動期日
兵庫県立芦屋高等学校　芦屋復興支援プロジェクト	7/26〜29
兵庫県立東灘高等学校　被災地支援隊	8/4〜7
神戸大学大学院工学研究科研究室合同ボランティアチーム	8/16〜19
University of Hyogo for Kumamoto（兵庫県立大学学生）	8/24〜27
NPO法人　ワカモノヂカラプロジェクト	8/26〜29
兵庫大学・兵庫大学短期大学部　熊本地震被災地支援・復興支援プロジェクト	8/26〜9/2
特定非営利活動法人　ブレーンヒューマニティー	9/7〜10
流通科学大学ユネスコクラブ	9/11〜14
神戸大学持続的災害支援プロジェクト　Konti	9/14〜19
関西学院大学　Club of World Citizens	9/13〜17
兵庫県立大学災害復興支援団体 LAN	9/21〜23
兵庫大学・兵庫大学短期大学部 V—NET	12/14〜16
兵庫県立太子高等学校Jコーラス部	12/16〜18
神戸親和女子大学・にじいろ	3/14〜18
Team "cheerful"（兵庫県立神戸甲北高等学校）	3/24〜27

注：大学・高等学校・専門学校等に通う学生など，ひょうごの若者が今後も継続して熊本地震災害の被災地
　　を支援する活動に対し経費を助成し，被災地の復興を支援するとともに，今後の被災地支援を担う人材
　　を養成する。
　　助成対象：県内在住，在学，在勤の若者5名以上で構成された団体・グループ（15歳以上，〈中学生は除
　　く〉35歳未満の者を主体とするものに限る）。
　　助成額：上限20万円。
　出典：ひょうごボランタリープラザ作成。

入った方はとてもリラックスした様子でした。イチゴ農家ではハウスの草抜きや畠を覆っているビニールの撤去などを手伝い，廃棄物を分別し車への積み込みを手伝いました。学生たちは，季節に遅れず進めなければならない農作業の大変さを実感し，改めて震災時の様子を聞くことで，今後，団体としてどのような支援ができるか，現地で本当に求められていることは何かなどを考えていきました。若者被災地応援プロジェクトが助成した3回目（9月14日〜19日）は，立命館大学や中京大学の学生も加わり29名が住宅再建のための家財の運び出しや壊れたビニールハウスからの土の運び出しなどを行い，公民館や仮設住宅の集会所での足湯や工作イベントなどを行い，戸別訪問を兼ね DOGYAN を配布しました。4回目（12月9日〜12日）も，西原村で解体家屋からの家財の運び出しや被災家庭の

戸別訪問を行い，5回目（3月8日〜14日）は西原村で納屋の解体やヤギ小屋の修復，シイタケの原木の運搬を手伝い，仮設住宅で足湯やカフェ，ミニコンサートなど行いました。学生たちはここで，築3年の新しい家を解体しなければならない話や地区に残るか別の場所に移るかを悩んでいるという話を聞き，今後の住宅再建やコミュニティの課題を実感したのです。また，5回目では熊本市で熊本大学，熊本県立大学，東海大学阿蘇キャンパスなど熊本の大学生らと関西からの大学生が情報交換しボランティア活動のあり方を話し合う「こぐま会議」を開催しました。

　Konti の学生たちは，自ら被災地を歩き，現地の人の話を聞き，持続的な活動ということは，団体の活動が続くことより熊本への思いを持つ人を増やすことではないかと考えました。旅行で熊本に行ったり，仕事で関わったりと，何か少しでも関わりたいと思う人が実際に現地に行くことのできる環境をつくることではないか。被災者はひとくくりにされがちですが，性格も経済力も一人ひとり異なり，何年経っても立ち直れない方もいます。神戸からたまに行って話をするくらいでは信頼関係もなかなか築けません。しかし，遠くからたまに来る学生だからこそ言えることもあります。その都度関われる方だけでいいので，皆で協力し最後まで声をかけ続けたいと考え，神戸から被災地に通い続けることの大切さを体感していったのです。

　「兵庫県立大学災害復興支援団体 LAN」も Konti と同様に，福島など東日本大震災での支援の経験を生かし熊本地震でも活動を継続した団体です。また，多くの学生が学業やクラブ・サークルなど日ごろの活動を生かした支援を行いました。たとえば神戸大学大学院工学研究科研究室のボランティアチームは，建物の解体現場に立ち会い，倒壊家屋の家財の運び出しや農業ボランティアを行うことで，農業や住居以外の建物の解体など公費で支援が得られない部分の被害を把握し，活動後，住宅復興・都市再生分野の指導を得ながら継続的なボランティア支援につなげていきました。

　途上国でのボランティア活動を行っている学生を中心とした関西学院大学「Club of World Citizens」は，西原村で芋やニンニクの出荷の手伝い，足湯・傾聴活動を行い，今後もこのような農業ボランティアやコミュニティ支援を続けることとなりました。介護や看護，子ども福祉・保育などの専門職をめざす兵庫大

学の学生は，西原村社会福祉協議会の協力を得て，福祉・介護施設や保育所，仮設住宅に分かれて活動し，介護の補助や子どもとの遊び，調理の手伝い，手作り菓子の配布など自らの学習分野を生かした活動をしました。神戸親和女子大学の学生も，仮設住宅でゼミで取り組んでいる震災関連絵本の読み聞かせやゲームなど，子どもに寄り添い活動しました。

　兵庫県立芦屋高等学校の生徒が，自分たちが街頭や文化祭で集めた義捐金を被災地に届けたいとの思いから，7月にこの助成を活用し益城町広安小学校など被災地の学校を訪れ義援金を届け，避難所となった学校施設の清掃や現地の生徒と交流しました。兵庫県立神戸甲北高等学校の生徒は，翌年の3月に益城町小池島田仮設住宅を訪れ，自治会長から要望のあった隣戸と隔てる衝立やスロープのペンキ塗りを行いました。神戸甲北高等学校の生徒は2017年8月にも訪れており，小池島田仮設住宅にはボランタリープラザを介して兵庫からの支援が続いています。

　また，初めてのボランティアなどグループでの企画提案まで至らない学生は，NPOがボランティアバスを企画しました。NPO法人「ワカモノヂカラプロジェクト」は，8月に多くが始めてボランティアを行う高校生から20代の若者26名が参加したバスを運行し，南阿蘇村でも被害の大きかった立野地区などで活動しました。参加の学生は地震後数か月経っても生活用品が散乱したままの倒壊家屋を目のあたりにし，被災者の復興が進んでいないことを実感しました。また，トマトの仕分けの手伝いでは，地震の影響で従業員が減り，残された従業員が毎晩遅くまで作業に追われていることを知り，地震の被害がさまざまな形に及んでいることを知りました。NPO法人「ブレインヒューマニティー」の実施した農業ボランティアツアーでは，参加した学生の大半が兵庫県出身でしたが震災経験がなくボランティアも初めての学生であり，事後の振り返り研修で「モノが元通りになっても復興とはいえないのではないか」「被災地の支援の最適な方法は時期により変化する」など，被災地を自ら見て，被災者の生の声を聞くことで震災についての考え方だけでなく，生きるということの価値についても知るきっかけとなったようです。

　12月には，若者被災地応援プロジェクトに参加したグループ・団体が集い，報告会を開催しました。学生たちは，現地で多くの被災者から「阪神・淡路大震災

ひょうごボランタリープラザの災害ボランティア，学生ボランティア活動の支援　*139*

の時は大変だったね」と声をかけられと言い，「復興した神戸から支援に行くことで，被災者を勇気づけることができる。これからの支援を続けたい」と発言し，また倒壊した住宅を初めて見たという学生は，「本当にこんなことが起こるんだと実感し鳥肌が立った」と振り返り，「また熊本に行きたいし，後輩たちにも熊本支援を引き継ぎたい」と報告していました。「神戸から被災地に若者が行く意味」などテーマごとに分かれた意見交換も行いました。

（4）大学コンソーシアムの熊本復興支援ボランティア

　震災1年を控えた2017年の1月から3月の3か月間，大学コンソーシアムひょうご神戸（以下，大学コンソーシアム）と神戸市社会福祉協議会（以下，神戸市社協）と共同して「熊本復興支援学生ボランティア事業」を実施しました。神戸大学，関西学院大学，甲南大学など兵庫県内12大学31名の学生が，2か月間，神戸で事前研修を行い，実施プログラムの企画，現地ヒアリングを経て益城町の仮設住宅において交流・支援ボランティア活動を行いました。この企画のため，神戸市社協とボランタリープラザは，益城町役場と仮設住宅の自治会長などを訪問し地域コミュニティの活動を把握するとともに，これまでの支援活動を通じて知り合った現地の方々に相談し，活動場所を絞り込み，テクノ仮設団地（516戸）と小池島田・東無田仮設団地（95戸），飯野小仮設団地（48戸）の協力を得ました。

　学生たちは，1月から3回にわたり神戸で，益城町の被害状況や被災者の生活，東日本大震災以降のNPO，ボランティアの活動，復興・生活支援期の災害ボランティア活動のあり方，被災した子どもに対する中長期の心理サポートの考え方と手法について学びました。2月からは活動プログラムの企画に入り，実際に学生代表が企画したプログラムを持って現地を訪問し，仮設住宅の代表者と活動内容を協議した上で，3月4日・5日の2日間，現地で活動しました。

　現地での1日目は，全グループがテクノ仮設団地で，たまごせんべいづくりやお茶会などを通じた傾聴ボランティア活動と，バルーンアートや体を動かすゲームで子どもの遊び支援・交流を行いました。2日目は，2つの仮設住宅に分かれ，小池島田・東無田仮設住宅では，要望のあった各戸を隔てる玄関の衝立のペンキ塗りを手伝い，午後からはご当地かるたやご当地ラジオ体操をしながらの茶話会を催しました。また飯野小仮設住宅では，アロママッサージなどをしながら

の茶話会とともに、子どもの遊びのスライムや折り紙づくりなどを行いました。そして3月15日には、神戸市長田の「ふたば学舎」で振り返りの会を開催し、阪神・淡路大震災での被災や復興まちづくりを学ぶとともに、学生が一人ひとり、今回の学んだことや今後のことを語り、共有しました。学生たちは、現地でさまざまな支援活動を行い、被災地・被災者の置かれている状況を体感するととも

図4-3.4 大学コンソーシアムひょうご神戸「熊本復興支援学生ボランティア」の活動（2017年益城町仮設住宅）
出典：ひょうごボランタリープラザ撮影。

に、災害時に限らず日常のボランティアやNPOなどでの活動、本県災害も含めた災害時の活動のあり方、自ら身近な課題の取り組むことへの理解を深めたのです。2017年度のこのプログラムは、11大学29名の学生が東日本大震災被災地での活動班と合同で5月から神戸で事前研修と高齢者施設や児童館の実習を行い、9月9日・10日に前回訪問した益城町の3団地に赤井仮設団地（35戸）、櫛島仮設団地（41戸）を加えた5つの仮設団地を訪問、子どもや高齢者などとの交流・支援活動を行ったのです。

　また、兵庫県内の大学では、災害ボランティアなど学生のボランティア活動について担当のセクションを置くなど支援しているところも多数あります。2016年11月にはボランタリープラザも協力し、大学コンソーシアム加盟の11大学で学生の災害ボランティア活動を支援している教職員が集まり、学生の熊本地震災害の支援活動と大学の支援について現状と課題を情報交換しました。ボランタリープラザはこうした大学間の情報共有や連携の取り組みについても支援していきます。

3-3．災害ボランティア活動から復興のまちづくり・社会づくりへ

　阪神・淡路大震災では、全国から140万人近いボランティアが被災地に駆けつけ、救急救命から生活復興まで多様な活動が展開されました。以来、災害が発生すれば、多くの人びとが災害ボランティアとして被災地に駆けつけ、救援活動に

参加することが社会に定着してきました。東日本大震災では，災害ボランティアセンターを経由せずに活動した人を含めると約550万人もの人が活動したとも言われています。いまや災害ボランティアは被災地に不可欠な存在です。災害ボランティアでは，相手の特定をせず，分け隔てなく被災した人びとの瓦礫の撤去や泥かきなどを手伝います。また，不特定の被災者に対する活動を継続するうちに，特定の被災地や人びととの関係を深め，寄り添い，困りごとを共有することで，地元の人びととの協働も始まります。ボランティアの多くが語るように，それはボランティアから被災地・被災者への一方的・片務的なものではなく，ボランティアにとっても助け合う喜びなどさまざまな体験や知見を得る双方向のものです。

　阪神・淡路大震災では，政府や自治体，災害救援機関だけでなく，さまざまな主体や個々の市民が，地元か否かを問わず，大災害に直面し，直面する課題に自らの価値観で自発的かつ協働して取り組むことで，防災に留まらず，広く市民社会の大切さを学び，その後のNPO法の制定につながりました。それぞれの被災地では，過去の災害も参考にしながら，かつ固有の被災体験や教訓，地域の課題を踏まえた復興のまちづくりが進んでいます。災害ボランティアは，被災者を助け，大災害への自らの備えにも資するものでもありますが，同時に，被災地での体験を通じ自らの地域でのNPO・市民活動に参画し，災害時にも市民が力を発揮し，受援の力にもなる層の厚い市民協働の仕組みづくりに参加していくことにもつながります。東日本大震災や九州北部豪雨などの被災地で支援活動を行う「被災地NGO協働センター」の頼政良太氏は，2007年の能登半島地震で現地で被災者とふれあう中，生活再建の難しさを学び，「制度上の問題等によって，被災者の気持ちが置き去りにされることのないようにしたい」という思いでこの道へ入りました。NPOやNGOは，「自分たちで地域課題を解決するしくみをつくる」ことができる。若い人には，多くの人との多様な出会いのなかで自分の価値観を広げ，できることからチャレンジしてみてほしいと語っています（頼政 2017：2）。

　阪神・淡路大震災では，発災当初の避難所ボランティアの4分の3が20歳代以下であったとの調査（対象1393人，兵庫県 1996）もありますが，近年，その割合は，必ずしも高くないといわれます。阪神・淡路大震災から23年が経過し，神戸

市民にあっても震災経験のない者が4割を超え，大学生の多くは震災以降に生まれ，震災を知らない世代となりました。2016年度にボランタリープラザのボランティアバスで県内の高校34校684人が東日本大震災被災地で活動しました。参加した生徒からは，「東日本大震災から6年，もっと復興が進んでいると思った。嵩上げが完了せず，復興公営住宅がやっと建ち始めたところに驚いた。東日本大震災は直接関係ないと思っていた自分が嫌になった。災害から生き抜くため自分の命は自分で守ることが必要と実感した」「ボランティアする側，される側の区別は不要。互いが交流し何かを与え合うことがボランティアだと思う」などの声が寄せられました。これからの社会づくりを担う若い力をどう育むか。学生はじめ若い人の災害ボランティア活動を支援していくことはとても重要です。

　兵庫県では，震災の時に全国の多くの方からの多大な支援を受けた被災地として，その恩返しのひとつの方途にその後の災害が起きた時には支援に駆けつけるという考えが県民に息づいています。と同時に，被災体験をもとに災害にも対応できる復興のまちづくり・社会づくりを進め，その成果を発信していくのも被災地の責任ではないかと考えています。復興のまちづくり・社会づくりは，ひとつの災害の復興を遂げたら終わりではなく，その復興が次の災害の復興につながり，その復興がまた新たな復興の礎となります。災害の被災地の復興の取り組みの連鎖によって，まちづくり・社会づくりは，よりすばらしいものになるのです。そのためにも，若い人びとの参画が不可欠です。

●注
（1）2015（平成27）年の関東・東北豪雨災害は，9月9日から11日にかけて関東地方および東北地方で発生した豪雨災害。人的被害：死者8名，負傷者80名，物的被害：全壊80棟，半壊7022棟，一部破損343棟，床上浸水1925棟，床下浸水10353棟の被害を出した。特に利根川水系の鬼怒川では，堤防の決壊等に伴い氾濫が発生し，茨城県常総市において広範囲の浸水被害をもたらした（内閣府（2016）「平成27年9月関東・東北豪雨による被害状況等について」，内閣府）。

（2）2016（平成28）年の台風第10号災害は，8月30日に岩手県大船渡市に上陸。東北や北海道の太平洋側では記録的な大雨となり，河川のはん濫や建物の浸水被

害が発生した。人的被害：死者22名，行方不明者5名，負傷者15名，物的被害：全壊502棟，半壊2372棟，一部破損1143棟，床上浸水241棟，床下浸水1694棟の被害を出した（内閣府（2016）「平成28年台風10号による被害状況等について」，内閣府）。

（3）2017（平成29）年の九州北部豪雨は，7月5日から6日にかけて，福岡県と大分県を中心とする九州北部で発生した集中豪雨。人的被害：死者42名，行方不明者2名，負傷者34名，物的被害：全壊325棟，半壊1109棟，一部破損88棟，床上浸水222棟，床下浸水2009棟の被害を出した（総務庁消防局「平成29年6月30日からの梅雨前線に伴う大雨及び台風第3号の被害状況及び消防機関等の対応状況等について（第74報）」，消防庁応急対策室）。

（4）被災建築物応急危険度判定とは，災害発生直後の二次的災害を防止するため，応急危険度判定士が建物の安全性を調査し，その結果を調査済（緑），要注意（黄），危険（赤）の判定ステッカーで建物に表示する制度。

●参考文献

内閣府（2013）「東日本大震災における共助による支援活動に関する調査報告書──支援側及び受援側の意識の変化について」内閣府防災担当（http://www.bousai.go.jp/kyoiku/volunteer/pdf/shinsai_report.pdf, 2017.10.23）

兵庫県（1996）『阪神・淡路大震災──兵庫県の1年の記録』兵庫県知事公室消防防災課.

頼政良太（2017）「多様な主体や資源をつなげる」『ひょうごの福祉』796.

動く. 1

学生ボランティアを支える
共働プラットホームと災害支援

　「共働」のためのプラットフォームと，それを具現化するための学生たちの自発的な支援活動「共働プラットホーム(1)」を紹介します。

　2011年3月11日，東日本大震災が発生。発災後，私は関西学院大学にあった「関西学院ヒューマンサービスセンター」で学生ボランティア活動のコーディネーターを務めることになりました。ここでの最初の仕事は，災害ボランティアを希望する学生たちに対し，共働を実践するためのアイデアを考えることでした。私が学生とともに関わり続けた災害ボランティア活動を振り返りながら，学生主体による共働の事例を軸に，彼らが実践してきた活動が被災地においてどのように展開し変化していったのかをまとめました。

（杉浦　健）

1-1. 学生たちの共働

　市民活動の現場，とくに焦眉の急を要する災害現場において，私たちは決して一人では行動を起こせません。さまざまな立ち位置にある人びととともに行動をしなければならず，それが活動上不可欠なポイントとなってきます。

　このように，複数の人たちと「ともに行動する」ことを，私は「共働」と呼んでいます。

　ボランティア活動における「学生たちの共働」について，私は学生に，「大学，学生ボランティア，カウンターパートナーなどがお互いの役割と責任を認め合い，相互関係を深めながら『ともに働く』『行動する』そして『新しい関係を築いていく』という意味」であると定義付けてきました。

　2011年3月11日に起こった東日本大震災では，現役大学生による災害ボランティア活動が目覚ましい成果をもたらしました。「今どきの若者」と揶揄されてきた彼らが各方面で活躍をしたことは，多くのメディアを通して紹介されました。

　同時に「大学関係者にとって，ボランティアは教育か，またはそうではないか」と問われることもありました。この相反するセオリーは，学生ボランティアのあり方を考えるうえでも重要です。

　ボランティア活動を教育として捉えるケースのひとつとして，2011年8月，東日本大震災の復旧・復興活動を受け，学都仙台コンソーシアム（仙台市）が復興大学を開校しました。同校の災害ボランティアプログラムは，災害からの復旧・復興を支援する学生ボランティアの役割を担える人材の育成，復興を見据えた震災復興や防災教育，復興人材育成教育という「教育を前提としたテーマ」が柱として掲げられていました。

　さらに研究者からは，「ボランティアと言えば，まず活動があってこそであり，理論など不要だと思われるかもしれない。しかし，これらはあまりにも素朴な言説である。現場で生じるさまざまな出来事を一歩抽象化すると，意外な風景が見えてくる」つまり，そこに「研究者としての役割」があると説かれました（渥美 2001：10）。

　市民セクター論やコミュニティデザインの研究を目指すかたわら，市民活動の

現場で実践を展開してきた私にとっても，そこは一面では相容れられる要素です。

　しかし，それでも，私は，学生のボランティア活動は教育や研究の前にまず行動ありきであると主張します。

　多少乱暴ないい方をすれば，ボランティアとは，やりたいことをやりたい時にやりたいようにやるものです。その基盤は「やりたい」を「できる」に変えるための自発的な行動です。そのため，教育の名のもとに大学が学生の自発性を阻んでしまうのなら，それは本末転倒です。

　学生の共働を語るうえで，このことは常に念頭に置いておくべきポイントとなりました。

1-2．三田支援ネットの立ち上げ

　東日本大震災直後の2011年3月21日，兵庫県にある関西学院大学（以下，関学）神戸三田キャンパスにおいて，当時総合政策学部教授だった室崎益輝氏がキャンパス内の学生を募り，震災支援に関する集会を開きました。室崎氏は阪神・淡路大震災ほかさまざまな災害復興に携わってきた復興防災のオーソリティでした。私は当時，社会人大学院生として同大学総合政策研究科に在籍していましたが，そこで市民活動現場における学生の主体的なボランティア活動の実現を目指していました。そして，そのスタンスが，学生に対し主体的な災害ボランティア活動を呼びかけた室崎氏の動きと合致することとなりました。

　当日，災害ボランティアに関心のある50名近い学生が集まりました。さらにその晩から私宛に問い合わせの電話が相次ぎました。数日後，そのうちの何人かの学生と実際にキャンパスで会って話し合いをし，それがきっかけで，総合政策学部と理工学部の有志十数名によって「三田支援ネット」が立ち上がりました。

　三田支援ネットが掲げた主なミッションは，被災地の現状を知るための先遣隊の企画，運営及び送り出しと帰還後の報告会の開催でした。学生に推されてコーディネーターとなった私の役割は，災害ボランティア活動のためのコーディネーション（連携），ボランティア活動に対するコンストラクション（構築）とインストラクション（指示），支援に対する情報収集及び情報提供でした。

ただし，主体は学生の活動なので，決して教え諭すことはしません。ここでもボランティアは教育ではないということが前提でした。経験者として，見せられるものは見せて，あとは失敗してもいいからやらせてみる。コーディネーターとしては，学生たちへのフォローだけではなく，カウンターパートナーや支援先へのフォローも含めて，どこまで手厚くできるかという点に着目します。しかし，繰り返しますが，主体は学生でした。このことは，その後もずっと活動の不文律となりました。

1-3．学生主体による災害ボランティア活動

三田支援ネットでは結成後3月末までの間に，メンバー数名が個別に被災地を訪問し，キャンパス内では現地での支援活動を呼びかけるための報告会を開くなどの活動を行いました。

当時はリスク回避と受入体勢の問題から「ボランティアは被災地に行くな」という一つの世論がありました。そのような環境下ではあったのですが，学生による主体的な行動を具現化するために，4月3日〜6日に「三田支援ネットボランティア先遣隊」と銘打ったボランティアバスを出すに至りました。参加者は三田支援ネット所属の学生11名，それに室崎氏を含む教員3名と私の計15名でした。

訪問地は宮城県石巻市。同市の石巻専修大学を拠点としていた石巻市災害ボランティアセンターのコーディネーションにより，同市不動町地区で2日間にわたる瓦礫撤去作業及び泥出し作業に従事しました。「先遣隊」ではありましたが，活動内容は支援を目的とした災害ボランティア活動に徹しました。帰還後，神戸三田キャンパスの大講堂で，活動に参加した学生による報告会が行われました。

同時期，私は，関学西宮上ケ原キャンパスに事務所を置く「関西学院ヒューマン・サービスセンター」（以下，HSC）の専任ボランティアコーディネーターに就任し，災害ボランティアに関する大学全体のコーディネーションを担うことになりました。HSCによる最初のボランティアバスは，4月24日〜27日に出されました。訪問先は同じく石巻市。今度は被害の大きかった渡波地区を訪問。参加者は学生20名，教職員は私を含む2名の計22名でした。

そのバスに，三田支援ネットで前回のボランティア先遣隊に参加した2名を

リーダーとして同乗させ、災害VCでの手続きや現地でのマネジメントを任せることにしました。

ボランティア活動は御託よりもまず行動することが求められます。前回は私も初めての経験でしたが、災害VCでの手続きなどは、とにかく見様見真似でやってきました。やり方を熟知している必要はありません。わからなければ誰かに聞

図5-1.1　2011年4月、宮城県石巻市、ハードの支援
出典：筆者撮影。

けばいいのです。わからないことに対し批難されることはありません。むしろ知ったかぶりの方が致命的な事故につながる危険性がありました。

もちろん、本番までに独自に事前の現地調査も行いました。出発の前の週、先遣隊から戻った10日後の4月16日～21日、あらためて三田支援ネットの学生をともない東北に赴きました。その際に石巻も訪問し、災害VCで担当者と次に訪問した際の活動内容に関する事細かな打ち合わせを行いました。そのような現地とのコミュニケーションの結果、相互に信頼関係が生まれ、だからこそ適切なコーディネーションが実現したといえます。

やり方の基本は、まず背中を見せて、真似をしてもらうこと。すると、次に誰が行ってもちゃんとできるようになります。災害ボランティア活動はコーディネーターに依存される部分が多く、同時に、コーディネーターには、臨時編成チームが乱立した場合のコーディネーション力も求められます。しかし、コーディネーターは単なる看板。主体はあくまでも学生であるという認識を忘れてはいけません。

主体はあくまでも学生。これについて、なかには批判を頂戴するケースもありました。なぜ大学が主体ではないのかという指摘もありました。そこはあえて反論をしません。看板は何であろうと、主体は学生、すなわち実地に行動する者であるということさえ押さえておけば、学生による災害ボランティア活動は十分成立したからです。

事実、ボランティアバスに同乗してくれた三田支援ネットの2名は、期待通りの活躍をしてくれました。

2011年6月13日に，筆者がNHKラジオでインタビューを受けた際に，「ボランティアコーディネーターの役割」についてこのように答えました。

　「まず学生たちが震災支援について何かボランティアをしたいという思いがあれば，その思いを実現するための手伝いをします。最初に相談に乗り，いくつかのアドバイスをします。私自身，東北には，調査のために何度も足を運んでいますが，そこでできたネットワークや実際見聞きしたニーズを学生たちに生かせられればと思っています。そして，大学やチームでバスを出す場合には，私もコーディネーターとして同行します。また，戻ってきてからの学生たちのフォローや，学内外での報告会の企画運営もしています。要するに，学生たちが自発的に被災地支援に関わりたいという思いをいかに具現化するかを考え，そのなかで彼らのモチベーションを高めていくことが私の一番大きな役割だと思っています」。

　被災地に対して何かをしたい，という思いはどんな学生にもあります。しかし，なかなか一人ではできないのも現実です。ところが同じ思いの学生が何人か集まれば，思っている以上の行動が実現するのも事実です。必要なことは，いかに学生が自分自身で行動するかです。何でも受け身でやって来た学生たちが，自分たちで何ができるのか，また何をしなければならないのかを考え，背伸びをすることなく，しっかりと前を向いて支援に取り組むこと。コーディネーターが報告会などで対話の機会を提供すると，必ずそのなかに入ってきてくれる学生がいました。後日，ボランティアバスを出すから乗らないかと募集をすると，その時の学生が集まってくれました。

　「そんな機会によって学生たちの思いに火がつくんです。一度火がついたら学生はとことん頑張ってくれます。学生たちの漠然とした思いがかたちになるという点で，一連の災害ボランティア活動は大きな意味を持っていると思います」

　インタビューではこのように締めくくりました。

1-4．大学ができる後方支援

　活動そのものは学生が主体であると書きましたが，それでは大学はそんな学生たちに何ができたのでしょうか。

　ヒト・モノ・カネというリソースだけで考えると，大きくはカネ，すなわち資

金援助となるのですが，実はカネよりも重要なことは，災害ボランティア自体に関する理解を示すことでした。

　発災後，早い段階から，HSC におけるボランティアコーディネーション業務の一環として，「大学として学生の災害ボランティア活動に対しどのようなサポートができるのか」を模索してきました。5月，HSC は学内の各機関と協議し，被災地支援に赴く学生の授業欠席および休学に関する配慮措置についての制度を打ち出しました。これは全国の大学に先駆けての行動となり，学生ボランティアの支援体制のなかで，大学と学生との行動の歩調がそろったという点で評価ができることです。

　さらに本件について HSC に関わる教職員及び学長室とで協議を行い，書式・手順を決定しました。広報室が大学ホームページに「授業欠席への配慮願い申請手続，休学を希望する場合の注意と申請手続」として申請手順およびフォームを掲載し，学生の震災支援ボランティア活動が円滑に実施できるよう啓発しました。

　この制度を活用して災害ボランティアに赴いた学生は，最終的に授業欠席措置9名，休学措置5名となりましたが，各自が与えられた持ち時間を活用し，被災地のために尽力したことはいうに及びません。

　学生が自発的に行動するために大学が行うべきバックアップは，可能な限り舞台上では看板を掲げず，あくまでも縁の下で，しっかりと屋台骨を支えることに徹することが望ましいといえます。

1-5．共働プラットホームとは

　発災から1か月が経過し，関学における災害ボランティア活動の主体が神戸三田キャンパスから大学本部のある西宮上ケ原キャンパスに移りました。私はこの機会に，すべてのキャンパスの学生が主体的に災害ボランティア活動に参画し，それぞれの活動を共働できるしくみとして「関西学院ヒューマンサービスセンター東日本大震災共働プロジェクト」を提案しました。

　「共働」にこだわったのは，私が従前より一般的な市民活動現場においても「共働」を提唱してきたからです。

学生ボランティアを支える共働プラットホームと災害支援　*151*

図5-1.2　共働P事務所。連日，企画ミーティングを重ねていた。
出典：筆者撮影。

「共働」とは，前述の通り「共に行動する」ことを意味します。英語にすると「co-action」。それは，共に行動することで新たな関係性を構築し，人と人とのつながりを深めることでもあります。コーディネーターの役割はその関係性を「つなぐ」ことで，ボランティアの役割はそのつながった関係性を，持続させ「つむぐ」ことだと，学生には解説してきました。

「共同（partnership）」（共にひとつの目標に向かって取り組むことの基本となる概念），「協同（cooperation）」（しくみをひとつにし，力を合わせること），「協働（collaboration）」（ひとつの事業を複数の個人や団体といっしょに行うこと）のさらに一歩先を行き，実際に行動を起こすことで有言実行を具現化する。これが「共働」の基本的な考え方でした。

2011年6月21日，関学聖和キャンパスの講堂に30数名の学生が集合しました。三田支援ネットやHSCが中心となって進めてきた学生主体の災害ボランティア活動の共働を目的に，三田支援ネットのスタッフがさまざまな活動を行っていた団体に声をかけたのです。そこで，縦割りになりがちな組織運営を横軸連携で捉え，関わる者同士が「輪っか」を築くことのできる環境づくりを提唱し，参加した学生や学生団体に活動の共働を呼びかけました。ここに「災害復興支援共働プラットホーム＝共働P」が誕生しました。

ここでいう輪っかとはどういう意味でしょうか。

本来ボランティア活動は，活動規模における大小はありますが，それらの活動間の上下関係は存在しません。すべてのボランティア活動は「自由」と「平等」を原則に，縦方向ではなく横方向につながっているからです。

同じことが構成メンバーのなかでもいえます。ボランティア同士の関係性のなかに，企業における役職等を基盤とする序列（縦方向の関係）は存在しません。そこにあるのは個人の自発性を軸とした個々の強みに基づく「出番」です。強みが大きければ大きな出番になります。小さければ小さな出番になります。しか

し，経験値，年齢差，性差，得手不得手など，さまざまな個別の特性に根ざすこれらの出番は，その特性の大小によって優劣を生み出すことは一切ありません。「縦に並べることはやめて，横一列に並んでみましょう。横に並べば端っこができるので，その端っこ同士で手をつなぎましょう。そうすると輪っかができます。それが『共働の輪っか』です。ボラ

図5-1.3　2015年1月，あいのりバス募集告知のための立て看板
出典：筆者撮影。

ンティア活動という，常に共働を求められる機会のなかで，一人ひとりの学生が，自らが持つ出番をさまざまな場面で発揮できるようにしましょう。共働の輪っかのなかで，お互いに干渉し合うことをせず，自分たちの強みを生かし，弱みを補完し合える関係性をつくり上げましょう」と，学生たちの前で説明しました。

1-6.「里帰りボランティア」

　その後，共働PはHSCの東日本大震災支援部門として位置付けられ，自らも輪っかの中に入りました。そして，2011年夏，共働Pは最初の事業として，全国のさまざまな大学と連携しながら夏季休暇の長期ボランティア活動に参画することを決めました。「あいのりバスプロジェクト」と名付けられたこの活動は，大学の震災救援にかかわる資金援助を得ながら，最終的に2015年6月まで，定期的に初夏号，夏号，秋号（2011年，2012年のみ），冬号，春号と，18シーズンで合計33回のあいのりバスを実施，延べ1000人に及ぶ学生を東北の被災地に送り出しました。支援のために訪問した地域は岩手県陸前高田市，宮城県気仙沼市，南三陸町，石巻市，東松島市，松島町，塩竈市，七ヶ浜町，仙台市，そして山元町などに及びます。

　活動は一貫して共働Pの学生スタッフが主体となって企画，募集から運営までのコーディネーションを行ってきました。復旧期においては泥や瓦礫，つまり物相手の作業が中心でした。明けても暮れても物にしか向き合わない支援に学生

たちの心も疲弊していましたが，復興期に入り，そういった作業と並行して人を相手にする活動も増えてきました。やがて災害ボランティアの方向が，人と会話をし，その人の個別のニーズに合わせた支援に移行してきました。復興のために被災地に寄り添うことを意識した活動に変化していったのです。

　ハード（物）からソフト（人）へ。しくみの整備やコミュニティの再生といったソフトづくりに関わる活動も重視されるようになっていきました。その内容は仮設住宅における生活支援や児童のための学習支援，地域の清掃や草刈り，祭りのための支援，農業支援，漁業支援，仮設商店街支援，そして被災した動物の保護に関わる支援など多岐にわたりました。

　しかし，それらの活動も，復興に合わせて徐々に収束へ向かっていきました。ボランティアニーズの減少は，すでに発災1年目を迎えた2012年からいわれてきましたが，各市町村の災害VCも避難所から応急仮設住宅にコミュニティの主体が移行するのに従い，相次いで閉鎖されていきました。同時に震災直後に県外から参入しボランティアコーディネーションに携わってきた多くの災害支援系NGOやNPOも撤収していきました。

　ボランティア側の「やりたい」という意思（Wants）は，支援される側の「やってほしい」という意思（Needs）があって初めて具現化しますが，ここに至って活動の根底にあったNeedsが見えなくなるという現象が起こりました。Needsが常時可視化されていないと，ボランティアにとっては潜在化するNeedsを見つけることが難しくなります。Needsが見つからなければ被災地に行く理由が失われ，ボランティア活動そのものができません。さらに，受入側のコーディネーションが減り，いよいよボランティアは自らのWantsを満たせなくなっていきました。

　そこで共働Pは，そんなボランティアのWantsを取り戻すために，学生たちにあいのりバスを活用した「里帰りボランティア」を提唱しました。

　里帰りとは読んで字のごとく帰省のことですが，被災地では血縁関係はなくても地縁でつながった関係性を重視します。そこで縁のできた人に会いに行くという趣旨で，緊急性はなく，寄り添うことを目的にしています。そんな里帰りを目的に東北へ行こう，と呼びかけたのです。個人として参加する学生は毎年代替わりし変化していきますが「学生主体の活動」のDNAは継承されていきます。卒

業したから終わりではなく，卒業後も個人としてずっと支援先にいる人またはその人が住む土地と関わり続けることができます。ここで培われた縁や帰るべき場所は決して立ち消えることはありません。これらはパッケージ化されたボランティアプログラムではできないことです。もちろんボランティアのために被災地を訪問する機会は減ることになりますが，行けばやらなければいけないことはたくさん見つかります。そのような潜在化した Needs は，現地に直接赴き，現地の人と接しなければ見えてこないからです。単に被災者に寄り添って会話をするだけでも立派な支援につながります。それも，災害 VC から紹介された活動だけでなく，自発的につくり上げてきた関係性があるからこそ実現するのです。

1-7．終わりがはじまりに

関学における東日本大震災に関わる救援支援活動は，2015年3月末をもって終了が決まりました。同時に共働 P が HSC の名のもとに4年間続けてきた学生主体の災害ボランティア活動も終了することとなりました。しかし，復興期の活動で多くの学生に訴えかけてきた里帰りのコンセプトはその後も生かされているし，かたちを失っても共働の縁でつながる大きな輪っかは決して消滅することはありません。

ボランティア活動は教育ではないといいました。しかしボランティアによって得られたさまざまな関係性は，教育を超えたところで，結果として多くの学びを残すこととなりました。きっかけは災害ボランティアであっても，学生たちは多くのことを学びました。それは，その後の社会生活のなかで大きな影響を及ぼすことになりました。ここで自らの意思によってつながり，自らの出番を生かす輪っかづくりを実践したという経験は，非常時の被災地復興支援における行動のノウハウとして，平常時には地域防災，都市デザイン，まちづくりや地域福祉活動に生かされることになります。災害ボランティア活動が新たな社会参画の機会を創出することになったのです。

共働 P は団体としての最後の災害ボランティア活動あいのりバスとなった「あいのりバス初夏号2015」を，同年6月12日～15日に実施しました。資金は自己調達。大学内での公募も行わず，過去お世話になった先に挨拶に行くという目的で

学生ボランティアを支える共働プラットホームと災害支援　*155*

コアな参加者のみに声をかけました。最終的な参加者は，関学18名のほかに，兵庫県立大学2名，神戸親和女子大学1名，摂南大学1名，立命館大学1名の計23名となり，それぞれチームに分かれて里帰りを実践しました。

　そして，学生たちは，先輩たちが築いてきた活動を振り返り，共働の輪っかづくりがここで終わるのではなく，いついかなる場面においても DNA として生かされ続けること。さらに，そのことが，仮に次に大災害が起きたとしても，そこで求められるプラットフォームとして，必ず後輩たちの行動への「はじまり」になるのだということを，共働したメンバーがお互いで確認し合ったのです。

●注

（1）　共働プラットホームの「プラットホーム（platform）」は，一般的には「プラットフォーム」と表記されるが，この場合はさまざまな人々が集まるターミナルのイメージから，「学生がここでつながり，そして共に行動を起こすきっかけとなる場所」という思いが込められており，ここがみんなの「ホーム（home，居場所）」であってほしいというこだわりも込めて「プラットホーム」という表記を使っている。

●参考文献

沢田康次（2012）「東北の復興・新生を目指して「復興大学」を設立」『戦略的な連携・共同事例集』.

渥美公秀（2001）『ボランティアの知──実践としてのボランティア研究』大阪大学出版会.

杉浦健（2011）「ハードからソフトへ。とある学生ボランティアたちの3ヵ月間の記録」『市民活動総合情報誌「ウォロ」』2011年6月号.

杉浦健（2013）「"やりたい"が"できる"東日本大震災現場における学生ボランティアの共働」『震災学』Vol. 2.

杉浦健（2015）「共働プラットホームのあいのりバス　災害支援における学生の『共働』」『ふくしと教育』通巻19号.

●深謝

共働 P の被災地での共働パートナー

気仙沼市社会福祉協議会，からくわ丸，シャンティ国際ボランティア会，気仙沼南町紫市場，蔵内之芽組，RQ 被災地女性支援センター，コンテナおおあみ，Songs from ISHINOMAKI 実行委員会，石巻市社会福祉協議会，石巻復興支援ネットワーク（やっぺす石巻），東松島市小野駅前応急仮設住宅，東松島市「空の駅」，旅籠まつしま香村，塩竈市浦戸地区桂島応急仮設住宅，レスキューストックヤード，七ヶ浜町社会福祉協議会，七の市商店街，夢麺，佐藤鮮魚店，七ヶ浜町応急仮設住宅総合サポートセンター（アクアゆめクラブ），七ヶ浜復興研究会なならぼ，花の淵わかめ，七ヶ浜国際村，ファーストフードテイクアウトかぼちゃ，仙台市社会福祉協議会，仙台津波復興支援センター（旧岡田サテライト），ReRoots，ドッグウッド，日本動物支援協会，東北学院大学災害ボランティアステーション，大学間連携災害ボランティアネットワーク，ワカツク，ボランティアインフォ，仙台市民活動サポートセンター，うれしや，山元町社会福祉協議会，山元いちご農園，工房地球村，やまもと語りべの会，橋元商店，未来の山元町の種まき会議，荒蝦夷など（名称は当時のもの）。

あいのりバスプロジェクトに参加した学生の所属大学

大阪大学，大阪学院大学，大阪女学院大学，大阪府立大学，大手前大学，関西外国語大学，京都大学，近畿大学，甲南女子大学，神戸大学，神戸市外国語大学，神戸夙川学院大学，神戸女学院大学，神戸親和女子大学，白百合女子大学，摂南大学，園田学園女子大学，同志社大学，同志社女子大学，奈良大学，広島大学，福岡大学，兵庫教育大学，兵庫県立大学，武庫川女子大学，立命館大学，龍谷大学，関西学院大学

動く. 2

災害と子どもの心のケア
―― 病気のある子どもたちが教えてくれた大切なこと

　さまざまな子どもたちがいます。私は，病気のある子どもたちと一緒にいる仕事をしています。「災害と何が関係あるの？」と思われる方もいるかも知れませんね。そうかも知れません。ただ，この仕事をしていて思うのです。病気のある子どもたちとの関わりで教わったことは，きっといろいろな場面で役に立てる，応用できることだと思います。この章では，病気のある子どもたちが教えてくれた大切なことを皆さんにお伝えしたいと思います。この本の，起承転結の「転」だと考えて，ちょっとお付き合いいただけたらうれしいです。

　子どもたちは，病気や災害のために，たくさんの「喪失」を経験しています。「子ども」でいられなくなります。そのような彼ら彼女らを「子どもに戻す」こと。それが私の仕事だからです。この章を読み終えた時，そんなことに気づいてもらえるとうれしいです。

（副島賢和）

2-1．災害を受けた子どもたちの状況

（1）「先生，聞いてください」

　東日本大震災が起きた初夏に，宮城県のある町にいきました。宮城県で小児の在宅医療を行っている医師，田中総一郎氏にお願いをしてその町を訪れました。

　小児の在宅医療というのは，気管切開をして人工呼吸器が手放せなかったり，脳の大きな障害があり寝たきりであったり，小児がんの末期で「もうお家で過ごしましょう」と言われた子どもたちが生活をしている家庭をまわって，治療や看取りを行っている医療です。お年寄りの方たちのことは聞いたことがあるかも知れませんが，子どもたちのなかにもそういう状態の子どもがいるのです。そんな子どもたちやご家族に会いに行きました。

　その席で，あるお母さまに言われたのです。

　「先生は，東京の先生だから，言っても仕方がないかもしれないけれど，聞いてください」と。私は，「なんでしょう。お聞かせください」とお伝えしました。

　すると，「先生。なぜ，特別支援学校を5月の連休明けまで開けてくれなかったんでしょうか？」とおっしゃいました。

　その地域の特別支援学校は，震災があって，学校を再開するまでに2か月間あったそうです。校舎の安全を確認し，そこで働く教員も被災者です。そのくらいの時間は必要だったのかも知れません。

　「何があったのですか？」とお尋ねしたところ，「先生。うちの子は，このように病気があり，自宅と特別支援学校を行ったり来たりしている子どもです。うちのような子は，避難所にいられなかったのです」とお返事がありました。

　その当時，「発達障害のある子どもたちが避難所にいられず，傾いた自宅や車のなかで過ごしている」という報道を耳にしていました。病気のある子どもたちのなかにも，そんな状況にあった子どもたちがいたのだと改めて思いました。

　普段から，地域の学校に顔を出している子どもたちは，大人たちが関わり方をよくわからなくても，まわりの子どもたちが知っているので，避難所にいられたそうです。

　「せめて，1日数時間でも，子どもや私たちがいられる場所や情報交換ができ

る場所をつくってほしかった」。

　地域に，その子がいるということをまわりもわかっているということはとても大切なことなのだと思いました。そして，ふと考えたのです。今私が教師をやっている地域は，どうなっているだろうかと。

　地域にいる子どもたちを把握できているだろうか，つながっているだろうか，子どもたちやご家族の拠り所となっているだろうか。「学校」の役割をあらためて考えました。そんな状況におかれている子どもたちがいます。

（2）「東京の子どもたちも被災者なんですね」

　子どもたちは，親の不安な表情に接するだけでも，自分の足下が揺らいでしまうことがあります。

　それが，子どものPTSD症状の要因となってしまうこともあるのです。

　「PTSD（心的外傷後ストレス障害）は，天災，事故，犯罪，虐待など，命の安全をおびやかすような出来事によって強い精神的衝撃を受けることが原因で，著しい苦痛や，生活機能の障害をもたらしているストレス障害」です。「強い精神的衝撃をトラウマ体験と呼び，直接的な体験だけでなく，その目撃などの間接的な場合，また，嫌悪するような出来事の場面に繰り返しまたは非常に強くさらされる場合も含む（小林 2016：84-85）」のです。

　とくに子どもの場合は，この間接的な場合も精神的な衝撃となりやすいと言われています。このところの災害の報道もそのきっかけとなりやすいのです。地震や大雨，ミサイルなどの報道を見て，「自分を守ってくれるはずの大人たちが，とっても不安な表情を浮かべている」ということを，何度も繰り返し感じている子どもたちのなかに，PTSDの症状が見られました。

　東日本大震災が起こった時，私が勤務する小学校で，1週間毎日，保護者向けのお手紙を配付していただきました。

　そのお手紙のなかで「災害の場で，大人ができる子どものケア」について，お伝えをしました。第1号は「子どもの健康観察をこまめに行っていただくこととお子様への声かけのポイント」についてお伝えしました。第2号は，「子どもへのふれ方」についてお伝えをしました。手の平を密着させ，優しくふれることを続けていただくようにお願いをしました。第3号は，「子どものつらさを受けと

めるための，感情の理解の仕方」についてお伝えをしました。第4号は，「つらさを表現している子どもたちへの対応」の仕方として，つらさの分かち合い方についてお伝えをしました。第5号は，「不安や恐怖などの感情の受けとめ方」についてお伝えをしました。第6号は，東京などの「比較的被害が軽かった地域での子どもたちに必要な対応の仕方」について，他人と比べないということをお伝えしました。また，「4月新年度になるにあたって」を発行しました。

図5-2.1　研修会の受付
出典：筆者撮影。

　私はこの手紙を子どもたちに関わる方たちに読んでいただけたらよいなと考えていました。そして，熊本での地震がありました。その時も，「心配です……」という題名で，PTSD症状であるフラッシュバックについてお手紙でお伝えをしました。

　被災地の学校に限らず，学校は今，ボランティアを含めたくさんの方の力が必要な場所です。しかし，みんながみんな専門家というわけではありません。研修などをしっかり受けているとも限りません。そのため，知っているのと知らないのでは，関わりが変わってしまいます。そして，子どもたちに大きな影響が出てしまいます。

　PTSD症状としての不適応行動を示す子どもたちがいます。泣いたり，わめいたり，怒ったり，固まったり，引きこもったり……，そんな不適応な行動は確かに，周りを困らせる行動です。でも子どもたちは，まわりを困らせるためにやっているのではないのです。「困っているんだよ！」ということをまわりに伝えている行動であると考えられます。そういう行動をしないと，自分を保っていられない。そんな子どもたちがいます。

（3）視界から消えない子どもたち
　東日本大震災が起こった夏から，東京学芸大学教授小林正幸氏とNPO法人元

災害と子どもの心のケア　　*161*

気プログラム作成委員会ブレイブ室長大熊雅士氏を中心としたチームで，被災地の子どもたちの支援キャンプを行ってきました。2016年度までで計20回。「福島で世界一心の温まるキャンプをやろう」というコンセプトのもと，のべ800人の子どもたちとの出会いがありました。

　第1回目のキャンプの時，忘れられない光景がありました。子どもたちが大人の視界から消えないのです。事前の説明会の時から，その違和感は感じていました。

　地域の公民館で保護者説明をした時に，子どもたちには別室を用意していました。保護者の方から離れられない子もいましたが，別室にいる子どもたちは，それぞれ本を読んだり，ポータブルゲームをしたり，とても「よい子」に過ごしていました。

　でも，保護者の方が，ふっと首を伸ばして確認をするような姿を見せると，保護者の傍らにすぅーっと近づいてきて，また離れていくのです。まるで，大人を安心させるように……。キャンプ中もそうでした。大人の見えるところにいて，大人の指示があってから動く。そんな子どもたちでした。

　2017年の夏，熊本の子どもたちとのキャンプを行いました。精神科医仁木啓介ドクターと熊本YMCAが協力して行っている子どもたちのキャンプに参加をさせていただきました。そこでは，大阪の大学生と山口の高校生がボランティアで参加をしていました。

　熊本でのキャンプの子どもたちの様子は，福島でのキャンプの子どもたちの1年目の様子にとても似ていました。「あ，こんな感じだったね」とスタッフで話し合いました。

　それだけ，多くの傷つきが子どもたちにあったのだと思います。安全を確保するために，保護者とともに行動すること，大人の表情を読み，声を聴きながら，行動をすること。そのようなことが，染みついているのだと感じました。もちろん，それは危機的な状況にある時には，自分を守るために大切な行動です。それでも，今でもそのような行動が続いているということは，その子どものこれからに大きな影響があるはずです。そんな子どもたちがいます。

2-2．子どもたちの喪失

　そのような子どもたちとどのように関わればよいのでしょう。何を大切にして
いけばよいのでしょう。

　病気のある子どもたちが私に伝えてくれたこと。それは，「患者から子どもに
戻してほしい」というメッセージでした。子ども一人ひとりには子どもとしての
エネルギーがあります。しかし，病気の時に子どもであることよりも患者である
ことを求められると，そのエネルギーはおさえこまれます。子ども本来の姿に戻
すことを考えています。

　①安全感や安心感を持つことができなくなる。

　常に痛みを抱えていたり，いつ大きな痛みが襲ってくるか不安だったり，寂し
かったり，こわかったり…。ベッドの上にいると，考える時間が多すぎます。安
全と安心を感じられないと，現在だけでなく未来に対して希望が持てなくなりま
す。素敵な明日がくると思えない子どもたちがいます。

　②自由を奪われる。

　もちろん治療中ですから，行動の制限はあります。ただ，奪われる自由は行動
だけではありません。「感情」の自由も奪われるのです。感情は自由に動かせる
のでは？　と思われがちですが，そうではない姿を見てきました。「注射が痛い？
治りたいならちょっと我慢しなさい」「さびしい？　だったら，ちゃんと治療を
して早くお家に帰りなさい」というように「感情には蓋をしなさい」と言われる
のです。

　③自主性が育たない。

　子どもたちは，よい患者さんであることを求められます。病院のベッドの上で
は，制限がたくさんあります。とくに，自分で何かを選ぶことや，嫌なことを拒
否するということは，ほとんどさせてもらえません。1日でも早く治療を終える
ためには，従順であること，受身であること，指示されたことに対していろいろ
考えないこと……。そんな姿が求められます。自主性ということばとはほど遠い
ところにいるのです。もしかしたら，病院のなかでなくても，普段の学校や家

災害と子どもの心のケア　*163*

庭，そして被災地でも，そんな子どもたちの姿があるかも知れません。

④仲間との距離が遠くなる。

病院のなかで，子どもたちは本当に仲良しになります。一緒に病気やケガと戦っている仲間だからです。私たち教師も仲間に入れてもらえない時があるくらいです。ただ，必ずどちらかが先に退院をしていきます。退院と決まった瞬間，ふっと疎遠になる中学生の女の子たちを何組も見てきました。子どもたちが本当に大切だと感じているのは，やはり，学校や地域の友だちです。でも，「治ったら遊べるから，会えるから……」と気持ちに蓋をするように言われます。

⑤保護者との関係。

子どもたちは，病気やケガをして，入院をして，家族に迷惑をかけていると感じています。「ごめんなさい」と思っている子どもたちも多いです。だから，できる限り家族に迷惑をかけないように，負担をかけないように，と頑張っている姿が見られます。そのような気持ちから甘えるということができなくなってしまう子どももいます。

また，大きな問題が起きた時は，家族のなかにある脆弱性が明らかになります。きょうだいも含めて，関係性が変わってしまうこともあります。

「感情に蓋をしなさい」「関係性について考えるのは治ってからでよいでしょう」と常日頃言われている子どもたちです。教育も後回しです。「こんな時に勉強なんていいの。しっかり休んで，1日も早く治してね。元気になったらおいで。待っているからね」と言われます。実はこういった言葉によって傷ついている子どもたちもいるのです。

このように，病気の子どもたちは，たくさんの喪失をしています。災害にあった子どもたちもたくさんの喪失を抱えています。「あいまいな喪失」と言われるような経験をしている子どもたちもいます。

逆に彼ら彼女らは，「患者」から，「被災者」から，「子ども」に戻れた時に，とても大きなエネルギーを持つことができます。それが，子どもたちの明日への力となる姿をたくさん見てきました。

2-3. 支援者は子どもたちを「いかにして子どもに戻すか」

　子どもたちが肯定的な自己イメージを持てる関わりをすることが大切です。

　私は教師ですから，「教育」を使って，子どもたちに肯定的な自己イメージを持ってもらうための関わりをします。子どもたちにとって，「学ぶことは生きること」と考えているからです。子どもたちにとって，学びは日常です。当たり前のことなのです。たとえどんな状態にあったとしても，子どもたちの学びを保障するために何ができるかを私は考えます。医療関係の方，福祉関係の方，心理関係の方，ボランティアの方も，自分の専門性を使って，子どもの自己イメージをよりよいものにしていくことができるでしょう。

　自分の目の前にいる人にとっては，何が生きているということなのでしょう。そして，自分自身にとって，生きるということはどういうことなのでしょう。それを問い続けていただきたいと思うのです。

(1)「そんなに短い関わりで何ができるのですか？」

　私は病院内の学級の担任になる前は，いわゆる通常の学級で担任をしてきました。そのため，子どもたちとの関わりは年単位でした。しかし，今は週単位，平均4〜5日の関わりとなっています。医療の進歩や厚生労働省の方針により，入院期間がどんどん短くなっているからです。10〜15歳の子どもたちの平均の入院期間は約10日です。

　「そんな短い期間で教師にできることはあるのか？」と聞かれます。できることはあります。たった1日でも，1時間でも，1回の関わりでも，肯定的な自己イメージの種を子どもたちのなかに植えることはできるのです。

　そのヒントをもらったのが，被災地の支援キャンプと，こどものホスピスでの子どもたちとの関わりです。支援キャンプは3〜4日間。ホスピスでは，次に会えるかどうかはわかりません。それでも，教師としてやれることが見つかりました。

　「自分は自分のままでよい」「自分は役に立てる」「自分は賢い」「自分は認められている」「自分には愛される価値がある」。

　子どもたちがそう思えるために何をすればよいのか，そのためにどんな関わり

災害と子どもの心のケア　*165*

図5-2.2　さいかち学級前廊下壁面掲示
出典：筆者撮影。

を行えばよいのか，考えながら一緒にいます。もちろん本人にも感じてもらいます。あわせてまわりの人のためにも残す活動をしていきます。

(2) 命が短い子どもたちとの関わりで大切にしていること

「命が短い子どもたちとの関わりで大切にしていることはなんですか？」。最近，そんな質問をいただくことが増えました。皆さんでしたら，なんと答えますか？　私は，そのような子どもたちとの関わりで大切にしていることが3つあります。

①非日常のなかで「ここだからできること」をする。

「せっかく入院したのだから……」。

私は子どもたちにそう投げかけます。「え？」と嫌な顔を向けられることもあるのですが，次の言葉を聞いて，「あぁ」と考えてくれます。

「今しかできないことをしよう。ここだからできることをしよう。せっかく会えたのだから，一緒だからできることをしよう」と伝えるのです。入院しなかったら，経験できなかったであろう楽しい時間をつくっていきます。

②日常を大切にする。

そして一方で，その子の日常とは何かということを見つけ，それを淡々と行います。「入院していようがいまいが，関係ないよ」という気持ちで，当たり前のように，淡々と。その子にとって，本を読むことが日常だったら，絵を描くことが日常だったら，学習をすることがそうだったら，おしゃべりをすることが，お散歩をすることが日常だったら，それを行っていきます。入院していてもふつうにできるよ，と伝えるために。

③生きている証を残していく。

この3つ目の「生きている証」を残していくような活動を行うことは，なか

なか大変です。来てほしくないその日のことを頭に置いて関わるからです。もしも、その日が来た時のために、その子の生きていた証を残していきます。私は教師ですから、作品として残すことは、そんなに難しいことではありません。最後の日まで取り組むことはできます。子どもたちの落書きや

図5-2.3　研修会にて
出典：佐藤純哉氏撮影。

プリントなども大切にとっておきます。それも大事ですが、もうひとつ行っていることがあります。それは、私の中に一人ひとりの子どもたちを残していくことです。数年後、保護者やきょうだいや友だちや担任の先生にお会いした時に、「あの子はこんな笑顔がありましたね」「こんなことが好きでしたね」「あんなことは苦手でしたね」「あんな表情をして、あんなことを話していましたね……」と語ることができるように。

そんな話ができるように、私のなかにその子の生きていた証を残していきます。ただ最近考えるのです。この3つのことはけっして、命が短いと言われた子どもたちのためだけの特別なことではないと。すべての出会いのなかで、行っていく必要があるのではないかと考えています。

2-4．お願い「自分を大切に」

実際に子どもたちと関わるなかでは、想定を超えるような状況に出会うことが多いと思います。事前にワークを体験しておくことは大切なことだと考えています。災害支援のボランティアやこどものホスピスのボランティアにご参加いただいた学生さんとさまざまなワークを行っています。

①自分を知る（あなたは誰？）。
　：「20の私」など自分のことに関する質問に答えることで、自分の思いや考

えを振り返ってもらいます。

②感情を大切にする（感情の理解）。

　：自分の中にはどんな感情があり，その感情を身体のどこでどんなふうに感じているかをスキャンします。

③距離を考える（近・居・離）。

　：自分は相手にどのように近づき，一緒にいて，離れているのかをロールプレイをしながら確認し，人と関わるよりよい距離を見つけていきます。

④相手の特性を知る（発達障害・病気）。

　：関わる相手の特性を学びます。相手の状態を理解することで，よりよい関わり方を学びます。

⑤グリーフワークを行う（喪失に向き合う）。

　：誰かの喪失に向き合うためには，自分の中の喪失とも向き合う必要があります。「自分の死亡記事を書いてみよう」などのワークを行います。

⑥ケアする人のケアを学ぶ（自分を大切にする）。

　：人をケアする時には，自分自身の状態が大きく影響をします。自分自身のケアの仕方を学びます。

　これらのワークを通して，ボランティアをする側も，受ける側も，困り感が少しでも軽くなるとよいなと願っています。

　また，ボランティアの研修会で必ずお願いをしていることがあります。

　誰かの感情を受けとめるためには，自分の感情を大切にする必要があります。それも，怒りや悲しみなどの不快な感情というものを受けとけるためには，自分の自身のなかにある怒りや悲しみを渡せる誰かがいないと絶対に無理です。ボランティアの方は頑張ります。医療関係の方も福祉関係の方も教育関係の方も，保護者もそうです。自分の時間はおいておいて必死に頑張ります。しかし，たとえ相手が子どもであったとしても，その子が自分の人生をかけて「助けて」と寄りかかってきた時に，それを一人で支えるのは至難の業です。本当に大切な場面で，相手を突き放してしまうことになります。そうでなかったら，自分が壊れてしまうでしょう。だから，必ず，自分の感情を渡せる仲間をつくっていってください。その仲間と，自分のちょっと黒いところも含めて，話せる時間や空間を

持っていただきたいと思います。

　「自分も相手も大切にする関わりに必要なこと」を考えながら，活動を続けていただけたらうれしいです。

■　■　■

●参考文献

　副島賢和（2016）『心が元気になる学校──院内学級の子どもたちが綴った命のメッセージ』プレジデント社.

　小林正幸編著（2016）『実践学校カウンセリング2016──図解でマスター！』総合教育技術11月号増刊，小学館.

　副島賢和（2015）『あかはなそえじ先生のひとりじゃないよ──ぼくが院内学級の教師として学んだこと』学研教育みらい.

　田中総一郎・菅井裕行・武山裕一編著（2012）『重症児者の防災ハンドブック──3・11を生きぬいた重い障害のある子どもたち』クリエイツかもがわ

動く. 3

学生自身でニーズを見極めた仮設住宅支援の活動
―― 復興前期

　ここでは災害発生時、学生による先遣チームが現地入りをするところから、その報告や継続したボランティアの組織化をしながら「動く」という事例を紹介します。2007年に起きた新潟県中越沖地震において、岩手県立大学の学生はその週末に先遣チームが現地入り。災害ボランティアセンターの立ち上げから運営支援を行いました。また夏休みを活用し、応急仮設住宅移行期の戸別訪問（アウトリーチ）を試みました。ボランティアはあくまでもニーズありきです。そのニーズを学生自身で見極め、ボランティアの組織化と災害ボランティアセンターの運営支援に参画した事例には、多くのヒントがあります。

（山本克彦）

3-1. 新潟県中越沖地震の概要

　2007年7月16日（月），この日は祝日（海の日）でした。休みということもあり，筆者も大手スーパーの家電売り場にいて，大型TVの画面に映る「地震後の風景」にふと目をとめたのを覚えています。その時，新潟県という言葉が聞こえてきて，「ああ，2004年10月の新潟県中越地震の特集だな」と思いました。しかしどうやらようすが違います。大きな災害は，そうそう頻繁に起こることなどないものと考えていたので，とても驚いたのと，さてどんなふうに活動すべきだろうと描き始めました。

　この日の10時13分，新潟県上中越沖で起きたマグニチュード6.8の地震は，新潟県柏崎市，長岡市，刈羽村，長野県飯綱町で震度6強を観測。この地震によって死者15名，負傷者2345名，住家全壊1319棟，住家半壊5621棟，住家一部破損35070棟の被害が発生し，合計で2010人に避難勧告・指示が出されています。避難所へと避難した数は最大で1万2724人でした。⁽¹⁾

　こうした災害についての情報は，TVのニュースや新聞，あるいはインターネットで知ることが可能な時代です。もちろん何よりも重要な被害状況や避難所の風景も映像で観ることができます。また現地へ支援に行くために必要な道路状況や各交通機関の最新情報も入手できます。この時も，北陸自動車道，国道8号，県管理道路等43区間において落石や陥没等による通行規制がありました。また交通機関（鉄道）については，JR信越本線等で被害が発生し運休，北陸地方のJR等の各線で点検のため運転を中止しています。

　災害ボランティアとして「動く」ためには，こうした情報収集が何よりも重要であることは，各項でもお伝えしている通りです。岩手県立大学の学生が当時，どのような状況のなか，どんなプロセスで災害ボランティア活動を実施したのかについて，詳しく述べてみましょう。

3-2. 先遣という役割

　「先遣」とは文字通り，先に派遣することです。ボランティアは個人やグルー

学生自身でニーズを見極めた仮設住宅支援の活動　*171*

プ，さまざまな形態がありますが，ある程度組織的な「動き」を描くのであれ
ば，まずは少人数が現地入りをします。前に述べたように，今では TV でもパソ
コンでも，手元のスマートフォンでも，情報を入手することは可能です。しか
し，災害の規模を，広さや奥行き，そこに流れる空気やにおい，暑さや寒さなど
を，あらゆる感覚で捉えることが重要です。ただし，たとえ 2 人でも 3 人でも，
現地入りするということは，そこで短時間でも生活することになります。車で移
動すれば，時期によっては渋滞の原因ともなり，緊急車両や災害派遣等従事車両
の妨げにもなります。たどりついても，駐車スペースを必要とし，燃料（ガソリ
ン）も消費します。東日本大震災の発生からしばらくは，緊急車両でさえ給油制
限を受け，ガソリンスタンドには徹夜の車列ができました。非常時のそうした事
態を想像できなければならないでしょう。他にも食料や宿泊，トイレ，入浴と，
生活に必要ではあるが，そもそも被災した地域では，不足したり失われているも
のが多くあることを知っておかねばなりません。支援といいながら，実は現地に
負担をかけるということになってはならないのです。

3-3. 具体的に「動き始める」には

　では，岩手県立大学の学生が，具体的にどのように「動く」ことで，先遣の役
割を果たしたかを見てみましょう。新潟県中越沖地震発生の 7 月16日（月）から
4 日後の夜，岩手県立大学の先遣チーム風土熱人 R は新潟県を目指して出発しま
した。先遣チームはあくまでも，現地に負担をかけないということから，宿泊は
テント，あるいは車中泊と考え，テントと寝袋を準備。食料は出発時に調達。そ
の他は現地の状況を記録し，報告に必要な情報を「もちかえる」ためのツール，
つまり筆記用具やデジタルカメラ，携帯電話等の通信機器を準備しました。移動
はサークル顧問でもあった筆者の車とし，高速道路の途中休憩も含め，細かに行
動の記録をとっています。

　出発がなぜ 4 日後の夜であったか，それは災害発生からの週末，大学の授業の
終了を待ったからです。学生が災害ボランティアに関わるには，授業などとの調
整がどうしても必要となります。

　7 月20日（金）21時25分に大学を出発し，先遣チームの学生 3 名と筆者は約

500kmを移動し，21日（土）04時12分に被災地域の1つ刈羽村役場に到着しました。当時からすでに「(時期によっては)被災地にボランティアが行くことは，逆に迷惑をかけることになる」という考えがありました。実際に大学を出発する際に，「何をしにいくのか，迷惑になるからやめたほうがいい」という教員もありました。し

図5-3.1　災害VC予定地でのテント泊
出典：筆者撮影。

かし，先遣チームは現地入りする目的や，自分たちの役割を明確にしていました。前にも述べたように，準備もしっかりと整えてからの出発でした。

3-4．PDCAサイクルとOODAループの違い

　とはいえ，先遣として動く時点では，不確定要素も多くあります。大学や社会で学ぶ機会の多い「PDCA（Plan → Do → Check → Act）サイクル」[2]では通用しない場面も多く存在します。たとえばPDCAサイクルでは，計画したことに対し，実行したことによる結果がどうであったかを比較します。もちろんその後に検証し改善するわけですが，「計画通り」にモノゴトが進むことを意識しすぎて，目の前に起こっている状況や変化を見落としがちになります。これは災害支援の現場，とくに災害発生直後の活動には不向きな理論となります。

　災害支援，とくに先遣チームが動く場面では，「OODA（Observe → Orient → Decide → Act）ループ」という考え方が適していると筆者は考えています。OODA（ウーダ）ループは，観察（Observe）・認識（Orient）・決定（Decide）・行動（Act）のくり返しです。まず，「変化する状況」に向き合い，五感（あるいは第六感も）をフルに使ってそれを「観察」し，「認識」します。場面から気づき，意味づけし，情勢判断したうえで「決定」し，「行動」するのです。

　災害ボランティアは災害発生からの時系列で活動内容も変化します。たいへんななかにも，ある程度現地の状況が見えている時期の活動（たとえば，避難所から

応急仮設住宅への引っ越しが完了し，応急仮設住宅でのサロン活動をするなど）にはPDCA
サイクルが適している事項が増えていきます。しかし，そもそも現地の状況がわ
からず，そのことをアセスメントするために先遣チームが現地入りするという時
期には，さまざまな場面においてOODAループが適していると考えられます。

3-5.「動く」ことを描く

　十分な準備をするとともに，変化に備えて先遣チームは現地入りをしました。
PDCAサイクルとOODAループの違いにたとえるのならば，先遣チームは災害
が起きた地域の状況を「観察する」ために現地へ向かったのです。被災した地域
に近づくにしたがって，町全体のようすがわかってきます。たとえば，道路にヒ
ビが入っていたり，電柱が傾いていたり，通行止めの看板があったり，ブルー
シートが屋根に被せてあったりというようすです。こうしたようすは記憶と記録
に残します。被災地での写真撮影は禁止と決めつけたルールを聞くことがありま
すが，可能であれば写真撮影をしておくとよいでしょう。先遣チームとしての報
告時に現地の正確な情報が伝わりますし，災害ボランティアへの参加意識を高め
る効果もあります。ただしプライバシーへの配慮を忘れてはなりません。記憶も
記録も，その活用目的が被災した地域やそこに生きる方がたの支援につながるの
であれば，問題はない，むしろ必要なことであると筆者は考えています。災害ボ
ランティアとしてのルールやマナーは別の節で確認してください。
　先遣チームの目的は，現地のようすを把握し，今後の支援（災害ボランティア）
の可能性を描くことです。そのためには現地を知る「人」や，現地のようすがわ
かる「場所」をたずねる必要があります。岩手県立大学の先遣チームは，現地到
着後，以下（風土熱人R代表学生のメモ）のように「人」と「場所」をたずねてい
ます。それぞれは事前に計画していたのではなく，出会った方が次を紹介してく
ださるというつながり方でした。

【7月21日（土）】
04時30分〜：刈羽村役場および隣接の自衛隊拠点
　役場職員関係者1名，陸上自衛隊関係者2名より，地域の被害状況や避難所

174　動く. 3

情報聞き取り。
06時05分～：刈羽村生涯学習センターラピカ（避難所）

役場関係者（避難所担当）1名より，避難所内の状況，地域のようすなど聞き取り，避難所内視察。

07時35分～：刈羽村農村環境改善センター（災害ボランティアセンター）

地元災害支援NPO関係者より，現地支援の状況聞き取り。

08時32分～：刈羽村内避難所視察

刈羽村第2体育館や福祉避難所となっている施設2か所の管理者より，被害状況等聞

図5-3.2　被災者の心　学生がケア
出典：岩手日報「被災者の心　学生がケア」2007年7月25日付朝刊

き取り（この時にたずねた避難所のうち1か所のようすが，図5-3.2の新聞記事です）。直接，子どもやそのご家族のようすを観察し，対話もできたことで，学生としての災害ボランティアのイメージを描く大きなきっかけとなる。

13時24分～：柏崎市総合福祉センター（災害ボランティアセンター）

災害ボランティア活動支援プロジェクト会議（以下，支援P）関係者と情報共有し，今後の学生による災害ボランティア活動への助言等を受ける。その際，この日の夜に長岡市内で行われる「支援Pミーティング」に参加させていただく約束をし，地域のアセスメントへ向かう。

21時40分～：長岡駅前飲食店

支援P関係者6名(3)による情報共有の結果，すでに災害ボランティアセンターが開設している柏崎市，刈羽村に続き，西山町にもボランティアセンターを開設することが決定。正式名称は「柏崎市災害ボランティアセンター西山支所」

学生自身でニーズを見極めた仮設住宅支援の活動　175

図5-3.3 災害VC開設準備（看板設置，西山町）
出典：筆者撮影．

とし，翌朝，先遣チームはこの立ち上げ支援に参画することとした。

【7月22日（日）】

00時31分：西山町社会福祉センター駐車場

この日は深夜に目的地に到着し，その後，テント設営，就寝。

08時45分：西山町社会福祉センター

07時30分起床後，テントを片づけ，08時45分からの災害ボランティアセンター開設打ち合わせに参加。支援Pからの提案もあり，災害ボランティアセンター開設のための看板作成，設置や，ボランティア受付の掲示板や大型テント設営などを行う。終日，災害ボランティアセンター運営支援をし，今後の学生ボランティア体制等について，相談をした。岩手県の特産である南部鉄器の風鈴が，今後の応急仮設住宅時期に役立つという話になり，翌月からの夏休みの災害ボランティアを描いた。

【7月23日（月）】

07時45分〜：西山町社会福祉センター

災害ボランティアセンターの受付準備から，午前中は運営支援をし，13時00分，現地出発。岩手県立大学到着は20時40分であった。

このように先遣チームはさまざまに「変化する状況」に向き合い，「観察」「認識」し，情勢判断したうえで「決定」「行動」するのです。

3-6．参加するボランティアから，参画するボランティアへ

学生として参加するボランティアには，さまざまな内容があります。起こった

災害の種類や，被災した地域の状況によっても異なります。ボランティアは「はじめにニーズありき」ですから，あたりまえのことです。しかしながら過去の災害事例をみると，およそどのようなボランティアがありうるかがわかっています。被災家屋の片づけは，地震ならば崩れた壁や瓦を運ぶこともあります。水害であれば，床上の泥出しや周辺道路の泥かき，時期によっては河川敷や田畑にも作業が及びます。他には子ども支援として，片づけに忙しい保護者に代わって託児をしたり，遊びや学習をサポートすることもあります。また支援物資の仕分けや運搬，炊き出しなどはよく知られています。

　災害ボランティアに参加するには，現地の災害ボランティアセンターへ行き，受付を済ませて，その日の依頼を引き受けます。ボランティアの安全面や依頼主への配慮等から，災害ボランティアセンターでは活動のルールもあります。また災害ボランティアセンターと連携しながら，活動をする団体もありますので，さまざまなルートで活動の可能性は広がっているといえます。

　災害ボランティアセンターの窓口に行き，活動するのが「参加するボランティア」です。つまり，活動先や活動内容そのものはすでに準備されていて，学生の力をニーズのマッチングを災害ボランティアセンターにまかせます。これに対し，地域のニーズを捉える（アウトリーチ）ことから，必要な活動を企画して，「動く」ことまでを行うのが，「参画するボランティア」であるといえます。たとえば，岩手県立大学の先遣チームは支援Ｐの助言もあって，前に述べたように「災害ボランティアセンターの立ち上げ・運営支援」という活動を実施しています。

3−7．学生ボランティアによるゆるやかなアウトリーチ

　先遣チームの現地滞在は，大学の授業の関係もあり７月21日（土）明け方から23日（月）の３日間でした。それ以降，いったん大学へ戻った先遣チームは，報告会や夏休みを活用した継続的な支援計画の立案などを開始しています。大学生活では，７月末から８月初頭にかけて，前期試験や補講など，期末のスケジュールで多忙となりますが，この災害に関する学生ボランティアチームの組織化も含めた行動を起こしました。先遣チームの報告会や夏休みの災害ボランティアの見

通しを計画すること，その際に現地で話題になった「南部鉄の風鈴」の入手先，購入方法などを検討しました。地元産業に関わる行政担当窓口や，関連企業にあたり，IWACHU（株式会社岩鋳）より，風鈴100個を寄贈していただけることになりました。企業などへの協力依頼は，ていねいな説明が必要です。IWACHUへの依頼の際には，①中越沖地震で被災した方がたが住む応急仮設住宅に，学生ボランティアが一つひとつ手渡しでお届けするということ，②夏の仮設住宅は熱さも厳しく，この風鈴の音色がそれを少しでもやわらげる助けになるであろうということ，③学生ボランティアは夏休みの間，交替しながら継続して現地の支援にあたること等をお伝えしました。

　現地入りの期間は結果として，大学の授業も落ち着き，学生ボランティアのシフトが組める時期として，8月中旬ごろとなりました。現地では応急仮設住宅の建築が終わり，少しずつ鍵渡しがはじまる時期でもあり，応急仮設住宅への移行期のボランティアが動き出しました。

　当初は学生数名で，風鈴とメッセージカードを持っていき，仮設住宅入居の方と話しながら，ボランティアニーズなどを聞き取ろうという考えでした。8月16日（木），ちょうど災害から1か月でした。被災者の方たちも学生ボランティアに対しては，本音でさまざまなことをお話してくださいます。「私は足が弱い」「家の片付けを手伝って欲しい」「話し相手が欲しい」「家の片づけをしている間に子どものお世話をして欲しい」「隣にどんな人が住んでいるかわからない」「家が狭くて子どもが遊べる場所がない」「引っ越しの手伝いが欲しい」「仮設住宅に設置されているエアコンの使い方がわからない」など，さまざまな生活の「困りごと」を聞き取ることができました。

　8月17日（金），支援Pのメンバーからさらに提案がありました。学生ボランティアが聞き取った内容は，被災した方がたの生活支援には欠かせないものです。しかも，仮設住宅への引っ越しは，もともとの居住区域とは無関係でもあり，避難所にいた誰がどこに入居したかなど，把握しづらいこともあります。そこでそれぞれとお話する際に，重要事項を記憶し，後ほどニーズ票に記録することにしました。

　こうして，学生ボランティアによるゆるやかなアウトリーチは9月10日（月），災害ボランティアセンター閉所まで継続し，約200世帯の応急仮設住宅を複数回

訪問しました。「'07いわての風『りんりん隊』」とネーミングしたこのプロジェクトで集約されたニーズ票はファイリングされ，後に生活支援相談員に引き継がれています。学生ボランティアが専門職と連携した事例ともいえます。このほか，岩手県立大学学生ボランティアは，災害ボランティアセンターの子ども支援イベントや運営支援を継続し，7月の先遣チームから約1か月半，のべ168名の災害ボランティアが活動をしました。

■ ■ ■

●注
（1）　内閣府『平成20年版 防災白書』（Web版）（http://www.bousai.go.jp/kaigirep/hakusho/h20/bousai2008/html/honbun/index.htm，2017.11.14）
（2）　Plan（計画）・Do（実行）・Check（検証）・Action（改善）の4段階を繰り返すことによって，業務を継続的に改善，あるいは学習効果を高めるサイクル。
（3）　支援P関係者は次の6名。桑原英文，本間和也，森本智喜，山下弘彦，山内秀一郎，長谷部治（当時の所属や敬称略）。
（4）　2004年の新潟県中越地震，2007年の新潟県中越沖地震では，「生活支援相談員」という名称で，社協の職員として数十名の職員が採用された。ここでの生活支援相談員は仮設住宅入居者に寄り添い，生活上の課題に気づき，関係機関につなげ，解決に向けて，支援を行う重要な役割を担うものである。

つなぐ. 1

神戸市長田区社会福祉協議会と教育機関の協働

　1995年に兵庫県南部地方を襲った阪神・淡路大震災の復旧復興活動では，さまざまな角度からの支援活動がありました。本稿では，応急仮設住宅から災害復興住宅への転居が進んだ時期から，各学校や若者世代との連携のなかでコミュニティ活動を展開してきた神戸市長田区社会福祉協議会（以下，区社協）の活動の流れを振り返って紹介します。
　震災を経験した世代の子どもたち自身が，学校での学習活動とボランティア活動が連動したプログラムを通じて，自身の学びと復興への一助を両立していく姿や，学校を離れた青少年活動の一環として取り組んだコミュニティ活動と災害ボランティア活動の連動を紹介します。

（長谷部治）

1-1. 震災後の教育環境と総合的な学習の時間

　阪神・淡路大震災の復旧・復興活動にとりわけ大きな影響を与えたのは，2002年の学習指導要領改訂（いわゆるゆとり教育の始まり）にともない導入された，総合的な学習の時間の開始でした。

　指導要領の改訂は2002年ですが，この総合的な学習の時間は新しい教科として2000年に小中学校，2004年に高等学校で開始とされており，先行実施も認められていたため，実質的には1998年には福祉教育・ボランティア学習の大きなトピックスとして注目され，手探りでの実施が始められていました。

　実際に区社協から当時発行されたリーフレット『福祉教育・ボランティア学習のてびき』には「総合的な学習の時間の導入に向けて」とサブタイトルが添えられています。当時，私たち区社協の職員にも，新しい言葉だった総合的な学習の時間は「自ら学び自ら考え，生きる力を養う教育」と説明されました。この総合的な学習の時間のプログラム内容の例示に「福祉」が含まれていたことも影響し，小学校，中学校の先生方が総合的な学習の時間の内容を固めてしまう前に（英会話やパソコンで固めてしまう前に）少しでも福祉について取り上げてほしい，そんな思いが私たちにはありました。

　時を合わせて，このころ神戸市内では，応急仮設住宅が減少し災害復興住宅への転居が進んでいました。大規模な仮設住宅が建設されることはなかった長田区ですが，災害復興住宅も同様で，100戸を超える規模のものはほとんどなく，代わりに30〜40戸といった比較的小規模な住宅が多数建築されたり，民間の住宅が県や市に借り上げられたりしました。

　災害復興住宅に入居する住民の多くは，被災前のコミュニティとも応急仮設住宅のコミュニティとも離れて，新たな暮らしを始めることになります。この入居時の知り合いがいない「さみしさ」を何とかできないか。そんな課題がある地区がたくさん区内に点在していました。

神戸市長田区社会福祉協議会と教育機関の協働　*181*

1-2. キッズサポート事業の始まり

　1997年に災害復興公営住宅建設が本格化するなか，A小学校区のはずれに40戸ほどの住宅が建設されることになりました。この学校は，以前から福祉教育のプログラム実施に熱心な教員が複数在籍しており，区社協と連携した授業実施を行っていました。そういった背景もあり，はじめに「小学校の運動会に復興住宅に引っ越してきた住民を招待してくれませんか？」と依頼をしてみたところ，当時の小学4年生が一人ひとり招待状を書いてくれ，手渡しで住宅に届けに行ってくれました。子どもの人数と入居している住民の人数が同じではないので，複数枚受け取る住民がいたりしながらも，実際に入居者が何人も運動会に足を運んで子どもたちの応援をしてくださいました。この時をきっかけに復興住宅の住民と地元小学生の交流を進める「キッズサポート事業」がはじまりました。

　総合的な学習の時間は自ら学び自ら考え，生きる力を養う教育を実現する授業です。そこでどのような交流ができるか（したいか）を子どもたちが自ら考え，教員や社協の職員，地元民生委員がそれをサポートし企画をつくり実施していきました。

　いわゆる小学校でよくあるゲームや出し物を楽しむ「お楽しみ会」や「餅つき大会」「子ども喫茶」が考え出され，住宅の集会室やエントランス等場所も工夫されながら実施されていきました。教育活動として，子どもたちが主体的に計画し実施していくので，大人の私たちからみれば驚くような手段を選択することもしばしばありました。たとえば「チラシをつくって配る」ということひとつにしても，大人ならデザインを決めて，黄色やピンクのコピー用紙に印刷して，というのが大人の考え方ですが，子どもたちは1枚1枚手書きで色鉛筆を使い必要枚数を書いていきます。一人何枚も書かなくてはいけないのですが印刷する気はまったくありませんでした。

　また，人とのコミュニケーションを図る交流の場面では何を話していいかわからなくなった児童が，「1日何本牛乳をのみますか？」と住民（高齢女性）に質問することで笑顔がうまれるなど，かわいらしい珍事が続く楽しい交流の場になりました。

182 つなぐ．1

参加した子どもたちにとっての成果は，家族や教師とは違う大人との関わりは貴重な体験であり，緊張を乗り越えながら，自分の行動が誰かの役に立つ経験は大きな喜びとなることがわかりました。「次は音楽会に誘ってみよう」といった声が子どもたちから上がっていきました。

　さらに別の成果として，「応援欲求」を満たす場となっていたことが見えてきました。この事業は子どもたちが入居した新住民をサポートする活動として実施したのですが，一生懸命頑張る子どもたちを入居者たちがあたたかく「応援」している，そんな姿が多くみられました。人間の本質には「応援」という欲求があるのではないかと筆者は考えています。子どもや若者が一生懸命になる姿はそれだけで他者の「応援欲求」を満たしているように思います。

　このキッズサポート事業で生み出された子どもたちが設定する「場」が住民同士の顔合わせのきっかけとなり，この日に初めて顔を合わせた住民たちが顔見知りになって知り合いが増える。そんな展開が各地の復興公営住宅で広がっていきました。

　神戸の海側のエリアは都市部と旧来からの下町が混在する街で，意外にも地蔵盆やお餅つきといった昔のコミュニティらしい風習が大切にされて残っており，餅つき大会は今も定番の地域行事として冬の間あちこちで実施されています。このように，住民も周辺地域も事業を受け入れやすかったことはうまくいった大きな要因といえます。

　また，長田区の南部の応急仮設住宅の集会所で始まった「ふれあい喫茶」をモデルに「子ども喫茶」を実施しましたが，このころ始まった住民による喫茶活動は大きな震災から20年が過ぎた現在も市内あちこちで住民主体の活動として広がりを見せています。

1-3．サンタクロースの贈り物

　1995年4月，阪神・淡路大震災の復興の過程で広がりを見せるボランティア活動に対応するため，神戸市内の各区の社協にはボランティアセンターが設置されました。しかし，高齢化の影響や人口の減少もあり，ボランティアセンターの登録ボランティアの平均年齢は高い状態にありました。一方，1998年の特定非営利

図6-1.1　サンタ団出発式
出典：筆者撮影。

活動促進法の施行後，団体登録をする団体のなかには一定人数の若者が加入しており，筆者は若者のボランティアを増やすヒントが活動のメニュー化やグループ化にあるように感じていました。

そこで若者に楽しみながら夢のある地域活動に参加してもらおうと，2003年に企画されたのが「ぼくらの街にサンタがやってくる」という企画です。商店街のイベントとして企画され経費を持っていただき，企画の準備と進行をボランティアセンターで担うことになりました。クリスマスイブの晩にサンタクロースに扮した若者が（30歳まで，という年齢制限を設けました）事前に預かったプレゼントを家まで配達するという企画で，夢のある子育てに若者を巻き込もうという企画でした。

企画は予想以上に好評でした。高校生や大学生が多く参加し，初年度の実施後に「サンタ団」が結成されました。年に一度のクリスマスイブの晩のみの活動ではなく，一年を通じて子育て関連の活動をする若者グループとして成長し，10数年続く定番の活動となっていきました。

参加した若者（16歳から30歳まで）にとって，プレゼントを受け取って喜ぶ子どもと過ごす時間だけではなく，学校の外に同世代の仲間を得る貴重な場となりました。そして，狙い通り，このプロジェクトの成功体験を共有する若者のつながりが，この後発生する災害での活動につながっていったのです。

1-4．ボランティアバスへの挑戦と失敗

2004年7月に福井豪雨が発生しました。「阪神・淡路大震災の時の何か恩返しをしなくてはいけない」といった声が区社協に寄せられ，初めてのボランティアバスを，地元の神戸常盤女子高等学校のボランティア部とサンタ団のメンバーを参加者として運行することになりました。この神戸常盤女子高等学校とは総合的な学習の時間のプログラム開発（高校生が授産施設や小規模作業所で商品開発をする，

小学生向けの教材を高校生がつくるなど）で区社協が日ごろから関わりを持っており，日常の関係を活かした社協と高校が連動したボランティアバスとなりました。現地は灼熱の1日となり，熱中症に気を配りながら，住宅に流入した土砂を掻き出し生活を取り戻すための活動を実施しました。

図6-1.2　VCサテライトにて
出典：筆者撮影。

参加した高校生や大学生からは「まだまだ被害は大きくて，ほんの少ししか力になれなかったけれど，機会を見つけてこれからもできることをやりたい」といった前向きな声が上がりました。

　この経験や記憶がまださめやらぬこの年の秋には，2004年台風23号が日本列島を縦断し大きな被害をもたらしました。私たちは被災した豊岡市での災害ボランティア活動を実施しようと，2日間のボランティアバスを水害発生後最初の週末に運航することになりました。前回の経験から，バスは地元のタクシー会社が所有するマイクロバスとし，資機材は当時使用していた物品に加え地元商店街からの寄付でまかなうなど，過去に阪神・淡路大震災を経験していた住民が「自分は行けないけれども地元の若者が行くことを応援できる」ことを大切につくりこみ，「恩返し」の思いが強い取り組みとなりました。並行して，この時のバスは，①基本は顔見知り同士が乗るバスとする，②個々人の持ち物はしっかりと個人で準備する，③現地で必要そうなものはすべて持ち込む，④バスに乗っていく担当者とは別の受け入れ担当者が現地に先入りする，といった方針を立て，準備を突貫工事のように進めました。

　しかし，顔見知りのみのバスを計画したものの，結果としては席が埋まらず，初めての一般公募を新聞社の協力を得て行うことになりました。

　公募には定員以上の希望者が応募され，何十人という方に参加をお断りすることになってしまいました。

　この時のことで，今も心に引っかかっているのは，2日間ともに申し込みをした市内の某高等学校が，2日目の参加を前日になって突然キャンセルを申し入れ

図6-1.3　初日の災害VCサテライト
出典：筆者撮影。

てきたことです。この高校とは普段のつきあいはなく，担当の教員からは「校長の判断です」としか理由を教えてもらうことができませんでした。我々の不手際だったのかどうか今はもうキャンセルのいきさつを知るよしもありませんが，結果として空いた10数名分の席を埋めることができませんでした。この体験を通して，やはり普段からの関係性が大切であり，「この時だけ」の関係では被災者の立場に立つことができないトラブルが起きる，そう思い知らされた出来事でした。

　この経験から，区社協では以降は一般公募を行って人を集めるボランティアバスを運航せず，いざという時に力を集めることができる緩やかで強固なネットワークを普段から構築しようと取り組みました。

　この時の参加者のなかに「私，訪問した家のおばあちゃんとずっとしゃべっていただけ。なかなか話が終わらなくて」と打ち明けた学生がいました。仲間が泥だらけになってがんばっているなか，ずっとしゃべっていて申し訳ないと語ったのです。それを聞いて一緒に行った仲間からは「○○ちゃんは話しやすいからなぁ。それでよかったんじゃない，話したかったんだよ」と声があがり，泥をかき出すことだけがボランティアではないことに学生自身が気づく瞬間も見られました。

1-5．大学にボランティアセンターを設置

　2007年当時，全国各地の大学で大学ボランティアセンターを開設する動きがみられました。広義では学生の地域での活躍を支援する機関ですが，学生が主体となって設置するものから大学が設置するものまでさまざまな形態がありました。当時，長田区では神戸常盤短期大学が区内唯一の大学で，大学ボランティアセンターの開設にむけて大学と区社協が連携し，大学ボランティアセンターのあり方

研究を2年間に渡って取り組んだ結果，2009年8月に「神戸常盤ボランティアセンター」として開設されました。「神戸常盤大学」とせず，神戸常盤ボランティアセンターとしたのは，隣接する敷地に開学している同じ学校法人系列の幼稚園，女子高等学校，短期大学におけるボランティア活動を総合的にコーディネーションする仕組

図6-1.4　VC受付のスタッフとして
出典：筆者撮影。

みとするためでした。また，卒業後もボランティア活動を続けることができるよう，区社協の長田ボランティアセンターと登録情報の連動を行うなどの構築がなされました。

　神戸常盤大学は当時，看護学科，幼児教育学科，口腔保健学科，医療検査学科という4つの専門領域で働く専門職の養成を行う短期大学だったこともあり，学生の専門性を活かした取り組みを行っていくことを活動の柱にすえ，地元商店街に多い菓子店のPRのイベントに歯磨き教室を実施するなど，専門職の育成に役立つボランティア活動を重視し，単に人手としての大学生を供給するだけのボランティアセンターにはならないよう設計された大学です。

　神戸常盤ボランティアセンターの開設と同じ月，兵庫県佐用町を台風9号の豪雨が襲いました。この時のボランティアバスには多くの学生，教職員も乗り込み現地に赴きました。幼児教育学科のメンバーはボランティアセンターサテライト内の表示の作成に，看護学科の学生は熱中症予防のチラシや水分補給の仕組みづくりに取り組み，口腔保険学科の学生は避難所での口腔ケアにあたる，といった専門職の卵としての学びを活かした活動をはじめ，被災されたお宅に行き土砂のかきだしなど復旧作業にも尽力しました。

　この時の専門領域を生かした活動に，学生からは「自分だけではできなかった，いろんな人と連携しながらなんとか頑張れた」との声が聞かれ，将来専門職として活動する学生たちにとって他領域との連携の重要性を体験する場面にもなったようです。

神戸市長田区社会福祉協議会と教育機関の協働　*187*

図6-1.5　床下の清掃
出典：筆者撮影。

図6-1.6　水没した畳の廃棄
出典：筆者撮影。

1-6．2010年の地元水害

　そして，2010年に長田区内で発生した集中豪雨で一部地域に浸水被害が発生しました。

　小災害ではあったものの，一定数の被災者に支援活動が必要と，長田区社会福祉協議会では当日に災害ボランティアセンターの設置を決断し，翌朝から現地で神戸常盤ボランティアセンターと復旧活動を実施することになりました。

　床上床下浸水の被害は軽微で件数こそ少なかったものの，一人暮らしの高齢者宅が床上浸水をしており，サンタ団，神戸常盤ボランティアセンターのメンバーを中心に床下の清掃や乾燥，消毒が実施され，これまでの他の被災地での経験が活かされスムーズな活動が展開されました。

　当日は，災害発生翌朝からの緊急の活動開始だったにも関わらず，たくさんの学生が参加をしてくれました。これまでの遠隔地での活動とは違って地元での災害はより身近に感じられたようで，片づけ作業だけではなく，地域で暮らす高齢者の暮らしに関心が広がった様子でした。なかでも被災したおばあさん（単身寝たきり）方の水没したお仏壇を処分する際，おばあさんの思い入れの強さは学生たちの日常生活ではあまり触れたことのないものだったようで，一人ひとりの暮

らしの中にある大切なものへのこだわりが学べた場面でした。

1-7. 応援欲求

　このように，阪神・淡路大震災以降2011年までの16年間の区社協での災害支援活動は，教育活動の環境の変化と連動をしたもので，総合的な学習の時間の導入や大学ボランティアセンター設置のムーブメントが，被災後の復興支援活動や，発災直後の学生のボランティア活動を生み出し展開されました。常に社会情勢の変化に対応することを心掛け，活動を担当した16年間でした。

　あらためて，学生にあふれる素直な気持ち，言い換えれば「ほうっておけない」気持ちに応じぬいた活動の積み重ねだったのだと思います。ほうっておけない気持ち＝原動力に，学びや知識をうまく連動できるコーディネーターが学生の今後の活動をよりよいものにしていく。そのように思います。

　学生が頑張っている姿はそれだけで被災された方の「応援欲求」を満たすものです。いくぶん奇妙に聞こえるかもしれませんが，応援しに来てくれた「学生ボランティア」が，がんばる姿を見て，思わず応援してしまう被災者は多く，勇気付けられるのです。

　「自分が役に立つか」「何もできないのではないか」と不安になる学生は少なくないかも知れませんが，学生が被災者の力になれることは疑う余地はなく「ほうっておけない」気持ちにそって動いて欲しいと思っています。

■　■　■

●注

（1）　2004（平成16）年の福井豪雨は，7月17日夜から18日にかけて，北陸地方と岐阜県で大雨となり，18日朝から昼前にかけて福井県美山町は激しい雨となった。福井県での人的被害：死者4名，行方不明者1名，負傷者19名，物的被害：全壊66棟，半壊135棟，一部破損229棟，床上浸水4052棟，床下浸水9674棟の被害を出した（内閣府（2004）「平成16年7月福井豪雨による被害状況について（第34報）」，内閣府）。

神戸市長田区社会福祉協議会と教育機関の協働　*189*

つなぐ. 2

東日本大震災における学生ボランティア活動の実践
―― いわて GINGA-NET プロジェクトを事例として

　東日本大震災の発生により岩手県沿岸はじめ多くの地域がこれまでにない甚大な被害を受け，被災地には多くの支援が求められました。この震災をきっかけとして，全国から多くの学生ボランティアが被災地へ駆けつけ，発災当初から生活再建期にかけて幅広い活躍を見せ，被災地支援へ貢献してきました。そうした活躍の一方，このような動きを起こすには学生ならではのハードルがあることも指摘されました。災害支援活動を行ううえでの専門的知識やノウハウ，現地情報を得る手段及び活動資金の獲得上の課題等です。

　特定非営利活動法人いわて GINGA-NET はこうした課題に対し，平時からの体制づくりが何より重要であると考え，全国の学生間ネットワークをより強固にし，若者の人材育成を行うことで安全安心なまちづくりを考える団体です。一般社団法人「ウェルビー・デザイン」はこの活動を支援している法人になります。

（佐藤大介・篠原辰二・八重樫綾子）

2-1. 災害時における学生ボランティア活動

　今後想定される大規模自然災害への備えのなかで，学生ボランティアの組織化と拠点整備運営，さらには学生ボランティア活動のあり方を検証しておく必要性があります。とくに，災害時における学生ボランティア活動を実践検証することは，防災教育や大学教育における災害ボランティア活動の意義づけを論証できます。このことにより，非日常時においても福祉的支援が必要な要援護者や地域住民と関わることの重要性の認識や，地域づくりと人びとの生活を支える仕組みづくりを体系化できる効果が期待できるからです。

　本章では特定非営利活動法人いわて GINGA-NET（以下，いわて GINGA-NET）が東日本大震災時に主催した，いわて GINGA-NET プロジェクトでの実践事例を基に，学生ボランティアの組織化と拠点整備・運営から，学生ボランティア活動のあり方を考えていきます。

2-2. いわて GINGA-NET プロジェクトの実践

（1）いわて GINGA-NET プロジェクト結成（組織化）の経緯

　2011年3月11日に発生した東日本大震災は，死者・行方不明者・負傷者2万5000人を越える大きな被害をもたらしました。当時，避難や応急仮設住宅で暮らす避難者の方の生活を支えるためには，長期的にさまざまな支援が必要でした。一方，この未曾有の被害に対し，「何か力になりたい」という学生も数多くおり，また大学なども長期休暇に向けて，学生の活動を応援しようという機運も高まっていました。

　こうした被災地の要支援ニーズと学生のボランティアニーズを効果的に結びつけるために，2011年夏に岩手県立大学，岩手県社会福祉協議会と，県外のNPOが連携し，いわて GINGA-NET プロジェクトが結成されました。

　具体的には，岩手県南部沿岸地域にアクセスのよい住田町を宿泊拠点として，全国から募った学生グループと岩手県内各地でのボランティア活動に参加する仕組みを，ネットワークを組んで進めていこう，という取り組みです。

東日本大震災における学生ボランティア活動の実践　*191*

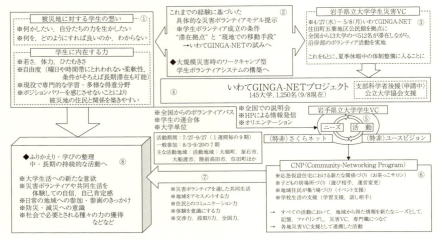

図6-2.1　いわてGINGA-NETプロジェクトの概念図
出典：山本克彦作成。

結成された当時，企画・運営にあたっては，岩手県立大学学生ボランティアセンターが，県内のボランティア活動プログラム開発，マッチングや宿泊サポートを，特定非営利活動法人ユースビジョン（京都府，以下，ユースビジョン）及びさくらネット（兵庫県）が，全国の大学ボランティアセンター，および学生ボランティア推進団体と連携して，学生ボランティアの募集と送り出しを行いました。

この新たな災害支援モデルでは，2011年夏の実施期間（9週間）の間に，全国147大学から約1300人の学生が岩手県に集まり，ボランティア活動に参加しました。

（2）いわてGINGA-NETプロジェクトのスキームづくり

いわてGINGA-NETプロジェクトでは，学生たちが長期休暇期間を活用し，応急仮設住宅とその住民に対し，一定期間継続して活動することをイメージとして描いています。

これは，今までの被災地支援における学生ボランティア活動の先行事例と経験から，応急仮設住宅では新たなコミュニティづくりが重要な課題であることを学んでいたからです。過去の災害でみられた孤独死や自殺などの予防を含め，応急

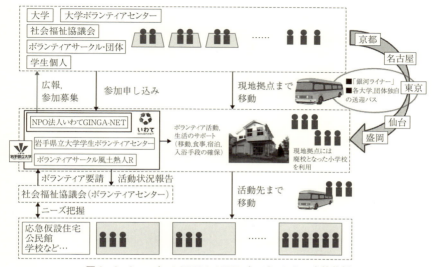

図6-2.2 いわてGINGA-NETプロジェクトの実施体制
出典：山本克彦作成。

仮設住宅でのコミュニティ形成支援こそ，生活支援・住宅再建期のねらいであると考えていました。

そこで，具体的な活動として地域住民の出会いの場である「サロン活動」と「子どもの居場所づくりと学習支援」を，活動地域を固定してグループ単位で実施するという企画が具体化されました。

(3) いわてGINGA-NETプロジェクトの運用資金と運営体制

東日本大震災においては，さまざまな資金のしくみが存在しましたが，学生ボランティアにとって大きな支えとなったのは第1部「動く．3」で紹介した中央共同募金会のボラサポです。学生ボランティアに必要な「『現地まで』と『現地で』の移動手段」，また，各活動におけるプログラム備品等の経費は，このボラサポをはじめとするさまざまな基金の力を借りることによって実現しており，これがなければ迅速な対応は不可能でした。

いわてGINGA-NETプロジェクトの運営体制は学生ボランティアセンターだけでは運営が困難である部分を，ユースビジョン及びさくらネットとの協働によ

図6-2.3 仮設住宅でのサロンの様子
出典：筆者撮影。

り補官しています。この体制により，学生ボランティアセンターがプログラムの開発・支援を行い，ユースビジョンとさくらネットは学生ボランティアセンターが自分の役割に専念できるよう側面的な支援を行うとともに，広報や資金調達，参加学生の生活支援などプログラム以外の全体の運営管理を担当しました。このように企画が固まっていくのと同時に協働体制を模索しながら，学生が夏の長期休暇の予定を入れるまでの時期をねらい全国6か所（大阪・東京・名古屋・静岡・岡山・神戸）にて説明会も実施しました。

　いわてGINGA-NETプロジェクトでのプログラム開発においては，全国の大学などが抱いていたボランティア活動への学生参加に対する不安を解消するように意図し，活動内容を選択しています。当時はまだいわゆる瓦礫撤去や泥かきと呼ばれる力仕事のニーズも多く，活動中に行方不明者が見つかるというようなこともありました。そうした状況のなか，学生ボランティアが被災地に向かうことに消極的，または否定的な大学や教職員が多く存在したことも確かです。そこで，このいわてGINGA-NETプロジェクトでは，学生個人や大学組織が参加しやすい支援を考え，活動内容を明確にし，被災地域の方がたと直接関わることのできるものとしました。

　このように，①現地での活動内容を明確にし，その安全性を伝えること，②万が一の際の対策（ボランティア保険や緊急対応）を示すこと，③現地の信頼できる支援団体（社会福祉協議会が設置する災害VCなど）との協働体制を整えておくことなどはリスクマネジメントのうえでも重要となります。今後，同様のプロジェクトに参画するためにも，大学などは災害が発生した後に慌てることのないように，あらかじめ活動方針を固めておくことが望ましいといえます。

　また，大規模災害時における学生ボランティアの組織化とその運営のモデルを考える場合，そのスキームとして「滞在拠点の整備・運営」を含まねばなりません。そこで，次にいわてGINGA-NETプロジェクトの運営・プロセスから滞在拠点について考察してみます。

表 6-2.1　滞在拠点の「整備・運営」の仕組み

分　類	項　目	具体的内容		
活動中の 滞在拠点 （滞在場所）	滞在拠点の 「整備」	生活環境	・就寝環境 ・健康，衛生管理 ・掲示物（案内・注意等） ・各種設備
		情報環境	・緊急時の地域資源情報 ・最寄り駅の位置と公共交 　通機関情報 ・電波状況，IT 環境
	滞在拠点の 「運営」	移動	・拠点までの移動手段 ・現地での移動手段
		食事	・食事の手配と配達
		入浴	・入浴施設の情報

出典：筆者作成。

2-3．滞在拠点の整備・運営

　大規模災害時における学生ボランティアの中長期滞在型の活動を支えるために，まず課題となるのが滞在拠点の確保です。言うまでもなく，東日本大震災では被災地の多くの建物・施設が被害を受けたため，支援先へ可能な限り短距離・短時間で移動できるような拠点の確保は容易ではありませんでした。

　いわて GINGA-NET プロジェクトを実施する滞在拠点に必要な要素として，①支援先の地域から毎日バスでの行き来が可能な距離と場所にあること，②大規模な人数（いわて GINGA-NET プロジェクト開始時は一度に200名の受け入れを想定）の収容が可能であること，③緊急時の対応が可能な施設（医療機関など），商店が車で行き来可能な場所に位置していること，④施設管理者からの承諾，周辺住民の了解が得られることがあげられました。この他に周辺住民との良好な関係づくりもまた，重要な要素と考えました。さらに，滞在拠点を確保することができた次の重要なプロセスとして，その整備と運営のシステムづくりが行われたことが挙げられます。滞在拠点整備・運営は「拠点そのものにおける設備・情報の整備」と，「拠点で生活するために必要な条件の整備」の2つに整理することができます。ここでは①滞在拠点の「整備」と，②滞在拠点の「運営」について分類

東日本大震災における学生ボランティア活動の実践　*195*

図6-2.4 滞在拠点での掲示物
出典：筆者撮影。

し，それぞれの具体的な取り組みを整理します。

（1）滞在拠点の「整備」について

　滞在拠点の整備においてもっとも基本的ともいえる部分が「生活環境の整備」です。就寝環境の整備では，男女別に部屋の割り振りをする他，夏場は温度管理のための大型扇風機が役立ちました。その他，体調不良者が出た際の別室を確保することや，銀マットやテントマットを床に敷くなどの方法で環境の向上を工夫しました。さらに，健康・衛生管理として，常備薬の管理，定期的な清掃などが必要となりました。

　また，大規模な集団生活ではルールの共有や指示の拡散がより困難になるため，掲示物による情報共有が効果を発揮します。掲示物には，活動・生活に関する案内・注意事項などを掲示し，これら掲示物はラミネート加工することで，繰り返し使用することが可能になります。その他，各種設備としてゴミステーション，備品置場の設置等の整備をすすめました。

　活動拠点周辺環境・資源の情報収集と整備については，津波被害を受けた沿岸地域，または沿岸市町に隣接する地域の山間部や過疎地域にボランティア受け入れの拠点を置くケースが多くみられました。

　こうした地域の場合，電波状況が不安定になることが想定されます。携帯電話各社の電波状況・拠点のIT環境の整備とともに，テレビやラジオなどで非常時の情報を即座に入手できる準備を整えることも必要です。緊急時の地域資源情報として，病院，警察署，消防署の位置と連絡先を確認すること，交通機関利用の場合，滞在拠点までの最寄り駅，そこまでの移動手段と方法を描くことに事前のリサーチが欠かせません。

　いわてGINGA-NETプロジェクトでは，事前の視察を重ねること，また，周辺住民から情報を得ることなどでこれらの対応に関する情報を収集し，滞在拠点

の整備につないでいます。

（2）滞在拠点の「運営」について

　滞在拠点の運営については，移動手段の確保，食事の手配と配達，入浴施設の情報などが必要です。いうまでもなく，実際にこれに基づいて拠点整備運営を行う場合は，それぞれの地域の被害状況や活用できる地域資源がどの程度機能しているか，またそもそもの地域性などを配慮することが重要です。

　移動手段の確保については，拠点までの移動手段の整備を行い，県内外各地から拠点までを往復する送迎バスの運行，さらには滞在拠点から，各支援先を往復する送迎バスの運行の現地での移動手段を確保する必要がありました。

　食事の手配と配達については，拠点滞在中の朝食，昼食，夕食の手配・配達の仕組みを整備しました。夏季期間は衛生管理上３食をプロジェクトで手配，昼食は弁当を用意して各活動先へ配達しました。冬季，春季については各自，買出しをするなどして食事を準備する仕組みをつくりました。

　入浴施設の情報については，各活動先や拠点近くの入浴施設の情報を収集しました。その他，体調不良者など，個別の状況に応じて仮設風呂や，借用した仮設住宅の空き部屋のお風呂を利用するなどで対応しました。

　ここにまとめられたものは学生を中心に試行錯誤するというプロセスを経た結果であり，今後起こりうる災害のすべてのケースにあてはまるとは限りません。とはいえ，現地の状況と向き合いながら慎重な交渉を重ね，どのような被災地においても地元地域との関係づくりなどを忘れないよう心がける必要があります。

２-４．災害時における学生ボランティア活動のあり方

（1）被災地に向き合い，人びとや地域に寄り添うこと

　災害ボランティア活動は個々の学生にとって，何らかの学びとなります。それはどのような活動であっても，どれだけの時間・期間であってもいえることです。被災地は非日常の環境です。そこで過ごす時間は意図的であれ，無意図的であれ，さまざまな刺激と影響を学生に与えています。しかし，それは災害ボランティアという体験を目的とした活動で終わってしまうとも考えられます。

東日本大震災における学生ボランティア活動の実践　*197*

災害ボランティアには「参加型」と「参画型」が存在します。これは災害時に限らず，日常のボランティア活動にもいえることでしょう。災害ボランティアの場合も，参加型の活動は現地へたどり着くことで可能です。災害ボランティアセンターで受付を済ませ，当日のニーズに応える。しかしこの場合，災害ボランティア活動の体験という目的は達成できるものの，そこからの発展や学びの広がりや深まりは望みにくいのです。参画型の場合，被災した地域やそこに生きる人びとのもとへ出かける（アウトリーチ）ことや，そこから課題を見極め捉えること（ニーズキャッチ）というプロセスが存在し，学びの深まりに期待できます。

たとえば課題解決のための活動を計画し，実施する段階を経て，そのことをふりかえり，改善するということが起こります。いわゆる① Plan（計画），② Do（実行），③ Check（評価），④ Act（改善）という PDCA サイクルを体験できるだけでなく，一連の体験を通じて被災地と向き合い，人びとや地域に寄り添うことが可能になります。

いわて GINGA-NET プロジェクトでは，このような体験学習の機会を，継続的な災害ボランティア活動の流れのなかで，少しずつ意識化するような働きかけを重ねていきました。決して，初めにプログラムありきの活動ではなく，被災地に向き合い，寄り添うという姿勢によって，そこから教育的なプログラムを学生が主体となって組み立てることができたといっても過言ではありません。非日常である災害時において，被災した地域やそこに生きる人びとにとって無理や負担のないものとなったと考えています。

（2）災害ボランティア活動に「意義」を見出すこと

災害ボランティア活動が，学生にとって教育の機会となるのでしょうか。被災した地域へ行き，活動することが学生にとって価値を生むのか，それは誰にとって重要なことなのでしょうか。災害ボランティア活動に，防災教育や大学教育の一環としての意義を見出せるか否かは，大学という組織や教職員が，どのような覚悟を持って学生を支援するかによるかと，筆者たちは考えます。

少なくともいわて GINGA-NET プロジェクトに参加した全国の学生は，災害ボランティア活動を通し，大きな変化を遂げています。学部や専門性を問わず，学生たちが被災地での体験から，さまざまなことを学んでいる姿を垣間見てきま

した。それは被災地だからこそ学べたことだけでなく，非日常と日常をつなぐものであり，学生として必要な力だけでなく，社会が必要とする力であり，人として生きるうえで生涯必要となる力でもあります。

図6-2.5　仮設団地集会所での交流
出典：筆者撮影。

そのため，大学という組織や教員に求められるのは学生に対するエンパワメントアプローチです。学生個々がそもそも持ちうる力の見極めと，それを発揮できる機会の提供をすること。災害ボランティア活動に丁寧に寄り添い，必要に応じて適度な介入をすること。学生自身が自らの持つ力に気づく場面で的確な言葉をかけ，支え続けることが大切です。

起こってしまった災害からは，学べる限りのものを学ばねばなりません。それは今後必ず起こる次の災害への備えであり，次世代の育ちの場である大学が取り組むべき防災教育であると考えられます。

2-5．いわてGINGA-NETプロジェクトのいま

いわてGINGA-NETプロジェクトを主催している，いわてGINGA-NETは今年度で設立6年目を迎えました。東日本大震災以降，いまだ地域住民の皆さんの生活が安定しない現状のなか，応急仮設住宅や復興公営住宅，新しい地域や環境のなかで暮らす，数多くの方がたの生活を支えるため，長期的な支援を目指し，各種事業を展開しています。

いわてGINGA-NETは，ただ単にプロジェクトを実施するだけではなく，これら活動を通し，若者自らの生活する地域に対してあらゆる問題意識を抱き，その解決に目を向けることをきっかけとして，主体的な地域貢献の活動を行うこと。さらに，それらの発信を行うことで県内外問わず，より多くの若者の地域に貢献できる力を育成し，若者発信の活動の発展と活発化に寄与することを目的として活動を継続して実施しています。

2016年度は8月に発生した台風第10号とその後の大雨の影響で，岩手県内各所

が甚大な被害を受けました。なかでもとくに大きな被害を受けた岩手県岩泉町では災害ボランティアセンターが開所され，そこへ岩手県内から多くの学生（大学生や高校生など）たちが支援に駆けつけ，とりわけ初期の復旧活動において活躍しました。いわて GINGA-NET では，こうした学生たちと地域の支援団体との意見交換の場を開設し，互いの情報交換，その後に続く連携のサポートを行いました。

　また同年 4 月以降，相次いで発生した熊本県を震源とする一連の大地震においては，これまでの取り組みを通じて培われてきた全国の大学・学生ボランティアのつながりを生かし，九州とその近隣地域の学生による熊本復興応援プロジェクトに取り組むべく「くまもと GINGA-NET プロジェクト」を立ち上げ，春期・夏期の 2 回に渡り実施しました。

　熊本，九州地域の学生たちの参画のもと，応急仮設住宅でのコミュニティ形成支援等に取り組みましたが，活動調整，実施においては東日本大震災からこれまで培った経験や知見に加え，その時々の状況に応じた臨機応変な判断・対応が求められました。このたびの活動を実施したことで，岩手県での経験やノウハウを県外に発信し，地域を越えた若者（や，その活動支援者としての大学関係者や NPO等）間のネットワークづくりに寄与することができました。

　昨年度で 6 年目となったいわて GINGA-NET プロジェクトでは，岩手県沿岸地域の台風被害に対する支援活動他，住田町を中心とした住民との交流に積極的に取り組みました。学生たちが地域へのより深い興味関心を抱き，地域への愛着を形成していけるようなプログラムづくりを目指しています。

2-6．学生ボランティア活動は平時からの取り組みが要

　未曾有の災害といわれた東日本大震災はこれまでにないほど広大な地域に，大きな被害をもたらしました。多くの若者は，心を突き動かされ，いてもたってもいられず，被災地をサポートしたい，何か力になりたいと思う学生がたくさんいたと思います。しかし，想いはあるけれど，なかなか具体的な一歩を踏み出せない，そんな多くの学生たちのオモイをカタチするにはどうしたらよいかと考えスタートしたのが，いわて GINGA-NET プロジェクトです。

学生という存在が災害復興支援において大きな力であることは東日本大震災以降，各被災地での実践報告からも明らかにされています。大規模自然災害では，被害状況も地域によってさまざまであり，ニーズも日々刻々変化するという状況下でも，学生ボランティアは若さや体力，柔軟な発想，何よりも熱いオモイを持って，現場に対応してきました。

　また，学生ボランティア活動の様子やそこから生まれた効果は，学生の力と可能性を社会に示しました。その可能性を学生自身が意識しているか，していないかに関わらず，平時においても福祉的支援が必要な要援護者や地域住民と関わることの重要性についての認識を広げました。さらに学生が，地域づくりと人びとの生活を支える仕組みづくりを担える役割があることも見えてきました。

　学生ボランティア活動は，災害時「だけ」ではなく，平時からも自分たちの暮らしを良くすることにつながっていくのです。学生の皆さんがそのことを常日頃から意識しておくことは，とても大切なことだと思います。

つなぐ. 3

全国展開する学生ボランティア団体，IVUSAによる災害救援活動

　国際ボランティア学生協会（International Volunteer University Student Association：以下，IVUSA）は，1993年に設立された学生中心のNPO法人で，国際協力・環境保護・地域活性化・災害救援・子どもの教育支援などの分野で事業を展開しています。

　2017年9月時点で，約4000人の大学生が所属する日本でも最大規模の学生組織であり，関東・関西を中心に全国に31の支部（クラブ）があります。

　学生というニュートラルな立場を活かし，さまざまなセクターをつなぎ，課題解決に取り組むとともに，活動を通した学びの場を学生に提供しています。

　そして，活動を通して多くの国・地域の人たちとのつながりを作ることで，「共に生きる社会」の実現を目指しています。

　　　　　　　　　　　　　　　　　　　　　　　　　　　（伊藤　章）

3-1. 熊野市での台風災害の救援活動

（1）IVUSA の災害ボランティア

災害ボランティアとしては，1993年の北海道南西沖地震災害に対する救援活動から始まり，地震・津波・水害・豪雪・噴火・竜巻災害など55の災害に対し，28都道府県70市区町村に於いて計183回の活動を実施し，延べ9577人の参加者が被災地で家屋の片づけや泥の撤去，精神的ケアなどを行ってきました。

海外へは，1999年の台湾中部地震に始まり，スマトラ沖地震とその影響によるインド洋津波災害など，7つの災害に対し，6か国9地域において計10回の活動を行い，延べ583人の学生が海外での災害の復旧や復興に貢献しました。

災害ボランティアは，発災からの時間の経過とともに，ニーズが変わってきますが，IVUSA は復旧フェーズにあたる時期の，汗をかき，泥だらけになりながらの作業が多いです。基本は，「短期戦」的な活動を得意としています。

「長期戦」的な活動としては，東日本大震災の継続した復興支援活動を宮城県山元町で実施しており，その他にも子どもたち向けの避難所体験や防災・減災学習，地域の地区防災計画つくりのサポートなどの事業を展開しています。

また，最近は災害救援活動で入ったことがきっかけで，地域で「まちづくり・村おこし」的な活動となっていく例もあります。たとえば，新潟県長岡市（新潟県中越地震より），三重県熊野市（2011年台風第12号水害より），静岡県西伊豆町（2013年豪雨災害より）などです。

今回は，この熊野市での取り組みを紹介します。

（2）2011年台風第12号水害の概要

東日本大震災が起きた2011年9月，台風第12号の影響で，西日本から北日本の広い範囲で記録的な大雨となりました。全国で死者82名，行方不明者16名，負傷者113名，住家全壊379棟，半壊3159棟，一部損壊470棟，床上浸水5500棟，床下浸水16594棟などの被害が出ました（気象庁 2011）。

IVUSA は9月8日から10月23日の期間に6回活動を実施。具体的には，現地の災害ボランティアセンターと連携し，延べ163名で75軒の被災家屋において家

図6-3.1　災害ボランティアに参加した学生たち
出典：IVUSA所蔵。

財運び出しや畳・床板上げ，ヘドロかき出しなどを行いました。

　IVUSAは災害が起きた際，全会員の安否確認を行うとともに，被災地に会員の家族や親戚がいないかを調査します。今回は会員の祖母宅が被災しており，会員にとってもより「身近な」ものとして捉えられました。

(3) 参加した学生の感想

　当時大学4年生で中心的な活動を担っていた2名の学生の感想を紹介します。

　　活動のなかで忘れられないおばあちゃんがいた。
　　川沿いの一軒家に一人で暮らしており，農作業用の倉庫は建物だけが残っていて，なかは洗濯機でひっかきまわされたような状態だった。自宅の床下にもヘドロが溜まり，ひどい悪臭を放っていた。こんな状態で，一人暮らしのおばあちゃんが無事だったことに驚いた。
　　話を聞くと，川の水位があがってきているのを見て，ご近所さんが一緒に避難してくれたとのことだった。
　　都会暮らしをしていると，誰がどのような状況で暮らしているのかもわからないものだ。
　　おばあちゃんの地区では，助けが必要な人や，お隣さんの状況をきちんと把握し，支え合っていた。その結果，被害が最小で済んだという印象だった。
　　しかもその行動がどの地区でも当たり前に行われていた。
　　おばあちゃんの家の片付けを終えたとき，「一人でどうしたもんかと思っていた」と，泣いて感動してくれた。
　　手を握り，「おばあちゃん，また会いに来るね」と約束をした。

（立命館大学出身　女性）

僕は小船地区という，他と独立した地域のリーダーとして50人くらいで活動していました。

梅が有名な地域ですが，水害で梅の木は完全に水に浸り，家も大打撃を受けていました。

その地区の区長さんは，「この地域には，何年も続いている梅まつりがあるのだけど，この様子では来年は開催できそうにない」と涙ぐみながら言っていました。

そこから，さらに本気を出して作業し，なんとか復旧の兆しが見えてきました。最終日，区長さんも希望を感じてくれているように感じました。

関西に戻る前にどうしても，梅まつりが気になっていたので，「僕たちにできることがあればなんでもやるので，梅まつりをやりましょう」と区長さんに言うと，「私も頑張ってみます」と泣きながら言われました。

それから月日が経ったある日，区長さんから電話をもらって「今年もなんとか梅まつりを開催できそうです。皆さんのおかげです」と言われた時は，僕も涙ぐんでいました。

2012年の3月，インドの活動から帰ってきて，そのまま何人かと一緒に三重の小船地区にいって梅祭りを手伝いました。

雨で天候は悪かったのですが，区長さんは梅まつりを開催できたことが嬉しくてニコニコしていたのが印象的でした。

（立命館大学出身　男性）

彼らは卒業後も IVUSA の活動にさまざまな形で関わってくれています。

その他にも，3名の学生がこの災害ボランティアがきっかけで生まれたご縁で，熊野市で仕事をすることになりました。ある学生は次のように述べていました。

災害救援に行ってなかったら，私は何をしてたんだろう……。まったく別のところにいて，まったく別の自分になっていたのかもしれません。熊野の方は，今もまだあのときのことを話してくださいますし，私を紹介してくれるときは必ず，「災害ボランティアに来てくれたんやで」と紹介してくれま

す。おこがましいかもしれませんが，少し誇らしく思います。

（龍谷大学出身 女性）

　IVUSA の災害救援活動では，「被災者とボランティア」という関係性を超え，「一学生と一住民」という関係性のもとで，被災地域に元気を置いてくることを大切にしています。

　「一学生と一住民」という関係性とは，肩書きや所属，ポジションといったものを取り払った，生身の人間としてのコミュニケーションのなかで生まれます。

　そうした関係性を背景に，「もっと熊野市のために何かがしたい」「もっと熊野市で活動がしたい」と，学生たち自ら活動の可能性を模索し始め，熊野市が誇る300年以上の歴史を持つ一大イベント「熊野大花火大会」の運営ボランティアや運営提案などを含む「熊野大花火大会活性化活動」や，災害救援時に知り合った方がたとの地域に根付いたイベントのお手伝いなどの活動が生まれました。

3-2．熊野市での現在の活動

（1）属人的な活動から組織同士の協定へ

　学生の期間は，当たり前のことですが，期限があります。そうした学生を主体としたなかでの活動は，常に人の新陳代謝が起きながら，実施されていきます。2015年には，災害救援活動当初（2011年）は大学1年生であった学生も大学を卒業し，ボランティア参加者の活動動機に変化が起きていきました。

　それにともない，活動の形態も変化していきました。

　そして，熊野市での活動は，2011年の災害救援時の個人的な人間関係や，個人的な想いを土台とした活動から，団体・組織同士の信頼や明確な意思決定をベースに，より継続的・計画的な活動へと発展していくことになりました。

　そうして災害から6年目の2017年2月，あらゆる側面から見た今の熊野市の姿を知り，それによりさらなる未来を描くということを目的として「地域の今を知り未来を考えるカンファレンス in 三重県熊野市」を開催し，IVUSA の学生約100名と熊野市民約100名で現在と未来について議論を交わしました。

　カンファレンスには熊野市での災害救援活動に参加した卒業生約10名もかけつ

けました。

　そして，カンファレンスの後には，IVUSAと熊野市のこれからの未来に向けた宣言ともなる，包括的地域連携協定を締結し，次の5年間へと踏み出しました。

　今後は，熊野市の抱える課題に対して即時的な解決をもたらすだけでなく，長期的目線での解決に向けたサポートをす

図6-3.2　2017年2月に実施した地元住民とのワークショップ
出典：IVUSA所蔵。

るとともに，IVUSAと熊野市それぞれの強みを活かし，互いに助け合い，構成員である学生や熊野市民にとってより実りある事業となるよう，企画・運営を行っていく予定です。

　具体的には，普段は都市圏に住む「ヨソモノ」であり「ワカモノ」であるという立ち位置を活かし，イベント，人材，観光資源，物産などの地域の資源の活用を促進する活動や事業を行い，熊野市の地域づくりに貢献することを目指しています。

　そのための2つのテーマを掲げ，年間を通して熊野市での活動や事業を企画・実施しています。テーマの1つ目は交流人口の増加が集中している8月の大花火大会という機会を最大限に活用するためのアイディア提供や，周辺イベントの企画及び実施体制を構築すること。2つ目は，市民の公共参画の潤滑油としてのサポートをすることです。

　あくまでも，地域の主役は，その地域の市民です。よって，外部ボランティアにできることとしては，地域に住む方がたが主体となってその地域を支えていくサポートを，どのようにしていけるかということが重要となります。

　災害救援活動から継続的に活動を続けているからこそ，現在の地域イベントの単なる「労働力」というような形ではなく，地域の方がたの主体性や行動，地域内での協働のハブとなるといった，未来の地域のあり方につながるような活動，事業を進めていくことができるのです。

（2）学生だからこそ，できること

「学生の自分に何ができるのか」。

ボランティアの一歩を踏み出すにあたって，多くの人が超えなければならないハードルにもなる疑問です。しかし，学生だからこそできることが，現場にはあります。

2017年2月に行ったカンファレンスで，登壇いただいた方のなかに，偶然にも2011年の台風第12号災害(1)で被災されており，かつ，IVUSA が災害救援活動に入ったお宅の方がいました。

その方はボランティアが入った当時の新聞記事を大事にスクラップされており，それを見せながら，「あの時は本当にありがとう」と，少し涙を浮かべながらしきりに話されていました。それほどまでに，その方にとっては，災害が起きたことと，ボランティアに助けられたことが大きな出来事だったのです。

多くのマンパワーが緊急的に必要とされるからこそ，体力があり，時間の融通がききやすい学生は必要とされる力です。また，学生の持つ潜在能力はマンパワーだけでなく，その後社会を担う社会人となっていく成長力でもあるのです。

だからこそ，ボランティアをきっかけとしてその地での新たな活動を見出すこともあれば，卒業してもなおその地を訪れたり，協働を模索したりするような姿もあらわれます。

IVUSA と熊野市が，互いの強みを活かして多様な分野で連携を目指すパートナーとしての関わりを目指すようになったのと同じように，学生ボランティア個人もまた，受益者・対象地域とボランティアする（した）側という枠組みを超え，将来にわたるパートナーとしての関係性を築いていくことも，できることなのかもしれません。

3-3．災害ボランティアの前に準備しておくこと

災害現場で，自律的かつ組織的にマンパワーを活かして活動するためには，上記のようなさまざまな準備が必要となります。

（1）リスクマネジメントのトレーニング

　IVUSA では，活動に行く前に研修を行っています。活動に際しての心構えや活動を運営するためのノウハウ，また活動中に不足の事態が起こった際に備えて，危機予測・危機対応や応急救命の講習を全会員が必ず受講しています。

　被災地での活動ではさまざまな危険がともないますし，被災者のために行っているボランティアが怪我をしてしまうと，かえって被災者を悲しませてしまいます。そのためにも，活動の前に起こりうるリスクを想定し，できる限りの予防や起こった際の対応などをあらかじめ準備しておきます。

　たとえば，家財道具の運び出しなどの通路は，転んだり釘を踏み抜いたりしないようあらかじめ足場をよくして片づけておきます。これを動線確保と言います。

　また個人の作業用の服装として安全靴の着用などは必要ですが，裸足だったら怪我をしないためにどうするか，ということを考えて片づけます。道具に頼らないで存在するリスクに対応することで，より安全な作業環境を作ります。

　もちろん，すべてのリスクを網羅できるわけではなく，想定していなかったようなことが起こるかも知れません。ただこの想定していないことも起こりうるという感覚が，実際に起こった際の心の余裕を生み，落ち着いて対応できる余裕につながります。

　ボランティアをコーディネートしているボランティアセンターや被災者の方がたも，はじめはボランティアの人がどういった人なのかはわかりません。そのような時，一定の訓練を受けてノウハウを持つボランティアが来るとわかれば，安心して取り組んでもらうことができます。

　活動現場での取り組みに対する評価ではなく，こうした事前の訓練という準備が評価され，IVUSA は2006年に防災まちづくり大賞総務大臣賞，防災功労者内閣総理大臣賞を受賞し，活動現場での更なる活躍を期待されました。

（2）組織行動やプロジェクトマネジメント

　被災地での活動で経験を重ねることも重要ですが，いつ起こるかわからず，行くことができるかもわからない状況では，被災地での経験が時間とともに薄れてしまい，経験を通したトレーニングが難しくなります。

全国展開する学生ボランティア団体，IVUSA による災害救援活動　*209*

図6-3.3　活動前に、応急救命講習で心肺蘇生法を学ぶ学生たち。
出典：IVUSA所蔵。

IVUSAでは、被災地の復旧・復興支援の活動以外に、国際協力・環境保護・地域活性化・子どもの教育支援といった分野の活動も行っており、これらの活動の企画や運営も学生が行っています。

取り組む社会課題の分野は異なりますが、準備についての取り組みやチームで動くことについては共通しており、いつ起こるかわからない災害に対する復旧・復興活動の訓練としての意味合いも込められています。

とくに、被災地支援では発災から数日で出発しなければならないこともあり、準備についてはある程度のノウハウが必要です。

この準備の内容は、参加者を集めるところから、道具の想定と準備、必要経費の算出や被災地の情報収集、スケジュール想定など多岐に渡り、組織として役割分担をして行わなければ間に合いません。

また、活動現場ではマンパワーが必要となる場面が多いですが、これも統率された指揮系統のもとで効率的に人員を配置し、移動させることによって、より高いパフォーマンスを発揮することができます。

各種の活動の際にも、5名程度の班や小隊といった単位を編成し、その上には複数の班を束ねたグループ（中隊）という単位を設け、大規模な活動の場合には現場ごとにさらに大隊を組織して、取り組むべき作業の対象を明確にしたり、移動や補給活動のコントロール対象としたり、指示や命令を迅速に執行するよう組織立てて取り組んでいます。

各階層の統率者についてもただの連絡係にならないよう、隊員の教育者であり、現場の責任者であり、トラブルの最初の対応者として、メンバーを統率しながら報告・連絡・相談を密にできる必要があります。

(3) 移動・食事・宿泊の準備

活動の前提はロジスティクスです。ロジスティクスとは，災害ボランティアにおいては，移動手段・食事・宿泊場所の確保のことであり，いくら熱意や作業があっても，これらが整っていないと活動をすることはできません。

これらロジスティクスに取り組むドライバーや調理者などは，直

図6-3.4 当日の小泉首相から内閣総理大臣表彰を受ける
出典：IVUSA所蔵。

接的に被災者のための作業を行っているわけではありませんが，活動の裏方として他のボランティアの人が必要なことに取り組み，間接的に被災地の支援をしています。

気をつけなければならないのは，被災地での手配では，被災者が本来得るべき物資やサービスを，なるべく使わないということです。被災して間もない頃は物流も滞りがちになっているなか，被災者が購入したり，入手したりできる物資を，ボランティアが奪ってしまうようなことはできるだけ避けるべきです。

日常の感覚で軽食や飲料などを手軽に入手できるとは考えず，被災の影響が少ない地域で用意して持参するように心がけています。復旧にめどが立ち，復興期に入った際には，被災地の経済活動に寄与するため，逆に積極的にモノやサービスの購入をすることが必要になってきます。

3-4．一度は災害ボランティアに行ってみよう

（1）災害リスクが高い時代

自然豊かな日本は自然災害のリスクと共生していかなければならない運命といえます。

さらに，私たちは人生のなかで1度または2度，大地震に見舞われる可能性が高いといわれています。これは，地震の周期性により活動期に入ったといわれる日本で青年時代を過ごしている私たちにとっては逃れられない現実です。

一方，台風や大雨による被害も年々甚大化しています。想定以上の降水量ということもさることながら，山林整備がされず，保水力が低下し，多くの木々を巻き込んだ土石流が発生，流域に甚大な被害を引き起こす要因になっているともいわれています。

　これらは，これまでの営みの蓄積により引き起こされるものです。自然災害のリスクという視点では，私たちは非常に不幸な世代と言わなければなりません。

　現代社会は，地震に対しては耐震化，耐火，大雨に対しては雨水処理能力の拡充などさまざまな対策が進んでいますが，まずは一人ひとりが自然災害に対するリスクマネジメント能力を向上させることが必要不可欠と言えます。

（2）コミュニティの将来のリーダーとして

　これまで，被災地での支援活動を通じて出会った住民の方がたは皆，「まさか，自分たちが」「こんなことは初めてだ」と異口同音におっしゃっていました。前述したように，被災地における若者の支援の力は大きなエネルギーでもあります。

　同じように，多くの若者たちが「もし自分だったら」「自分の生活圏で起きていたら」と当事者意識を持ち，「自然災害は将来の自分の身の回りに起こるかもしれないこと」という感覚で，被災したコミュニティを，そして被災するということを，自分の目で見て肌で感じることが，未来の自然災害のリスクに立ち向かう力になります。

　そのためにも，感受性豊かな若い時代に，被災地に赴き，支援活動を通じて，自然災害を知っておく必要があります。

　被災地支援を経験した若者たちは，将来きっとそれぞれの生活圏におけるコミュニティのリーダーとして，自分の身のまわりに起きた自然災害に対して立ち向かっていくことができるでしょう。

　被災地においての復旧・復興は外部からの支援も重要であり不可欠ではありますが，本質的には被災地域に住む方がたそれぞれの愛郷心に基づくコミュニティの力があってのことです。そういった意味においても，未来の防災リーダーの育成という役割が若者の被災地支援活動にはあります。

（3）いかに災害リスクを軽減するか

　これまで述べてきたように，自然災害は逃れようのないリスクです。しかしながら，自然の脅威にさらされることがわかっているのであれば，被害を軽減し，避けることができるリスクマネジメントも存在します。

　風水害や土砂災害，高潮・津波であれば，行政の発行するハザードマップや過去の災害履歴，伝承，場合によってはその土地の名前からどういった災害リスクがあるのかを読み解くことが可能です。地震災害であれば，建物の耐震化，耐火といったインフラ整備（ハード面）もさることながら，地盤の強さ，火災延焼を拡大する旧耐震木造家屋密集地など，コミュニティのまちづくりや周辺環境で備えるべき災害のリスクを想定することができます。

　まずは，自分の生活圏においてどんな災害が起きる可能性，または起きた歴史があるのかを知ること。そこから，どの程度の災害が引き起こされるのかを予測すること。そして，そうなった時にどう対応するのか，そのための備えをどうするのかを考え，行動に移していくことが肝要です。

　繰り返しになりますが，いつどこで災害が起きるかわからないけれども必ず起きることはわかっている以上，災害が起きたらどう対応するのかといった「対応防災」は大切なことではあります。

　しかし，逃れられない以上，備えることで災害リスクを軽減，または防止するといった「予防防災」の考え方を，ぜひ若者の皆さんには身につけていただきたいです。

（4）避難しなくてもよい場所で生活する

　ですが，そもそも避難しなければ命の危険があります。仮に命は助かったとしても住居を失い被災後の生活が見通せなくなります。こういった場所を生活圏とすることは，災害リスクの根本的な回避にはつながらないのではないでしょうか。

　先祖代々の土地を守る，家屋敷，田畑，故郷を大事に思う。日本人の美徳のひとつでもあるのでしょうが，その場所がある一定以上の災害リスクが予測される場所だったらどうでしょう。自然環境や景観はすばらしいけれど，その分自然災害のリスクが高い場所だったらどうでしょう。利便性や生活しやすさを重視する

あまり，災害に脆弱なまちだったらどうでしょう。

　一度災害が発生したら避難しなければ命の危険がせまる場所に，住居やコミュニティスペース，学校などの教育施設，福祉施設といったものがある社会で，災害に強いまちづくりが可能なのでしょうか。

　避難する時間のない地震災害に備えて，耐震化，耐火，家具の固定などの身の安全を守るための備えは前提のうえで，地盤や立地によるリスクのない場所，避難しなくても安全な場所で，大切な家族や愛する人たちが生活することができる。そんな場所を選択できるような大人になるにはどうしたらよいでしょうか？

　そのためには，生活圏を選択できる経済力を持つこと，それが手に入る仕事に就くことが必要となります。そして，コミュニティのリーダーとして避難しなくてもいいまちづくりを広めていくことで，自らと周辺の人びとの命を守ることにつながるのです。

　未来のある若者だからこそ，自らの生活圏を選択できる。そんな未来を目指しましょう。そのためにも，若い時に実際の被災地での支援活動に従事することで，災害の恐ろしさ，悲惨さを知り，復旧から復興という長い長いコミュニティの戦いという現実に触れて，自らの未来に向けた糧としてください。

　これまで，多くの災害で犠牲になられた方がたのためにも，残された我々には同じ悲しみを繰り返さない責務があるのではないでしょうか。

　被災地には皆さんの力を必要としている人たちがいます。それは被災者のためであると同時に，未来の自分のためでもあると私たちは信じています。

■　■　■

●注
（1）2011（平成23）年の台風第12号は，8月25日午前9時に発生した大型の台風。この台風による豪雨で，紀伊半島（和歌山県・奈良県・三重県）において甚大な被害をもたらしている。全国の人的被害：死者82名，行方不明者16名，負傷者113名，物的被害：全壊379棟，半壊3159棟，一部破損470棟，床上浸水5500棟，床下浸水16594棟の被害を出した（内閣府（2011）「平成23年台風第12号による被害状況等について」，内閣府）。

●参考文献

気象庁（2011）「平成23年台風第12号による8月30日から9月5日にかけての大雨と暴風」（http://www.jma.go.jp/jma/kishou/books/saigaiji/saigaiji_201103/saigaiji_201103.pdf，2011．9．10）．

つなぐ．4

熊本地震，九州北部豪雨災害へとつなぐ学生ネットワーク

　2017年7月に発生した九州北部豪雨災害に伴い，福岡県NPO・ボランティアセンター，ANGEL WINGS，西南学院大学ボランティアセンター，北九州市立大学地域共生教育センターの4者間で大学生災害ボランティア支援センター実行委員会を立ち上げ，夏季休暇中に県内外からやってくる学生のための災害ボランティア拠点（うきはベース）の設置と運営を行いました。開設期間中，北は北海道，南は沖縄まで総勢609人もの学生たちが全国から活動に参加してくれました。

　今回のうきはベースでの取り組みは被災地における支援活動において学生が持つ可能性を十分に発揮することができた事例だと思います。今後発生するであろう災害においても，日頃から学生たちが持つネットワークが大いに活かされることを我々大人は知らなければならないと思います。

（村江史年）

4-1. うきはベース開設に至るまでの経緯

　2017年に発生した九州北部豪雨災害の後，学生ボランティア拠点として開設されたうきはベースの設立に関しての話をする前に，なぜ ANGEL WINGS ならびに県内の2大学が，福岡県やうきは市といった行政と連携してこのような委員会を立ち上げ，学生たちの支援を行ったのか，その背景について説明をしておきます。熊本地震において，発災直後から西南学院大学ならびに北九州市立大学は，大学として学生たちを熊本市災害ボランティアセンター（以下，熊本市災害 VC）の運営としてボランティア派遣していました。その際に，災害ボランティア活動支援プロジェクト（以下，支援 P）会議のメンバーとして，また熊本市災害 VC の運営者として，携わられていたのが ANGELWINGS 代表の藤澤健児氏でした（熊本地震における学生ボランティアの関わりに関しては，第2部「知る．1」を参照のこと）。

　その後，次第に熊本市災害 VC での活動が終息していくなかでの，今後の被災地支援を考えた時に，各大学や NPO が単体で支援活動をしていくよりも，協力して活動を展開していく方がよりよい支援が継続できると判断し，2016年7月にふくおか学生熊本地震支援実行委員会という任意団体を ANGELWINGS，西南学院大学ボランティアセンター，北九州市立大学地域共生教育センターの3者間で立ち上げました。その後，福岡県 NPO・ボランティアセンターが公募をしたふくおか地域貢献活動サポート事業（テーマ：熊本地震支援）に採択され，熊本市内の仮設住宅でのサロン活動や防災イベントの実施など，現在も継続して支援活動を行っています。そのため，学生の動きを知る福岡県との信頼関係も生まれ，九州北部豪雨の際には連携して被災地支援を行うこととなったのです。

　また，平成29年九州北部豪雨では筑後川を挟んで朝倉側に大きな被害が発生しました。その対岸に位置し被害をほとんど受けることがなかったうきは市は発災直後から職員の派遣や支援物資の搬送など，さまざまな支援を積極的に展開していました。その背後にあったのは，5年前の2012年に発生した九州北部豪雨です。その時は2017年とは異なり筑後川を挟んでうきは市側に多くの被害が発生しました。うきは市としては，その際に朝倉市を始め多くの周辺自治体から支援を

してもらったことに対して何かできないかと思案していたのです。

　上述のような背景が，平成29年九州北部豪雨が発生した際に，ちょうど夏季休暇期間を迎える大学生が全国各地から被災地を訪れるであろうということが想像できました。そして，学生たちが被災地での活動をよりよく行えるための拠点がつくりたいとの声があがり，うきは市からムラおこしセンターの施設提供および施設利用にかかる費用負担の提案を頂き，それまで熊本地震の支援において助成金を頂いていた福岡県 NPO ボランティアセンターと連携して，ANGELWINGS，西南学院大学，北九州市立大学の四者間で大学生災害ボランティア支援センター実行委員会を組織し，うきはベースを立ち上げることとなっていきました。

4-2．うきはベースについて

（1）好立地を活かす

　うきは市ムラおこしセンターはこれまでうきは市の文化活動の拠点として2017年6月末まで市民を中心に利用されていた施設です。建物の老朽化が進み同年6月末でその役目を終え，8月より解体作業が決定していました。しかし，平成29年九州北部豪雨を受け2017年7月22日から9月18日（当初は8月末までの予定でした）までの59日間うきはベースとして活用をさせていただくこととなりました。施設としては，会議室，大ホール，和室，調理スペース，トイレがあり，周辺にはコインランドリーや入浴施設，コンビニや食事処などもある好立地だったため宿泊施設として十分に利用できる施設でした。学生拠点としてよりよい環境でした。

（2）うきはベースでの活動について

　うきはベースは，被災地において求められるニーズを独自で探し，ひとつの活動に特化をして活動するといった支援の仕方ではなく，被災地の災害 VC などを通じて，そこで求められるボランティア情報をうきはベースで集約し，前日の全体ミーティングの際に自分の希望する支援活動を自由に選択して参加をするといったスタイルで実施しました。

図6-4.1　スケジュール表
出典：筆者撮影。

図6-4.2　うきはベースの様子（男性部屋）
出典：筆者撮影。

　図6-4.1の写真はうきはベースの廊下に張り出されていた1日のスケジュール表です。全国から集った学生たちが共同で生活を送るため，うきはベースでの大まかな活動の流れを作ることとしました。このスケジュール表は開設準備をした際に学生たちによって作成されたものです。

　1日のスケジュールは，8時からは支援活動ごとに分かれて活動に出かけるため，その前までに起床，食事，活動準備を行い，8時から各活動場所へ移動，その後16時ごろを目途に活動を終えてうきはベースに戻ってきた後，20時の全体ミーティングまでの間は自由時間として設定しました。その自由時間内に，夕食や洗濯などを行うといった流れです。また，就寝時間は22時30分としました。開設準備の際に，うきは市ムラおこしセンター周辺の住民へセンター利用等の説明を行った際に「近隣住民の迷惑にならないように」と注意されたことを受け止め，また，学生たちが早朝から動く支援活動に支障をきたさないように配慮しました。

（3）簡易宿泊施設だけではないベースづくりを目指して

　開設構想の段階から，うきはベースは単に全国からやってくる学生たちの無料の簡易宿泊施設としての利用だけではなく，被災地で求められる災害ボランティア情報の集約拠点，ならびに参加している学生の情報共有拠点，さらには被災地の現状を伝える情報発信拠点としての側面を持たせたいと考えていました。第2部「動く．3」で山本克彦氏，第2部「つなぐ．2」で佐藤大介氏らより語られ

図6-4.3　全体ミーティングの様子
出典：筆者撮影。

ているいわて GINGA-NET プロジェクトなどの先行事例もあり，被災地における支援活動において学生が持つ可能性を十分に発揮させたいとの思いからでした。

そこで，うきはベースでは，毎晩参加者全員によるミーティング時間を設け，その日に活動した内容や今後求められる支援の在り方，さらには学生だからこそできることといった内容などについて話し合いました。このミーティングは開設期間中に毎晩行われることとなり，上述の集約・共有・発信以外にも全国から集った学生たちの距離感を一気に縮め，チームとしての一体感を生み出す原動力ともなりました。さらには中長期で宿泊する学生のなかから次第にリーダーが生まれ，リーダーの役割が引きつがれていきました。そのため，学生リーダーを中心としてミーティングが開催されるようにまでなりました。

4-3．活動のうつりかわり

うきはベースでの活動は大きく3つの期間に分けて見ていくことができます。1期目が7月22日から7月末日までの開設期，2期目が8月1日から8月末日までの発展期，そして3期目が9月1日から9月18日までの極相期となります。以下，それぞれの期間の特徴について見ていくこととしましょう。

（1）開設期（開設準備にともなう拠点整備，広報活動）

開設期は7月22日の開設から7月末日までを指し，主に開設にともなう拠点整備や広報活動に尽力した時期でした。開設直後ということもあり，利用人数も1日あたり平均して2～3人と少人数でした。被災地への主な支援活動としては，災害VC運営の他に，実際に被災現場に赴き泥のかき出し作業を行う2つでした。

・災害VCの運営支援

朝倉市災害VCならびに朝倉市災害VC杷木サテライト（以下，杷木サテライ

ト）の運営支援活動に従事しました。県内外からやってくるボランティア参加者の駐車場整備や初めてボランティアに来られた方の受付，さらにはボランティアに行かれる方へのスコップや手押し車などの資材受け渡しなどを担当しました。

・泥かき支援

朝倉市災害 VC もしくは杷木サテライトで受付完了後，通常に来られているボランティアの方がたと一緒にグループを組み，被災家屋に赴いて家屋内に侵入した泥のかき出しや家財道具などの片づけなどを行いました。

・うきはベースの運営

うきはベースに関しての十分な広報活動等ができないままでのスタートだったため，情報発信に力を入れた活動を行いました。うきはベースの利用者層が学生ということもあり，若い世代によく利用されている SNS（Twitter, Facebook）のページを作成し，情報の発信をまず図りました。また，うきはベースを利用する学生であれば，誰でも自由に投稿できるようにしました。その甲斐あり，8 月以降の参加学生の多くは SNS から情報を得たと話をしていました。

その他にも広報活動として，うきはベースに関するチラシを作成し，各災害VC に設置しました。

（2）発展期（利用者の増加と支援活動の多様化）

発展期は 8 月 1 日から末日を指します。この時期は，大学や専門学校等が夏季休暇を迎える時期にあたり，後半になるにつれて利用者が増加していきました。被災地への主な支援活動としては上述の災害 VC の運営支援，泥かき支援に加えて，子どもの遊び場支援や仮設住宅の支援なども実施しました。

・子どもの遊び支援

被災地では，夏季休暇中の子どもの勉強や遊びの支援が求められており，現地で活動する NPO 法人などと連携して子どもの遊び支援を行いました。遊び支援では避難所になっていた中学校の敷地を借りて，鬼ごっこやボール遊びといった子どもの遊び相手となる支援と，プレーパークのように子どもた

ちが自由に遊ぶことのできる環境を整えるといった支援を行いました。

・仮設住宅への引っ越し支援

　8月中旬ごろに仮設住宅が完成し被災住民への引き渡しが行われました。それにともない，入居前の住宅に洗濯機や生活必需品等の運び入れや設置作業をお手伝いしました。

（3）極相期（支援活動の定着と学生による自主的運営）

　極相期は9月初旬から9月18日までを指します。当初は8月末までの利用予定でしたが，うきは市からムラおこしセンター利用の延長許可を頂きました。決定が8月下旬だったこともあり，広報活動が十分に間に合わず9月初旬は一度利用人数が低迷しましたが，期間延長を聞きつけ2度目，3度目の利用者も来るなど非常に活気のある時期でした。この時期の支援活動は上述の災害VCの運営支援，泥かき支援等に加えて，農業支援や在宅避難者への聴き取り調査などの支援も行いました。

・農業支援

　田畑に流入した泥のかき出し作業を行いました。この活動は，被災地で農業支援を中心に活動しているNPO法人から，直接うきはベースに依頼をいただき実施することとなりました。

・在宅避難者への聴き取り調査

　豪雨災害によって被災された方のなかには，避難所などは利用せずに浸水した家屋などで生活を続けている人もいました。そのため，その状況把握をする聴き取り調査を行いました。

4-4．災害時における大学生のためのボランティア拠点の意義とは

　九州北部豪雨から2017年9月現在，2か月あまりが経過しました。その間，実に600名の以上の学生がこのうきはベースを拠点として，朝倉市や東峰村での被災地支援活動に出かけて行きました。日帰りで利用をした学生たちもカウントすると，およそ50大学，活動者は800名を超えます。正直，ここまで多くの学生が

全国各地から集うとは，開設当初は思ってもおらず，広がりに驚かされたというのが筆者の正直な感想です。

なぜ，こんなにも多くの学生がうきはベースを訪ねてくれたのか。その理由を考察してみます。これは，今後どこかで発生するだろう災害に対して中長期に渡りボランティアを確保するためのひとつのヒントになると考えています。

（1）うきはベースが活用された5つの理由

①開設時期

九州北部豪雨の発生が7月5日であり，7月末日から8月初旬には学生たちが夏季休暇を迎えるため，それに合わせて7月22日にうきはベースを開設しました。開設当初は広報不足と大学がまだ休み期間に入っていないのとで，週末のみ利用する学生が目立ちましたが，8月上旬ころから徐々に利用者が増え，平日の利用者が20名を超える日も多くありました。学生に焦点を当てて活動をするのであれば，やはり長期休暇を利用することが重要だと考えます。

②支援活動のバリエーション

うきはベースでは，被災地で求められるさまざまなニーズの支援活動に参加者自らが選んで参加をすることができました。つまりは，泥かき支援だけでなく，それら災害ボランティア活動を取りまとめている災害VCの運営支援，さらには避難所や新たに建設された仮設住宅での住民・子どもを対象とした支援，在宅避難者への聴き取り調査など，被災地でのフェーズの変化に合わせた活動に従事してきました。さまざまな活動に参加をすることで，また，自分以外の参加者が他の活動に参加した様子を見聞きすることで被災地全体を俯瞰して見ることができ，参加学生にとって学びの大きい場であったと感じました。

③うきはベースの協同運営と拠点整備のための支援

うきはベースは福岡県ならびにNPO法人，それに県内の2つの大学が連携して開設・運営してきました。そのため，被災地で求められる支援活動に関する情報は，NPO法人の代表であり支援Pのメンバーでもある藤澤健児氏を通じて常に最新の情報を得ることができました。また，福岡県がうきはベースの利用申込などを県のHPを利用して実施したことにより，うきはベース全般の信頼性が担保され，広報活動に大きな役割を果たしました。そして，県内の大

熊本地震，九州北部豪雨災害へとつなぐ学生ネットワーク　*223*

学が携わることで，多くの大学生がうきはベースを拠点に活動することができたと考えられます。

　こうした枠組みを超えた連携があったからこそ，県内外の各企業や団体から実際の支援もいただきました。南福岡自動車学校や北九州ライオンズクラブからは被災地を移動するための車両支援。エフコープ生活協同組合からはうきはベースで活動する学生のための食料支援，その他にもさまざまな企業の方から多くの支援を頂きました。どの支援も非常にありがたく，学生たちの活動をサポートするものばかりでした。

④全体ミーティングの開催

　うきはベースでは毎晩，利用者全員でその日の活動の振り返りや明日以降の活動について話し合う全体ミーティングを開催していました。全国各地からやってきた見ず知らずの学生たちがこのミーティングを介して，親睦を深めていました。単に無料の宿泊場所といった利用ではなく，そこに共通のプログラムを設けることで学生たちの一体感を作り出すことができたのではないかと考えます。

⑤SNS による発信と参加学生による情報拡散

　うきはベースでの活動は Twitter と Facebook を通じてほぼ毎日配信していました。その管理運営を学生主体にすることで，学生の目線から被災地支援が語られ，それを見た学生がうきはベースの存在を知り，利用につながったといった事例も多くありました。また，うきはベースを利用した学生たちが，活動終了後にもその投稿をツイート，シェアしてくれることで日増しにフォロワーの数も増え，利用者の増加につながりました。

（2）参加学生の声からわかった，教育の「場」としての成果

本節の最後に実際にうきはベースの活動に参加をした学生の感想文を記載したいと思います。ちなみに彼とは前年の熊本地震の際に熊本市災害 VC でともに活動した経緯があり今回のうきはベースの取り組みで偶然に再会を果たしました。

　　ひとつ屋根の下で寝食を共にしながらボランティア活動を行うことで得られたものが多くありました。1 週間の活動期間中，被災者の話を聴いて目に

図6-4.5　災害VCの運営支援
出典：筆者撮影。

図6-4.4　農業支援の様子
出典：筆者撮影。

涙を浮かべたり，夜になると学生主体で復興に向けて熱い議論を交わしたり，活動を終了してベースを出る際に仲間と別れを惜しんだりと，一つひとつの出来事が非常に印象的でした。また，そう感じたのは，きっと私だけでなく，苦楽をともにした仲間も同じだったように感じます。それだけ，ここは居心地がよく，またボランティア活動拠点であると同時に一種の学習の場であったのです。

　その一方で，私はこの活動を通じて非常に危惧していることがあります。それは，ボランティア活動をされる方の高齢化です。昨年の熊本地震の際も震災から2か月で学生のボランティアが激減しました。私の活動していた災害VCでも1日あたり数人，もしくは1人もいない日もありました。継続して災害VCの運営や現場での支援活動を行える若者がいませんでした。同じことがここ朝倉でも起こると考えると，うきはベースの存在はその打開策になりうると思います。地元の学生が協力して被災地において細く長く支援を継続していく取り組みが今後もできることを願っています。

　　　　　　　　　　　　　　　　　（東海大学農学部2年　T・M）

　上記以外にも参加した学生から被災者との出会いや，仲間とのつながりへの思い，そして活動現場で見つけた課題や，地元への引き継ぎの大切さなどについての感想を貰いました。これらの感想から，うきはベースを拠点に被災地での災害ボランティア活動に参加をすることで，単に活動したということだけでなく，被災地の現状を見て，そこで求められる支援を知り，自分たち学生ができることを

考えて実行するといった，まさに教育の「場」としての成果を実感することができました。そして，そうした雰囲気を学生たち一人ひとりが感じ取り，創り上げていったことにより，うきはベースは活気づき，活用を促進させたのではないかと思います。

つなぐ．5

高知県立大学のイケあい地域災害学生ボランティアセンター

「イケあい地域災害学生ボランティアセンター」(以下，イケあい)は高知県立大学の防災サークルで結成は2011年9月。部員数74名(2017年8月時点)。女性比率が90%以上を占めています。高知県は南海トラフ地震で甚大な被害が想定され対策が進む一方で，楽天的な県民性ゆえに危機感と「何とかなるさ感」が混在している複雑な構図があります。

イケあいの活動は後発組といってよく東日本大震災の際に現地で支援活動を行った学生は皆無でした。それが防災サークルを結成してわずか2年半後に，ぼうさい大賞(ぼうさい甲子園：大学部門，2014年1月)を受賞。それを皮切りに，消防庁長官賞(防災まちづくり大賞，2015年2月)，奨励賞(ぼうさい甲子園：大学部門，2016年1月)と3年連続で全国表彰されるまでに至ったのです。

(山崎水紀夫)

5-1. イケあい地域災害学生ボランティアセンターとは

（1）イケあいの初動期

　高知と東北地方が遠隔地とはいえ，東日本大震災での支援経験者がゼロという事実にはショックを覚えました。全国的に見ると遠隔地でも多くの学生が支援に当たっていたなかでは，緊急期においてイケあいの活動の初動は鈍かったと言えるでしょう。学生と話をするなかで，震災に関心がないわけではなく，「支援をしたかったがどう動けばいいかわからなかった」「現地までの旅費がネックになった」など，関心はあるが一歩が踏み出せず機会を逸した学生が多いことが判明しました。その後4月に大学に赴任した被災地支援経験の豊富な筆者（職員）の呼びかけで防災サークルを結成。しばらくは暗中模索の活動が続き，震災をきっかけに学生の被災地支援の動きが全国的に加速するなかで周回遅れのスタートとはなったものの，翌年から大きく変化しました。この時点では3年連続全国表彰を受けるまでに急成長するとは夢にも思いませんでした。何が学生の主体性を促し急成長させたのか。それは被災地支援体験「夏銀河」に源を発します。

（2）「夏銀河」での体験

　岩手県での復興支援活動夏銀河の活動への参加はイケあいの学生にとって「百聞は一見（験）に如かず」の経験となりました。高知県立大学後援会の支援で復興支援バスを企画。学内全体に募集をかけ，2012年9月，2期に渡り45名の学生が参加しました。震災から1年6か月後の岩手県沿岸部の光景を見て被災地の空気感を感じ，仮設住宅でのサロン活動への参加，農業・漁業支援など，被災された方がたとのふれあいを通じて得たものは大きかったと言えます。自身の被災地支援経験を通じてもいえますが，映像や写真では伝わらない，においや空気感，そこに住む方がたの生活感といったものを肌で感じることによって得られる体験は，参加学生の人生観を変えるほどの大きなインパクトを持つ体験となりました。夏銀河の活動に参加したことによって，学生の本気度がトップギアに変わったことを感じました。

5-2. 東日本から戻った学生たちの防災活動

(1) 未災地ツアー

仮設住宅支援のなかで「あなたたちに震災前の釜石の美しい風景を見てほしかった」という一言と出会った経験から、高知での「未災地ツアー」(ぼうさい大賞受賞)が生まれました。未災地とは未だ被災していない、未来に被災する地を意味します。高知県は近い将来、南海トラフ地震で甚大な被害が予想されている未災地。県外の人びとに①やがて被災

図6-5.1 夏銀河で被災地の空気を感じる。気仙沼市
出典：筆者撮影。

する高知の今の光景を見てもらいたい、②高知の防災課題をともに学んでもらいたい、③いつか起こる震災の怖さだけでなく高知の魅力を発信したい、④一度訪れた土地や知人の存在が支援の気持ちを高める＝未来の支援につなげたいという思いのもと、未災地ツアーが企画されました。これは夏銀河の活動に参加した関西圏の学生たちが「関西銀河」というネットワーク組織をつくり、その事業提案ワークショップのなかでイケあいメンバーの佐野千鶴氏が提案して採択された企画です。

実施は2013年5月。会場は高知県立大学池キャンパスと大学に隣接する三里地区。三里地区は太平洋に面しているだけでなく、古い木造住宅や路地も多く液状化も懸念されていることから、南海トラフ地震では甚大な津波被害が想定されています。この地域を消防団員や地域の方がたとともに歩き、道路幅や倒壊の危険のあるブロックや古い木造住宅などの危険箇所をチェックするDIG（災害図上訓練）[1]を実施。防災課題を考え災害の恐ろしさを知ってもらうだけでなく、地域の魅力もツアーに取り入れました。昼食は風光明媚な種崎海岸でとりました。朝食は希望者を募り「日本の夜明けをみるぜよツアー」と称して、早朝6時から坂本龍馬像のある桂浜を訪ねるなど、観光の要素も取り入れて実施しました。内容を見ればDIGですが、県外や地域外の人を受け入れて、防災課題と地域の魅力

図6-5.2　未災地ツアー
出典：筆者撮影。

双方を感じてもらい未来の支援につなげるというコンセプトを加えたものが未災地ツアーです。

未災地ツアーを具体的に企画し実行の中心となったのが芝田早紀子氏です。稀有なリーダーシップを発揮し，短期間の準備で成功に導きました。また実施にあたっての下見や三里地区との打ち合わせにより地域とのつながりが生まれました。芝田氏は県外出身ながら高知に就職し，卒業後も三里地区を住居地に選び消防団にも所属しています。

（2）未災地ツアー成功の秘訣

結成わずか2年目で「1.17未来賞ぼうさい甲子園」において大学生部門のぼうさい大賞を受賞した未災地ツアーの成功の要因は，それぞれが持つ力が相乗効果を発揮したことにあります。未災地ツアーの名付け親で発案者の佐野千鶴氏は，高知県立大学学長も「あの学生の言葉の力はすごい」と評価するほどの力を持っていました。その発想を短期間で企画・実行に移したのが芝田氏をリーダーとする看護学部の学生たちでした。同時に連携した三里地区の地域防災力も高く「三里みらい会議」という防災組織があり，三里防災フェア，避難路の整備など活発な活動を日頃から行っていました。これに桂浜などの観光資源を取り込むことで成功につながったと感じています。また，顧問の被災地支援経験（18災害：2017年8月時点）の豊富さに加え高知県のボランティア・NPO関係の中核的役割を歴任し，イベントノウハウを熟知していたことも後押しになったと考えられます。

（3）災害VC模擬訓練

多様な活動を展開するなかで，イケあいの悲願ともなった活動が「災害ボランティアセンター模擬訓練」です。東日本大震災での岩手県立大学の学生の活動や，広島土砂災害での広島大学の学生の災害VCスタッフとしての活躍を目の当たりにして，災害が起きた時に災害VCスタッフとして活動を行うことを大きな目標に掲げていたからです。実施に至ったのは2015年7月。高知県内では社会福

祉協議会主催で同模擬訓練は行われていましたが，会議室のなかでのスタッフの導線の確認訓練のみで，現地での活動は省いていました。イケあい版模擬訓練の特徴は避難路の整備や公園の草刈りは復旧活動，農業収穫の手伝いは復興支援，グループホームでの手浴(2)は避難所支援，保育園でのイベント参加は子どもの遊び

図6-5.3　災害VC模擬訓練での手浴
出典：筆者撮影。

場づくりなど，被災地支援の活動に見立てて地域活動を取り入れたことです。地域活動と災害VCの模擬訓練とを掛け合わせることで，マスコミからも大きく取り上げられました。

(4) イラストを使った避難所配置ゲーム

　震災以降，命をつなぐ取り組みとして避難所運営の重要さが認識され，静岡県が考案したHUG（避難所運営ゲーム(3)）を取り入れる自治体が多くなりました。高知県でもHUGは多用されています。小中校の教職員を対象に実施したアンケートで目立ったのが「すごく勉強になるので子どもたちにも体験させたい」「子どもには難しいので子ども用HUGを考えてほしい」という意見でした。そこで筆者が2009年にイラストを使用した避難所配置ゲームを考案し防災研修で行っていたものを，イケあいとNPO高知市民会議が共催した「女性や子どもの視点で避難所運営を考えるワークショップ」の協議内容を取り入れ，改良を重ねて独自のゲームとして展開を試みました。このゲームの特徴は対象地域の学校の見取り図を使い「受付」「掲示版」「仮設トイレ」など避難所機能の配置と要配慮者に特化したカードをイラスト化することで子どもにも理解できるようなものにしています。HUGほどの精密さはありませんが，イラストで視覚化することで大人と子ども双方が参加できるものになっています。また地域の学校の見取り図を使うことで参加者が具体的にイメージしやすく，子どもたちからすると自分の通っている学校の見取り図を使うので，ゲームをリードできるという利点があります。学生の視点も盛りこみ要配慮者に特化したことにより，福祉教育につながるとの評価も高く，高知県人権啓発センターの「災害と人権」の教材として取り入れられ

図6-5.4 イラストを使った避難所配置ゲーム
出典：筆者撮影。

図6-5.5 三里地区運動会
出典：筆者撮影。

ました。また高知県が行う防災士養成講座の避難所講座でも活用されるなど県内で広く普及しています。

また避難所研修を行う際には，2L飲料水の空箱でつくる段ボールベッドも紹介しています。救援物資として来る飲料水の空箱を利用するという発想で，強度も十分なうえに，平時の備蓄にも廃品を利用することができお金がかからないということから，研修においても高評価を得ています。

こうした斬新で新しい取り組みが評価され，2014年度の「防災まちづくり大賞」において消防庁長官賞を受賞することができました。

（5）「コラぼうさい」その他の活動

未災地ツアー，災害VC模擬訓練をはじめ，大学の池キャンパスに隣接する三里地域との地域連携を軸に多方面の組織との連携が生まれました。そこから，コラボレーションと防災を掛け合わした「コラぼうさい」という言葉が生まれました。

①三里地域との連携

大学に隣接する三里地域とは三里防災フェア，地区夏祭り，地区運動会，避難路整備などに参加。地区運動会では企画段階から関わり防災に関連する競技を提案するなど参画を心がけています。2016年からは，岩手県立大学が行っているDoNabenetの活動を取り入れています。

②NPOとの連携

　三里地域以外でもNPOの中間支援組織と連携して，女性や子どもの視点で避難所運営を考えるワークショップを実施しています。女性比率が9割を超えているサークルの特長を生かし，ジェンダーの視点でも防災を考えています。

図6-5.6　広島土砂災害現場での黙祷と献花，広島市阿佐南区
出典：筆者撮影。

③黒潮町との連携

　南海トラフ地震で最大津波高34mが想定されている，高知県幡多郡黒潮町の福祉まつりに協力。東日本大震災の復興支援活動を通じてつながりのできた漁業者の方から海産物を仕入れて，三陸産ワカメご飯の提供をしたり，大槌町復興ストラップの販売を行うなど，被災地と未災地をつなぐ活動も行っています。

④広島土砂災害復旧支援バス

　広島土砂災害発災後から，復旧のためのタオルを贈る支援活動や街頭募金を行うなかで，現地での支援活動を行いたいという気持ちが高まり，大学後援会に支援を依頼し，学生の被災地支援への思いが復旧支援バスにつながりました。学内に広く募集して22名の学生で安佐北区での支援活動を行いました。事前に3名の先遣隊を派遣し，ボランティア活動を行うなかで現地の状況を把握。また，安佐北区災害VCの中核を担っていた広島大学スタッフと支援内容を協議し，復旧活動のほかに避難所での足湯や生活支援パックを配布しながらの世帯訪問活動を行いました。

　バスの出発前日に災害VCからボランティアの充足数を満たしたので受け入れができないとの連絡が入りましたが，前週にスタッフが現地入りし，世帯訪問など活動内容をすでに決定している旨を説明したことで，受け入れが可能になりました。この出来事を通じて，先遣隊が現地の状況を確認し支援内容も考えるなど，主体的に動くことの重要性を学びました。

⑤その他の活動

　上記の他にも大学が主催した「外国人向け災害訓練」にイケあいが協力し，

学部の特色を生かして災害時の応急救護や避難所での手浴を担当するとともに，災害が起きた時に不安に思うことなどの聞き取りを行いました。

5-3. 成功要因と今後の課題

（1）学部の特徴を生かした活動

　結成2年目までは部員が特定の学部に偏り，部員も少ないことから少数精鋭主義で運営してきたイケあいですが，3年目には部員が80名を超え，学部の偏りもなくなったため，特定の学部中心の運営に限界が生じ転機を迎えることになりました。部員数もさることながら高知県立大学は4学部（文化・看護・社会福祉・健康栄養）2キャンパス（文化学部が永国寺キャンパス，残る3学部は池キャンパス）のため，キャンパス間の移動の問題も生じます。新しく部長に就任した小林美輪氏は幹部と協議し，ユニット制を導入して，ユニットごとに事業を企画運営し，幹部会で情報共有を行う体制にシフトしました。小林氏は強力なリーダーシップを発揮するのではなく，役割分担をしながら人をつなぐ調整タイプでした。素直で吸収力がありポジティブ思考でいいご縁を引き寄せる力を持っていたことも大きな力となりました。

　4学部から広く部員が集うことによって，学部の強みを生かした防災活動を展開することができています。災害看護（看護），要配慮者支援（社会福祉），災害食（健康栄養），女性の視点（文化）など，活動に広がりと奥行きが生まれました。

（2）見えざる力「分かっていないようで分かっている人」

　イケあいは岩手県での復興支援活動夏銀河の参加によって，学生の意識が劇的な変化を遂げました。しかし被災地支援に関しては全国的にどの大学でも行っており，高知県立大学だけが特別の活動をしたわけではありません。東日本大震災前から地道に活動を行ってきた防災サークルも数知れずありますが，震災直後の支援実績もなく周回遅れのスタートとまで言われたイケあいが，結成3年足らずでぼうさい大賞や消防庁長官賞を受賞するまでに急成長した要因は顧問である筆者にもよくわかりません。

　学生の力についてはこれまでも述べてきましたが，発想力と言葉の力を持つ佐

野氏，強力なリーダーシップで未災地ツアーを成功に導いた芝田氏，人と人をつなぎ縁を引き寄せる小林氏，女性比率9割以上のイケあいで男子部長として要所要所を押さえた清水幹生氏など，その時々に必要なリーダーが自然と現れたことが印象に残っています。また文化系サークルは特定の学部に偏りがちですが，イケあいの部長は社会福祉，看護，文化，健康栄養と4学部から出ており，学部の偏りが少ないことが活かされたようにも感じます。また筆者は1998年高知豪雨の[4]水害VC代表以降，東日本大震災では7日後から大槌町に派遣されるなど18災害での被災地支援経験を持つエキスパート。防災だけでなく全国ボランティア研修会の実行委員長やNPOの中間支援組織の理事長などボランティア活動全般での経験が豊富でした。その筆者が2011年4月に県の人事異動で高知県立大学に派遣されてきたのです（派遣は2016年3月まで）。さらに地域防災力の高い三里地域との「コラぼうさい」活動が実現し，短期間で飛躍的成長を遂げました。ビジョンや戦略を描いていたわけではなく，場当たり的に見えるのかも知れませんが，必要な時に必要な人が現れつながっていったと感じています。

　現代社会は理論がすべてという考え方があります。不思議な縁や偶然，勘に頼っていると説得力に欠けるという評価も見られます。一方，自然とともに暮らしている人は頭ではなく肌でわかっている人が多いともいえます。「わかっているようでわかっていない人」（理論は立派だが本質を理解していない）が多い社会にあって，イケあいは「わかっていないようでわかっている人」（理解していないように見えて肌で本質を理解している）がつながり合い，活かされたと感じています。感覚的に物事の本質を理解する力が高まる活動の中で不思議なタイミングで学生がつながり縁を紡ぐ力が生まれたと考えています。

（3）今後の課題

①理念の継承

　イケあいも結成から6年が経過し，新たな局面を迎えています。他の急成長した学生サークルも同様かも知れませんが，1番の課題は理念の継承です。全国表彰を受けた「未災地ツアー」や「イラストを使った避難所配置ゲーム」を考案したメンバーが卒業したことに加え，部員の増加（最盛期は100人以上）にともないユニット制をとり事業担当を決めるよう変化しました。また，他方面

から連携の申し出を受けることにより，事業に追われるなどの要因が重なり，サークルのメンバー全体への理念の継承が難しくなりました。とくに未災地ツアーは，県外（地域外）の方と，未来に被災するであろう高知市の現状と防災課題をともに考えると同時に，地域の魅力も発信し未来の支援につなげるという理念の継承が重要になります。先輩が起こした事業を引き継ぐだけでは難しく，理念を継承するための工夫が必要なのでしょう。

②被災地支援体験による差

　イケあいは東日本大震災での復興支援活動に関わったことで，学生の意識が大きく変化しました。その後も広島土砂災害，熊本地震などの支援体験を積むことで成長しましたが，支援体験の有無で意識に大きな差が出るのも事実です。高知県立大学は支援体制が確立されていたから被災地支援が可能になったこともあり，被災地支援においては交通費の支援など大学側の支援が不可欠なのだと言えるでしょう。

③連携疲れ

　高知県は南海トラフ地震等を想定した防災活動の強化が喫緊の課題であり，近年は学生と連携した地域防災活動が盛んになってきたことに加え，イケあいが数々の賞をいただいたことで知名度が UP し，多方面から連携の声掛けをいただくことが多くなりました。近年の大学の地域協働の動きも連携を加速させています。連携の申し出は嬉しいことですが，可能な限り受け入れた結果，本来学生たちがやりたい活動に影響が出てきた点も否めません。先述した「未災地ツアー」「イラストを使った避難所配置ゲーム」などに割く時間が少なくなり，イケあいのオリジナリティが見受けられにくくなりました。その後，連携も取捨選択せざるを得ないという結論に達し，高知県立大学（池キャンパス）に近接する三里地域，大学間連携を重点に置いて優先することを決め，現在は連携疲れにならないように配慮しています。

5-4．学生が防災活動を行うにあたっての支援体制の重要性

　「災害支援は総力戦」という言葉がありますが，被災地支援においては，人権・福祉・教育・環境・男女共同参画など多方面の支援の連携が求められます。

また災害支援の活動は，多様な課題＝多様な学びが凝縮されているという側面があります。筆者は被災地での支援活動を通じて，学生の人生感が変わり，急成長する姿を幾度となく目の当たりにしてきました。災害は起きないことがベストであるものの，被災地での支援活動が防災活動に与える影響は極めて大きいと気づかされました。今後防災は「自助・共助・公助」とする考え方を活かして活動し，学生の防災活動においては，「学生の自助努力，地域の協力（共に学ぶ場），大学の支援体制」の３つを大切にしていきたいと思います。

●注
（1）「DIG」とは，地図を用いて地域で大きな災害が発生する事態を想定し，危険が予測される事態を地図上に書き込んでいく訓練。図上だけでも行われるが地域の状況を参加者が共有するために当該地域の「まちあるき」をセットにして行われる場合が多い。
（2）「手浴」とは，支援者が被介護者の手をお湯で洗い血行を促進することで，入眠促進リラクゼーション効果がある。災害現場では，会話を促進しつぶやきの中にある本音を引き出すコミュニケーションツールとして行われる。
（3）「HUG」とは，避難所運営を考えるために静岡県が開発したカードゲーム。避難難者がそれぞれに抱える事情が記されたカードを，避難所の体育館や教室の平面図に配置を行う。また避難所で起こるさまざまな出来事への対応を考える模擬体験ゲーム。
（4）1998年高知豪雨とは平成10年9月に発生した秋雨前線によるゲリラ豪雨。1時間降水量129.5ミリ，24時間降水量861ミリを記録。家屋被害は床上浸水12684世帯，床下浸水7065世帯に及んだ。日本で最初に水害ボランティアセンターが設置されたのが1998年（徳島，栃木，高知）である。

つなぐ. 6

広島土砂災害での学生による活動
―― 学生ボランティア団体 OPERATION つながり

　ここでは2014年8月20日に発生した広島土砂災害において、「学生ボランティア団体 OPERATION つながり（以下，OPERATION つながり）」が、広島大学内の学生にボランティアの呼びかけをし、「何かしたい」というオモイを「つなぐ」活動を行った事例を紹介します。災害発生当時，OPERATION つながりは「現地活動班」と「大学滞在班」に分かれました。継続して多くの人を巻き込みながら活動を行うには、一人ひとりの強みを生かした役割分担が必要なのです。

　災害発生前から団体内で活動していたメンバーは約100人。救命救急期と緊急援助期にボランティアとして活動に参加した大学生は延べ1074人。現地で活動するだけでなく、日頃から関係を築いていた大学職員や広島県内の社会人とのつながりを生かす裏方仕事こそが、緊急時に柔軟な活動体制をつくり、多くの学生を巻き込む原動力となりました。

（鬼村はるか）

6-1. 広島市大規模土砂災害の発生

　大学生は夏休み期間だった2014年8月20日，広島市で大規模な土砂災害が発生しました。車に乗っているとワイパーを最速にしても前が見えなくなるほどの雨が降り，5秒おきに雷が鳴るような状態が続きました。避難勧告の発令タイミングにも課題はありましたが，市民の日頃の防災意識が薄いため周知も遅れ，災害となりました。

　2014年8月は2つの台風（第11号と第12号）が日本に接近・上陸したことなど，全国で大雨の降りやすい天候が続きました。北海道から九州まで幅広い多くの地域で記録的な大雨が発生し，これら一連の大雨を気象庁は「平成26年8月豪雨」と命名しました。広島県地方でも，2014年8月19日深夜から20日未明にかけて，広島市安佐北区・安佐南区を中心に局地的な大雨が降りました。20日未明に同地区で崩壊が相次いで発生し，押し寄せた大量の土砂や樹木が，集落を一瞬のうちに襲いました。崩壊の規模としてはそれほど大きくないものの，災害の発生した場所が広島市内の人口集中地域だったため，多大な人的被害となりました。この災害により，死者74名を出す被害となりました（気象庁 2014）。

　ボランティア活動を早期段階で開始した学生ボランティア団体 OPERATION つながりは広島大学に所属する大学生および大学院生で組織されていました。広島大学は東広島市に存在し，安佐南区・安佐北区とは約20～30km 離れています。車で片道1時間程度かかる場所でした。災害発生当初は安佐北区・安佐南区に住むメンバーや親戚が住んでいるメンバーがおり，当初は安否確認が最優先でした。

6-2. ボランティア活動を始めるための準備

　8月20日災害発生当日，日頃の地域ボランティアで関係のあった東広島市社会福祉協議会の職員から協力要請があり，すぐに団体のメンバーを集めて今後の動きについて話し合いました。この時，議論の焦点となったのは「現地では何が必要とされているか」です。まだ学生は誰も現地に入っていないなかでの議論でしたので，東日本大震災のボランティアで培った知識をもとに話し合いました。そ

広島土砂災害での学生による活動　239

こで出した結論は、「人手が必要となるに違いない、単発ではなく継続して人を送ろう」ということでした。しかし、学生が運営する団体で、継続的に人を送り込む仕組みを作るにはいくつかの懸念事項がありました。

まず、どうやって学生を集めるか、ということです。大学内に「何かしたい」と思っている学生は多く存在しても、その学生が勇気を出して飛び込めるような募集にしなければ意味がありません。メンバーからは、広島大学が運営している学生の共有サイトを使いたい、SNSで継続した呼びかけを行いたい、という意見が出ました。次に、学生が集まったとしてもどうやって現地へ入るのか、移動手段はどうするのか、ボランティアに必要なスコップや長靴などの手配をどうするか……。多額の資金が必要であることに気づきました。多くの学生団体に共通している課題として、「仲間集め」と「資金運用」がありますが、災害という緊急事態のなかでは、とくにこれらの課題が浮き彫りになります。

幸い、OPERATIONつながりはこれまでのボランティアで関係を築いていた相談先がありました。8月21日に大学の災害対策担当の職員と面会し、ボランティア用のバスの手配や用具購入の資金援助を依頼。同時に広島大学の学生が閲覧する共有サイトを使わせてもらい、ボランティア募集を開始しました。バスの手配は、東北ボランティアの際にお世話になっていた東広島市のバス会社へ下話をして準備してもらいました。そして22日に大学の後援が決定し、23日に現地のニーズ把握のために先遣メンバー4人を派遣、一般ボランティアを募ってバスを派遣したのは24日でした。このように、先遣メンバーを派遣する環境を整えるまでに3日間が必要でした。

OPERATIONつながりの学生は、おもに2つの活動を行いました。1つ目は災害VCの運営ボランティア活動（運営ボランティアチーム）、2つ目は広島大学の学生を、土砂かきなどのボランティアとして派遣する活動（実働ボランティアチーム）です。なぜこの2つの活動を大きな柱としたのでしょうか。その背景には、先遣メンバーが現地に入って地元のNPO法人や災害支援の専門家と話をして知った「災害支援で起こりうる2つの問題点」がありました。1つ目は、災害発生直後の段階で、集まった多数のボランティアに対し、災害VCの対応が追いつかなくなってしまうこと。2つ目は、災害発生から時間が経過するにつれ、ボランティアの数が減少し、復旧のペースが遅くなることです。これら2つの問題

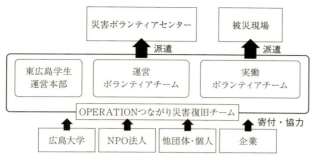

図6-6.1　OPERATIONつながり災害復旧チームの組織図
出典：筆者作成。

点を鑑み，「運営ボランティアチーム」と「実働ボランティアチーム」を組織しました。そして，これら現地活動メンバーが円滑に活動できるよう，「東広島学生運営本部」が発足しました。この東広島学生運営本部では，大学や社会福祉協議会との連携，活動メンバーの意見集約や広報活動などの事務作業をおこないました。多くの人を巻き込みながら継続した活動をするためには，チームを組織し，役割分担することが大変重要なことなのです。

6-3．「学生の強み」を活かした活動

(1)「学生の強み」の売り込み

まず先遣メンバーが8月23日に現地入りした際，1番考えたことは「学生にできることはあるだろうか」ということです。1番気にしたことは，現地の迷惑になっていないかどうかでした。知識不足なままに飛び込み，緊急対応をしている現場で足手まといになることはどの災害でも想定できることです。社会福祉協議会の運営する災害VC設立訓練への参加経験や，東日本大震災の現場教訓はありましたが，災害ごとに状況は異なりますので，まずはひたすら土砂かき作業をしながら周囲の動きを見ていました。その間に，OPERATIONつながりとしての動き方が決まる決定的な瞬間がありました。現場の状況を共有しながら翌日以降の動きを確認するミーティングがあったのですが，緊急でかけつけた大人の方がたから，「僕は仕事の休みが3日しか取れないので来週からは東京に戻らないと

いけません」「明日は仕事に行かないといけません」といった声が多く聞こえてきたのです。この時，先遣メンバーは「学生の強みを見つけた」と思いました。8月下旬と9月は学生にとっては夏休み期間でした。自分たちは現場の状況を休みなく追っていけること，OPERATION つながり内で日々情報共有ができること，毎日安定して大人数を継続派遣できることを周囲の大人に訴えました。そして，災害 VC 運営の中核を担わせてもらえることとなったのです。

（2）運営ボランティアチームの活動

災害 VC は，現地へボランティアを送り込むための中枢を担っています。災害VC 運営の効率がよければ，より円滑にニーズとボランティアのマッチングが行えます。当時設立された安佐北区災害 VC，安佐南区災害 VC には，総務班，ニーズ班，マッチング班，ボランティア受付班，資材班がありました。

災害 VC 内で動く OPERATION つながりの運営ボランティアチームは，基本的に3日以上連日で活動できることと，夏休み期間の多くをボランティアに割くことができるメンバーで組織しました。そして，災害 VC 内のすべての班に学生リーダーを配置しました。この人員配置は，すべての班で起こりうるイレギュラーな事態にも学生同士で情報共有をすることが狙いでした。実際，毎日同じメンバーが継続してすべての班に配置されていることにより，成人ボランティアが短期間で入れ替わった際にも，センター内は情報共有が滞ることなく円滑に進みました。この継続した活動が認められ，途中からはサテライトの運営の大部分をOPERATION つながりが担うこととなりました。

実際，情報共有はどのように行っていたのでしょうか。最初に，広島大学から安佐北区災害 VC までは約1時間かかると述べましたが，行きと帰りの車の中が情報共有の場でした。たとえば，ボランティア受付班から「スコップや長靴を持っていないボランティアが多く，途中から資材無しで送り出すこともありました」と報告があると，総務班が「支援物資を入れている倉庫のなかに使える資材があるか，明日朝一番に確認します」と答え，ニーズ班からは「土砂かきじゃなく，再度崩れる可能性がある場所に土のうを積んでほしいとのニーズもあったので，資材が足りなくなった場合はそういった資材が必要ないニーズを優先的にマッチングしてほしい」と声があり，マッチング班が「了解です」と答えて，明

242　つなぐ. 6

日の新たな動きが生まれます。災害VC内だけでなく往復の道中をともにできるからこそ話し合って解決できた事案がたくさんありました。

（3）実働ボランティアチームの活動

実働ボランティアチームは，端的にいえばボランティアバス派遣

図6-6.2　大学生がサテライトの運営をしているようす
出典：OPERATIONつながり撮影．

チームです。日本全国どこで災害が起きた際にも，「何かしたい」「土砂かきに行きたいけどどうしたらいいかわからない」という学生が多くいます。「保険をどうしたらいいのか」「現地に駐車場はあるのか」「何を持って行けばいいのか」といった細かい不安もあるようです。

　OPERATIONつながりの実働ボランティアチームは，こうした不安から行動できていない学生にも行動してもらえるように，1日だけでもボランティアをしたいと思っている学生を募りました。引率はOPERATIONつながりのメンバーで3日以上継続して活動できるメンバーが担いました。毎日安定して大人数を派遣できること，運営ボランティアチームとの連携ができていることは強みでした。

　活動後はバスのなかで全員から感想を聞き，翌日への改善点が出た際には引率メンバー内で共有したり，運営ボランティアチームへの要望はその日のうちに要望を出したりしました。

6-4．大学内に滞在し，組織運営を調整する「運営本部」

　運営ボランティアチームや実働ボランティアチームが現地での活動に専念できた背景には，現地には行かず大学内で団体内調整をしていた「東広島学生運営本部」の存在がありました。災害時，誰しもが現地で活動したいとのオモイを持っているにも関わらず，団体のために動くことこそが自分の役割であると割り切れ

るメンバーが必要です。ここからは，学生ボランティアと被災地をつないだ立役者である「東広島学生運営本部」3つの役割について記します。

（1）大学などへの協力要請

　災害が起きた次の日，すぐに大学へ協力の依頼へ行きました。内容は資金援助，物資援助，交通手段の援助，広報の援助です。大学は学生の提案に対して真摯に耳を傾けてくれ，すぐに調整してくれました。大学のサイトに掲載する募集内容をやりとりし，活動開始後は東広島学生運営本部のメンバーがほぼ毎日，細かく活動報告をしました。あくまで自分たちは大学に所属していることを忘れてはなりません。報告・連絡・相談を欠かさないよう意識するメンバーが現場に行かず大学内に残っていたことは重要な役割でした。

（2）大学生へ向けたボランティア参加募集

　多くの応募に失礼なく対応するのは手間のかかることです。応募する際には，名前，学部，参加希望日，緊急連絡先，ボランティア保険に必要な情報（住所など）を記入してもらいました。参加希望日をもとにメンバーを調整して毎日名簿を作成，事前に保険加入の手続きも行いました。当日不参加にならないよう，前日には集合場所や持ち物などの確認メールを送ることも重要です。ボランティアセンターで活動している運営チームのメンバーに翌日の参加大学生数を正確に伝えることによって，運営チームは翌日のニーズを見ながら学生の活動場所を前日に絞り込むこともできました。

（3）記録作業や各方面への連絡

　先にも述べましたが，大学生のボランティアバスを派遣する実働ボランティアチームでは，帰りのバスで毎日反省会を行いました。反省会の内容は，参加者の感想，翌日に向けた反省点や共有事項です。このアウトプットの時間をとることにより，初参加メンバーの責任感や帰属意識も高まって継続参加を決める学生も多く存在しました。これら反省会の内容を活動記録にし，丁寧にまとめていたのも東広島学生運営本部でした。その他，学生が毎日活動しているのを注目してくれるマスコミへの対応や，一般の方からの寄附金の打診や活動参加の問い合わせ

対応も担いました。

6-5. オモイをつなぐことのできる組織運営

図6-6.3　実働ボランティアチームが活動しているようす
出典:「OPERATIONつながり」撮影。

　災害発生時は，ボランティアをしたいという学生の熱いオモイが多くの支援につながります。しかし，オモイが個々で散らばっている状態では大きな力となりません。組織体制を整え，多くの気持ちをつなげることにより，ボランティア活動のクオリティは格段に上がります。ここまで何度も述べましたが，組織体制を整えるというのは団体内で目的を同じくすることであり，さらにはその目的のために各メンバーが役割を認識していることです。日本のどこで災害があったとしても，多くの学生のオモイをつなぐことにより，被災地の1日でも早い復旧へ向かっていくことが可能になるのです。

■■■

●参考文献

気象庁（2014）「平成26年8月豪雨——災害時気象速報」(http://www.jma.go.jp/jma/kishou/books/saigaiji/saigaiji_201404.pdf, 2017.10.25).

お わ り に

「災害ボランティア」から「災害ソーシャルワーク」へ

　災害ボランティアにはさまざまな活動があります。まず，地震で倒壊した地域の片づけ，水害で浸水した家屋の泥出しなどの力仕事があります。その他にも，災害VCや避難所の運営を手伝うこともあるし，炊き出しや子どもたちの遊び相手，被災された方がたとの話し相手など，どれもがとても重要な活動です。災害が起きたことを知り，何かできないかと考え，そのオモイをカタチにするために動き出す……。そこには，自らの意志があり，何かの見返りを求めるのではなく，自分ではないだれかのための活動があります。「自発性」「無償性」「公益性」というボランティアの特性が，まさにそこに存在するのです。とくに被災地では，熱心にボランティアに取り組む多くの人びとの姿を見かけます。災害ボランティアの現場には，人びとの気持ちを大きく揺さぶる，特別な何かがあるのだと思います。

　この本は，災害ボランティアについて，さまざまな視点から解説をしてきました。毎年のように起こる災害の現場に，学生の皆さんの力がつながること，それによって，被災した地域とそこに生きる人びとの「ふだんのくらしのしあわせ」を少しでも早く取り戻したいと考えたからです。「知る」「動く」「つながる」というプロセスの先には，災害ボランティアの体験を自分自身の地域に「もちかえる」という大切な役割があります。災害を被災地で起きた他人事と考えるのではなく，自分の地域にも起こりうる我が事として捉えなおしてほしいと筆者は考えています。

　災害ボランティアの経験は，そのプロセスを丁寧に意識することで，「未災地（未だ被災していない地域，未来の被災地）」に活かすことができます。災害が起きた地域で聞くことのできる「あの時もっと，こうしておけばよかった」という後悔は，未災地が備えるべきことに直結しているのです。

　大きな災害であるほど，「想定外」という表現を聞きます。しかし「想定外」の出来事は，次の災害では「想定内」として考えることができるのです。このよ

うに考えると災害ボランティアも，「災害時」に限定したことではなく，「平常時」と連続した時間のなかで考えていく必要があります。災害を経験した地域が，その後の災害に対して少しずつ強くなるように，未災地が意識的に，災害を経験した地域から学ぶことはとても重要なのです。このように過去から未来へと流れ続ける時間のなかで，被災地と未災地の間を柔軟に行き来しながら，そこで得た実践知を発信するという重要な役割を担っているのが，皆さんのような災害ボランティアだといえます。

さてここで，災害ボランティアを継続的に実施することについて考えてみましょう。被災された方に対し，「気持ちが沈んでいるだろうから，楽しい催しを届けたい」「食事に困っているだろうから，炊き出しをしたい」と，物にしろ，行為にしろ，"決め付けと押し付け"が現地のコーディネーターを困らせたり，被災者を追い詰めてしまう事例を筆者は数多く体験してきました。災害ボランティアは何らかの活動を「実施」するわけですが，その前後のプロセスを大切にしなければなりません。自分たちのやりたい活動だけを準備して，さてどこでボランティアをしようかということでは本末転倒です。

災害ボランティアを実施するには，被災地・被災者の状況から，ニーズを発見し，アセスメントすることが必要です。ボランティアのオモイありきではなく，あくまでも被災地・被災者側のニーズありきです。さまざまな状況や情報をもとに計画を立て，ようやく実施に至るわけです。さらには，実施した活動が被災地・被災者にとって，適切であったかを評価し，活動を継続するならば改善すべき点は何かということまで考えていくのです。災害による被害状況は，1日で解決できないものがほとんどです。もちろん，ボランティアも1日しかできない人や1週間滞在できる人など，さまざまです。そこで「引継ぎ」という情報共有の機会を設け，それによって，継続的な支援を可能にするわけです。

このように，被災地・被災者が抱える社会生活上の課題を解決していく一連のプロセス（ニーズの発見→アセスメント→計画→実施→評価→改善）は，「ソーシャルワークの展開過程」そのものです。こうしたプロセスは意識して行うこともあれば，何気なく行われることもあります。しかしながら，いずれにしても，災害ボランティアの皆さんは，学生の立場でありながらも，ソーシャルワークの機能を果たす存在となりうるのです。本書に掲載された実践事例を見ても，災害ボラン

ティアは災害ソーシャルワークの担い手として，被災者中心，被災地主体を原則としながら，多様な支援者と協働できる大きな力として成長していると，筆者は確信しています。

　これまで災害ボランティアの経験がある人も，初めて災害ボランティアを経験する人も，この本を手に取りながら，被災地・被災者と向き合ってください。それによって「災害ボランティア」の力が，「災害ソーシャルワーク」を担う大きな力となり，多くの人びとや，地域を支えていくだろうと思います。さらに皆さんが災害ボランティアとして，被災地と未災地を行き来することで，さまざまな地域がこれからの災害に対して備えることを考える機会が生まれます。災害ボランティアは，社会変革や社会開発へとつながるものなのです。

　この本がこうしてカタチになるまで，災害の現場で出会ったすべての皆さま，学生たちの災害ボランティアを支える活動を実践し，原稿として提供してくださった皆さまに感謝いたします。そして何よりも，さまざまな災害に対し，活動をともにしてくれた当時の学生たちに，筆者は多くの気づきや学びを与えてもらいました。心より感謝したいと思います。

　2018年1月

山 本 克 彦

索　引

あ　行

アウトリーチ　7, 31, 79, 95, 98, 170, 177, 178, 198
赤い羽根　21, 61-63
安佐北区　233, 239, 242
安佐南区　239, 242
足湯ボランティア　55
アセスメント　8, 31, 32, 83, 87, 98, 122, 123, 174, 175, 192, 248
アドバイザー　98, 99
安否確認　6, 7, 78, 99, 102, 120, 121, 204, 239
イケあい　227, 228, 230, 231, 233-236
石巻市　122, 148, 149, 153, 157
移動手段　4, 7, 8, 10, 28, 30, 40, 41, 44, 45, 78, 101, 103, 192, 193, 195-197, 211
移動方法　30
いわてGINGA-NET　10, 11, 33, 51, 79, 103, 104, 190, 191, 192, 194-196, 198-200, 220
　　——プロジェクト　10, 11, 33, 51, 79, 103, 104, 190-192, 194-196, 198-200, 220
岩手県立大学　2, 7-9, 33, 44, 55, 79, 82, 89, 90, 93, 94, 98, 102, 105, 171, 172, 174, 176, 179, 191-193, 230, 232
いわての風　9, 12, 95, 100, 102, 179
うきは市　217-219, 222
うきはベース　216
エンパワメント　57, 100, 127
　　——アプローチ　196, 199
応急仮設住宅　2, 9-12, 33, 51, 53-57, 71, 79, 88, 114, 121, 154, 157, 170, 174, 176, 178, 180, 181, 183, 191-193, 199, 200
大船渡市　143, 192
お茶っこサロン　10, 54-57, 79, 114, 192
オリエンテーション　112, 192

か　行

外部支援者　6
学生団体　240
学生ボランティア　3, 190, 191, 193-195, 200, 201
　　——センター　4, 194
仮設住宅　7, 121, 130, 136
活動資金　8, 45, 53, 61, 63, 66, 96, 113, 129, 130, 190
釜石市　8, 40, 54, 56, 102, 119
関西学院ヒューマンサービスセンター（HSC）　145, 148, 151-153
関連死　120
義援金　15, 21, 61, 62, 77, 96, 139
北九州市立大学地域共生教育センター　216
救援物資　4, 134, 232
救急救命期　7, 78
九州北部豪雨　130, 216
協働　16
共働プラットホーム（共働P）　151, 152-155
緊急援助期　8, 78
熊本地震　32
　　——・支援団体火の国会議　134
　　——災害　130
　　——災害ひょうご若者被災地応援プロジェクト　136
グリーフワーク　168
黒田裕子　122
後方支援　76, 96, 150
豪雨水害　26
神戸大学持続的災害支援プロジェクトKonti　136
子ども支援　9
コミュニケーション　49
コミュニティ形成　33
コミュニティ形成支援　6, 7, 11, 108, 114, 193

コミュニティワーク　32

さ 行

災害義援金制度　21
災害救助法　12, 19, 22
災害時　69
災害支援　5
災害準備金　21
災害時要援護者　66, 75, 78, 90, 126, 128
災害時要援護者登録制度　126
災害専門NPO　133, 134
災害対策基本法　18, 24, 37, 47, 66
災害等準備金　61
災害ボランティア
　　――・NPO活動サポート募金（ボラサポ）
　　62-66, 193
　　――活動　130
　　――活動支援プロジェクト会議　2, 95, 104,
　　175
　　――が活動しやすい環境づくり　130, 131
　　――センター　3, 125, 134
　　――の宿泊支援に関する協定　132
　　――バス　130
　　――割引制度を実現する会　131
災害ソーシャルワーク　117, 247
参加　30
参画　30
支援金　15, 21, 60-63, 75
支援物資　43, 47, 109, 110, 176, 217, 242
資金調達　62, 77, 194
自己覚知　48
資（機）材　15, 112, 185, 221, 242
シフト表　97
社会福祉協議会　3, 134, 140
情報収集　29
ジョハリ　49
　　――の窓　58
住田町　103, 191, 192, 200
生活環境の調整　124
生活支援・住宅再建期　10, 79
生活資源　30

生活復旧期　9, 79
西南学院大学ボランティアセンター　216
全国災害ボランティア議員連盟　131
全国災害ボランティア支援団体ネットワーク
　　（JVOAD）　134
ソーシャルワーカー（社会福祉士）の倫理綱領
　　122

た 行

大学コンソーシアムひょうご神戸　140
滞在拠点　7, 10, 28, 30, 44, 85, 86, 95, 101, 103,
　　104, 192, 194-197
チームワーク　89
デメリット　52
特定非営利活動法人　14, 35, 105, 137, 190
特定非営利活動促進法　14, 16
トレーニングキャンプ　99

な 行

新潟県中越地震　3
ニーズ　29, 38, 198, 201
ニーズキャッチ　198
西原村　136
日本災害救援ボランティアネットワーク　134
農業ボランティア　136

は 行

パーソナルパワー　53
阪神・淡路大震災　3, 129, 141
ハンドマッサージ　55, 59
東日本大震災　2, 3, 130, 190
被災者中心　72, 76
被災地主体　69, 76, 249
被災建築物応急危険度判定　135, 144
被災地NGO協働センター　134, 142
避難所　7, 22
　　――運営　7
兵庫県県民ボランタリー活動実態調査　132
兵庫県災害救援ボランティア活動支援関係団体連
　　絡会議　134
兵庫県立舞子高等学校　133, 135

ひょうごボランタリープラザ　129, 130
ひょうご若者災害ボランティア隊制度　132
広く防災に資するボランティア活動の促進に関す
　　る検討会　132
避難行動要支援者　75, 78
広島大学　240
広島土砂災害　32, 238
フィールドワーク　88
フェーズ　2, 6
ふくおか学生熊本地震支援実行委員会　217
福岡県 NPO・ボランティアセンター　216
福祉避難所　8, 121
藤澤健児　217, 223
復旧　11
復興　11
復興期　79
復興公営住宅　130
復興のまちづくり・社会づくり　143
プロジェクト　88
プロセス　197
プロデューサー　89
平常時　69
平成26年8月豪雨　239
防災教育　22
ポジションパワー　52, 53
ボランティアバス　43
　──の実施　130

ま　行

益城町　134

マッチング　8, 25, 28, 39, 53, 77, 112, 126, 130,
　　134, 177, 192, 242
三田支援ネット　147-149, 152
民間賃貸住宅借り上げ制度（みなし仮設住宅）
　　121
メリット　52

ら　行

リーダーシップ　89
陸前高田市　8, 102, 153, 192
リスク　148, 194, 209, 211-214
リソース　38
連携・協働　125

欧　文

DMAT　37
DoNabenet　98
NGO　5
NPO　5
NPO 法人 ANGEL WINGS　216, 217
OODA　7, 173, 174
OPERATION つながり　238
PDCA サイクル　9
PTSD　160, 161
SNS　44

執筆者紹介 （五十音順，所属，執筆分担，＊は編著者）

石井布紀子（NPO法人さくらネット：第1部「知る. 2」）

伊藤　章（特定非営利活動法人国際ボランティア学生協会IVUSA：第2部「つなぐ. 3」）

鬼村はるか（NPO法人IMAGINUS：第2部「つなぐ. 6」）

鬼本英太郎（ひょうごボランタリープラザ：第2部「知る. 3」）

後藤至功（佛教大学福祉教育開発センター：第2部「知る. 2」）

佐藤大介（日本福祉大学全学教育センター／一般社団法人ウェルビーデザイン：第2部「つなぐ. 2」）

篠原辰二（一般社団法人ウェルビー・デザイン：第2部「つなぐ. 2」）

杉浦　健（共働プラットホーム：第2部「動く. 1」）

副島賢和（昭和大学大学院保健医療学研究科：第2部「動く. 2」）

土橋一晃（社会福祉法人中央共同募金会：第1部「動く. 3」）

藤澤健児（NPO法人Angel Wings：第2部「知る. 1」）

長谷部治（社会福祉法人神戸市兵庫区社会福祉協議会：第2部「つなぐ. 1」）

村江史年（北九州市立大学地域共生教育センター：第2部「つなぐ. 4」）

山崎水紀夫（NPO高知市民会議：第2部「つなぐ. 5」）

八重樫綾子（NPO法人いわてGINGA-NET：第2部「つなぐ. 2」）

＊山本克彦（日本福祉大学：第1部「知る. 1」，「知る. 3」，「動く. 1」，「動く. 2」，「つなぐ. 1」，「つなぐ. 2」，「つなぐ. 3」，第2部「動く. 3」）

災害ボランティア入門
──実践から学ぶ災害ソーシャルワーク──

2018年4月20日	初版第1刷発行		〈検印省略〉
2019年1月30日	初版第3刷発行		

価格はカバーに
表示しています

編著者	山　本　克　彦	
発行者	杉　田　啓　三	
印刷者	藤　森　英　夫	

発行所　株式会社　ミネルヴァ書房

607-8494　京都市山科区日ノ岡堤谷町1
電話代表　(075)581-5191
振替口座　01020-0-8076

ⓒ山本克彦ほか, 2018　　　　　　　　　　亜細亜印刷

ISBN978-4-623-08053-3
Printed in Japan

グリーンソーシャルワークとは何か A 5 判 336頁
──環境正義と共生社会実現 本 体 5000円
レナ・ドミネリ著／上野谷加代子・所　めぐみ監訳

福祉ガバナンスとソーシャルワーク A 5 判 280頁
──ビネット調査による国際比較 本 体 6000円
上野谷加代子・斉藤弥生編著

よくわかる地域福祉 ［第 5 版］ B 5 判 208頁
上野谷加代子・松端克文・山縣文治編 本 体 2200円

東日本大震災と NPO・ボランティア A 5 判 232頁
──市民の力はいかにして立ち現れたか 本 体 2800円
桜井政成編著

震災復興学 A 5 判 308頁
──阪神・淡路20年の歩みと東日本大震災の教訓 本 体 3000円
神戸大学震災復興支援プラットフォーム編

ボランティア教育の新地平 A 5 判 296頁
──サービスラーニングの原理と実践 本 体 2800円
桜井政成・津止正敏編著

━━━━━━━━ ミネルヴァ書房 ━━━━━━━━

http://www.minervashobo.co.jp/